2049 百年馬拉松

中國稱霸全球的祕密戰略

THE HUNDRED-YEAR MARATHON

CHINA'S SECRET STRATEGY TO REPLACE AMERICA AS THE GLOBAL SUPERPOWER

MICHAEL PILLSBURY

白邦瑞——著 林添貴——譯

讚詞

「本書從歷史當中挖掘出中國想要獨霸全球的大戰略，令人大開眼界。」

——葛拉漢・艾利森（Graham Allison，哈佛大學甘迺迪政府學院主任，《決策的本質：古巴飛彈危機釋義》作者）

「本書無疑是近年來關於中國戰略與外交政策最重要的著作。白邦瑞在五角大廈與CIA工作超過四十年，其間不斷與中國的『強硬派』對話交流，而這群人在習近平時代可能主導了中國的外交政策。在嚴謹的學術考證基礎之上，本書以生動、緊湊的文風提出了發人省思的針砭，批判認為美中合作可以共創美好未來的主流看法。」

——羅伯・凱根（Robert Kagan，布魯金斯中心資深研究員、希拉蕊外交政策幕僚）

「在過去四十年裡，白邦瑞與中國軍事、情報單位中的『鷹派』進行無數的會議、對話，與學習。在這本大膽、聳動的新書裡，他清楚呈現了中國鷹派如何看待美國，以及打算如何在二十一世紀中葉推翻美國，試圖以此糾正華盛頓以為中國正在逐漸改革的錯誤判斷。」

——孟捷慕（James Mann，前《洛杉磯時報》北京分社主任）

「一本令人大開眼界、鞭辟入裡的傑作。我推薦給所有想要了解中國的未來的讀者。」

——唐納德·倫斯斐（Donald Rumsfeld，前美國國防部長）

「白邦瑞先生為CIA進行的調查研究為他贏得了『傑出貢獻局長獎』，本書正是根據這份研究寫成。在書裡他精采地回顧了他如何從一位「擁抱貓熊派」覺醒過來，進而以審慎的態度孤軍奮戰，警告我們中國圖謀稱霸的長期戰略。他再三強調，美國面對的是一個手段高明、立場堅定、野心勃勃的地人。在《孫子兵法》的指引下，中國人處心積慮地尋找切斷美國的阿基里斯腱的竅門。美國已經有了燃眉之急。」

——詹姆斯·伍爾西（James Woolsey，前CIA局長）

「個人與白邦瑞先生曾有數面之緣，對他的中文能力非常佩服——他的中文好到能以中國菜菜名開玩笑的程度。在本書中，他認為中國制訂了一項針對美國、長達百年的「戰略欺騙計劃」，目標是「扮豬吃老虎」，在二〇四九年前取代美國成為全球霸主。個人認為北京當局若有成為「全球霸主」的機會，自然不會拱手相讓；但是其戰略的重中之重，還是在維持現有體制和中國共產黨的統治。中國共產黨的領導人絕對沒有認為這個目標是不會面臨任何挑戰，也不會出現任何危機的。北京當局的一切政策，不管對內對外，都會絕對服從這個原則。但無論如何，作者的論證還是非常值得參考的，這可以一窺現實主義者和美國國安工作者的思維模式。大力推薦。」

——張國城（台北醫學大學通識中心副教授，《東亞海權論》作者）

「西元二〇四九年十月一日，中國共產黨將慶祝建國一百週年。今日的中、美、台領導人屆時如果還在世，歐巴馬已八十八歲，習近平九十六歲，馬英九則九十九歲。他們將看到中華人民共和國為自己的百歲生日送上一份大禮：成為主宰世界的霸權，台灣也已完全臣服在北京腳下。這是美國資深中國問題專家白邦瑞的預言，或許不幸而言中，或許柳暗花明另生波瀾。無論如何，白邦瑞的百年預言值得一看。」

——閻紀宇（《風傳媒》執行副總編輯）

「中國從來就想顛覆美國、稱霸全球，但美國卻被蒙騙了六十載，還幫助中國實現『強國夢』。習近平藏不住『問鼎』的饑渴，但美國並未警覺中國加速崛起，一個重要原因是台海關係緩和，讓美國誤判中國鷹派已式微。作者以其親身經歷描繪近半世紀來中國『騙』美國的精采過程，這是重要的歷史教訓。不過，把中國菁英高明騙術歸功於兩千多年前老祖宗的智慧（或華人常識），就過於簡化了。」

——顧爾德（《新新聞》周刊總主筆）

目錄

推薦序（一）

解析中國稱霸天下

張旭成
美國賓州州立大學政治系榮譽教授，曾任立委與國安會副秘書長

白邦瑞（Michael Pillsbury）所著《2049百年馬拉松》是一本少見的好書，值得鄭重推介。白邦瑞對美／中關係解凍、和解及北京千方百計爭取和利用美國經濟、科技、軍事與外交援助而走向富國強兵之路，有獨到的分析和見解。本書主旨直接明瞭指出中共領導人隱藏野心，企圖在二〇四九年前打敗美國，稱霸世界。

如果習近平所標榜的中國夢在二〇四九年實現，白邦瑞擔心中國將獨霸天下，取代美國成為世界超強。屆時中國將向全世界推銷其汙染地球的開發模式，中國國營壟斷企業和中國經濟盟友將主宰全球經濟市場，北京也可能控制一個全球最強大的軍事聯盟。經中國重塑的世界將滋養專制政府，把現有國際組織邊緣化，限制其規範國際秩序的角色與功能。

本書不是政治小說。白邦瑞是一流的中國通，他綜合三十年的學術研究、政策分析與政府工作的經驗而提出他的論述，可讀性甚高。白邦瑞是筆者在哥倫比亞大學的學弟，以往在學術界曾有甚多互動。筆者擔任立委任內曾邀請他到立法院參加聽證會和與我政府官員切磋台／美及美／中關係。

白邦瑞曾在「蘭德公司」（RAND Corporation）擔任分析工作，和在加州大學洛杉磯分校（UCLA）任教。他更長時間是在國會，尤其是五角大廈和中央情報局從事政策分析和建議，對美國的外交策略產生實際的影響力。

一九七五年春天白邦瑞在《外交政策》（*Foreign Policy*）發表的一篇文章主張美國給中國軍援曾引起美國媒體和外交界廣泛的討論。《新聞周刊》（*Newsweek*）並刊載一長文〈給北京槍砲？〉（**Guns for Peking?**）討論美國提供武器給北京的得失。白邦瑞不諱言美／中建立軍事關係以制衡蘇聯的主意來自中共駐聯合國鷹派武官的建議。

前加州州長雷根讀過白邦瑞的文章，並與這位年輕的中國通長談。一九七六年五月雷根競爭共和黨總統候選人提名，公開贊成軍售中國牽制蘇聯，但對美國可能棄台的方案表示保留。一九八〇年雷根角逐總統，聘白邦瑞為顧問，協助他起草第一次外交政策講稿。

雷根當選後指派白邦瑞為總統交接小組成員，嗣後正式任命他為政府官員，參贊機要。白邦瑞在雷根陣營中有不少「志同道合」官員，都支持加強與中國的合作以牽制蘇聯。出身國防部，曾在國安會擔任季辛吉副手的國務卿海格（Alexander Haig）就是最突出的，他在一九八一年訪問北京時公開倡議軍售中國。

雷根一九八一年所簽署的第十一號「國家安全決定指示」（National Security Decision Directive 11）准許國防部出售先進的空中、地面、海上和飛彈技術給中國以改造人民解放軍為世界級的作戰部隊。次年雷根的第十二號「國家安全決定指示」啟動美中核子合作與開放擴大中國軍事及民用核子計畫。

一九八五年雷根政府軍售六大武器系統給中國，總價超過十億美元，目標是要強化中國的陸、海、空軍，甚至協助擴張中國的海軍陸戰隊。翌年雷根政府並提供高科技援助，協助中國發展八個國家研究中心，包括基因工程、智慧機器人、雷射、超級電腦和太空科技的高深研究。

雷根一九八四年第一四〇號「國家安全決定指示」的戰略論述指出，「協助中國現代化是基於強大安全和穩定的中國可以是增進亞洲及世界和平的力量。」雷根團隊視中國為一完全戰略夥伴，和誤信中國正朝向自由化邁進，卻未能洞悉養虎為患的危險。

儘管北京與美國合作，但絕不放棄其核心利益，並且對雷根政府強力施壓，要求美國斷絕對台軍售，甚至威脅召回駐美大使及降低雙方外交層級，以迫美就範。抗壓力不強，一面倒親北京的國務卿海格無奈做出重大讓步，在美／中「八一七公報」同意減少對台軍售和限制軍售的質與量。

雷根對此非常生氣，把海格罷官，並對台灣提出「六大保證」以平衡和淡化該公報的衝擊。為規避該公報的限制，雷根政府並採取各種補償措施，包括透過技術轉移協助台灣生產「經國號」戰機，和利用租借方式提供台灣戰艦以強化台灣海防。很遺憾的，白邦瑞在書中對海格被罷官及「八一七公報」這一段台／美／中鬥智、鬥力的插曲隻字未提，不知是疏忽或刻意不談。

白邦瑞在美／中祕密合作對付蘇聯的政策制定和實際執行過程扮演關鍵角色。從一九八四年後，他已被調升為相當於三顆星將軍的文官職位，在五角大廈主管政策規劃和祕密行動。他負責推動祕密與中國合作，提供武器和軍需物資給反蘇聯的阿富汗反抗軍，武裝五萬赤色高棉游擊隊對抗占領柬埔寨的越南軍隊（蘇聯傀儡），和軍援安哥拉游擊隊對抗古巴占領軍。

白邦瑞最突出和關鍵的角色是，倡議使用可打敗蘇聯占領軍的殺手鐧，並居間說服美國各政府部門和獲得北京同意，由美國提供阿富汗游擊隊刺針飛彈（Stinger Missile），擊落了數百架蘇聯直升機和軍機，扭轉了阿富汗戰局，最後把蘇軍趕出阿富汗。

中國也積極協助反蘇阿富汗游擊隊，其提供的第一批武器包括AK-47攻擊步槍、機關槍、反坦克火箭彈和地雷。在美／中祕密合作期間，中國提供武器總價超過二十億美元，由美國買單，但迄今中方仍不承認他們供應了武器。

中國為何竭力與美國合作？白邦瑞指出這是北京馬拉松策略的一部分，首先是利用美國的力量和先進技術強化中國。其次是「借力使力」，借助美國的援助達成反包圍，打破蘇聯包圍中國的兩把「鉗子」——阿富汗和越南。一九八九年二月鄧小平在北京與老布希總統的談話中承認蘇聯包圍中國曾是致命的威脅。

本書的一大突出重要貢獻是指出美國各界被中方誤導而一相情願，犯了五大錯誤的假設：

（一）美中交往能帶來完全的合作；

（二）中國會走向民主之路；

（三）中國是脆弱的小花；

（四）中國希望和美國一樣，而且正如美國一樣；

（五）中國的鷹派力量薄弱。

中國領導人從毛澤東以降都具有民族復興和取代美國為世界超強的雄心壯志。為實現此一大國夢，他們活用孫子兵法「詭道」的欺敵策略「故能而示之不能，用而示之不用，近而示之遠，遠而示之近」，投其所好，指鹿為馬，把美國人騙得團團轉；作者並列舉許多實例為佐證。

白邦瑞自認，和許多美國官員與學者一樣，曾是一群親中的「擁抱貓熊」（Panda-Huggers）人士，強烈主張和積極推動援助中國及美／中合作的政策。有別於過去和目前這些中國通的是，白邦瑞覺醒了，承認被高明的中國領導人欺瞞，痛悟前非，也認清了「養虎為患」的錯失，對美國、台灣和日本等盟友造成危害。他的深入調查研究得到中央情報局「傑出貢獻局長獎」——本書許多章節就是出自該研究報告。

二十多年前冷戰結束，蘇聯共產黨陣營的崩潰表示美國打敗了另一世界超強的挑戰。為贏得與中國「百年馬拉松」的競賽，白邦瑞在本書最後一章提出對美國本身、中國及國際社會共十二個因應步驟。他建議美國必須誠實面對問題，知己知彼，以子之矛，攻子之盾，操控中國政局，支持改革派制約鷹派，和師法戰國策，在國際間合縱連橫圍堵中國。

近年美國正竭力執行重返亞太（再平衡）策略，加強與盟友夥伴如日、菲、越的軍事合作。這個策略最大的缺憾是華府忽視台灣的戰略重要性及其可扮演的促進區域安全的角色。某些智庫人士曾有「棄台」謬論，或主張為安撫北京，未來民進黨政府應尋求與中國和解。

吾人認為美國政府應正視太陽花運動、九合一選舉、反課綱，和民意所呈現的台灣社會強烈自主意識。一個民主、自由、獨立，不受北京控制的台灣符合美國的戰略利益，也是亞太的和平與安全的柱石。吾人建議美國應根據《台灣關係法》的條文和精神，表達防衛台灣的決心；國會應考慮，如一九五五年的「福爾摩沙決議」，通過協防台灣的決議，授權總統動用包括武力的各種力量，防衛民主和自由的台灣，以嚇阻中共併吞台灣的野心。

白邦瑞的傑作引人深思，富有啟發性，是未來總統與國安團隊必讀的兵書。我也推薦給政府負責處理國安、國防和外交的官員，及所有想了解國際關係、美國和中國政治與軍事的知識份子、學者及學生。

本書譯者林添貴，是專業的翻譯高手。他所翻譯的美／中／台關係書籍八十九冊，包括《李潔明回憶錄》，卜睿哲《台灣的未來》，名記者孟捷慕《轉向》，崔普烈《買通白宮》。他不但熟悉外交政治和經濟事務，而且文字優美，譯筆生花，值得稱讚。

推薦序（二）

觀察中國的警鐘

丁樹範
政治大學國際關係研究中心主任

顧名思義，這本書試圖從中國歷史的深度，綜覽過去六十年的美國和中華人民共和國關係發展，並以中國的典故和概念提綱挈領說明中華人民共和國和美國發展關係的戰略，而企圖成為一家之言。

作者白邦瑞認為，過去六十年美國完全被中國欺騙了。之所以被騙是因為美國不了解中國，也不了解中國人的思維和文化，更不要說中國複雜難懂的文字。因此，美國對中國的基本假設完全錯誤。

作者指出美國錯誤的假設包括：和中國交往帶來中國完全和美國的合作；中國發展起來後會走向民主之路；中國是脆弱的小花，不必擔心中國會挑戰美國；中國希望和美國一樣；及中國的鷹派力量薄弱，溫和派才是中國主張的主流。作者明確指出，自一九四九年建立政權以後，中國始終是被企圖中國強大，以民族主義為號召的鷹派所控制。

白邦瑞表示，許多美國人低估中國鷹派的影響力，以為他們是瘋子。毛澤東於白一九六九年召集高階將領討論對付蘇聯的戰略，他們向毛提出打「美國牌」以牽制蘇聯的建議，陳毅甚至建議台灣問題暫時擱置，以後在高層談判中慢慢解決。北京因此祕密傳達訊息給尼克森及季辛吉，歡迎他們訪問北京，但當時中國仍視美國為霸權，內部文件甚至將美國與希特勒相比，與美國交往純粹是把美國當工具。

白邦瑞說，從尼克森以降，美國歷任政府在科技、教育、研發、軍事和經濟等層面，對中國提供援助的質和量都十分驚人，美國不肯給的，中國就偷。中國國家主席習近平在掌權前似乎以改革派自居，但掌權後又與鷹派的思路相近。習近平基本上也是延續毛澤東的百年馬拉松路線，要實現「超英趕美」的中國夢，只是現在更願意公然表達而已。

作者指出，從雙方建交起美國完全被中國騙了。白邦瑞強調，「和平崛起」的中國其實一直運用欺敵戰術，利用美國的科技、財經實力和各項援助來壯大自己，期待在不使用武力的情況下取代美國，成為世界強權。二〇四九年，也就是中華人民共和國建國百年時，中國預期可收回台灣，實現自己的「中國夢」，就像當年美國取代英國一樣。

這本書有幾項特點，反映出本書對於吾人了解中國的價值和貢獻。最大的是有關中國韌性強大的民族主義。作者明確指出鷹派（民族主義派？）在諸多決策過程裡的角色。作者強調，鷹派的影響力歷久而不衰；我們不要被溫和的聲音所蒙蔽，以致對中國做出錯誤的判斷。

作者的觀察對中國大陸觀察者而言是警鐘。隨著中國大陸經濟發展的深入，及越來越整合到國際體系，我們對之期待越來越高。我們可能希望中國經濟發展促成中產階級興起，從而越來越走向民主化。甚至，對台灣的發展越來越能容忍。

然而，事實的發展是相反的。習近平統治下的中國在政治上越來越緊縮，中國共產黨的統治者對中國整體的發展越來越不安。對外方面則是越來越堅持己見，越來越沒有妥協、反省的空間。

這本書最足以凸顯作者充分掌握中文能力的是，在每一章的開頭，作者都挑選古籍或兵法中的計策，言簡意賅說明該章的宗旨。例如，第一章標題是中國夢，作者以孔子的「天無二日，地無二君」作為子標題；第二章標題是戰國時代，作者以《春秋》裡的「鼎之輕重，未可問也」總結；其後分別是：「聯吳制曹」；趁火打劫；無中生有；移花接木；順手牽羊；反客為主；百聞不如一見；和釜底抽薪。

透過這本書，作者想要表達什麼?第一，透過陳述親身處理過的案件，作者似乎想讓讀者知道，他是很重要的人，因為他處理過這麼多美國和中國關係發展的諸多重要案件。

第二，凸顯作者的獨特性。作者自己承認，他和諸多的中國專家一樣，過去都被中國欺騙了。但透過近乎懺悔式的分析和陳述，作者表現出反省，進而間接表達其他的人還沒有反省。所以，作者的能力是比同行者都高。

第三，表示作者掌握中文能力是第一流的。特別是作者在每一章都有引自中國古籍或兵書裡一句話，以彰顯每一章的內容。這是所有美國，甚至，西方分析中國戰略的作者都不曾做過的。透過這樣的安排，作者表達出他比同行者都懂中國。甚至，作者有向同行人士示威的意味。

作者是美國培養的菁英，也曾在行政部門擔任重要的職位。只是，以近乎懺悔方式陳述美國被中國欺騙，說明中國擬取代美國成為霸權，這種分析令人覺得怪異。第一，這豈不是說明美國教育的失敗。然而，全世界仍有數以萬計的人士，包括當今中國政治菁英人士的子女，千方百計想到美國受高等教育。這豈不矛盾。

第二，國家間的權力關係是西方有歷史以來認識和分析國際政治／關係的主流思想，所以發展出例如現實主義／新現實主義／新古典現實主義等的理論以解析國家間的競爭。因此，作者似乎沒有必要對中國的行為，特別是習近平統治下的中國，感到驚訝，因為，過去近四十年的發展已為中國累積大量財富，使得他得以大力推動他的強權道路計畫。

推薦序（三）

國強必霸的規律？

黃介正
淡江大學國際事務與戰略研究所助理教授

二〇一四年六月，在和平共處五項原則發表六十周年紀念大會上，中國領導人習近平說：「中國不認同『國強必霸論』，中國人的血脈中沒有稱王稱霸、窮兵黷武的基因。」習式血脈基因的觀點與中國崛起的實踐將否反證芝加哥大學米夏摩（大陸譯為米爾斯海默）教授「攻勢現實主義」之命題？

這是我去年給淡江大學戰略研究所碩士班學生，所出的學科考試題目。白邦瑞博士可能認為，習近平的講法其實是中國對西方的「瞞天過海」策略之一。

在一九七〇年代東西方冷戰高峰期，美國大學中無不以蘇聯研究為顯學。以白邦瑞出身良好、就讀常春藤名校、且又聰明絕頂的年輕人，願意走入政府情報體系，卻是探討中國、學習中國語文，並願意從中國人的歷史文化來研究政策意圖，實屬鳳毛麟角。或許也可就此觀察和理解，多年來白邦瑞在美國政學界所展現出的特殊性格與論述。

東西方長達四十年的冷戰，將國際安全研究者聚焦在蘇聯研究，而冷戰結束與蘇聯解體，不但對第二次世界大戰後國際權力結構形成巨大衝擊，也對國際關係研究的固有典範造成根本性的挑戰。超過一個世代的國際安全（蘇聯）研究專家們，突然有如自由球員被釋出，而需要找尋出路。一九九〇年代，中國經濟與軍事力量的崛起，使得原本僅限於少數美國政府與情報機關的中國問題專家，以及在學校智庫研究中國的學者，出現了天外飛來的競爭對手。

美國少數看得懂中文、會說中國話，被稱為「中國研究者」（sinologist）的學者專家們，遇到了原本研究國際安全，但聚焦美蘇對抗，不諳中文的一大群被歸類為「戰略研究者」（strategist），加入了研究中國的行列。兩組學術背景與政策分析有出入的學者專家，會以如何不同的思考基礎與角度來觀察、詮釋以及應對中國的政策意圖與行為，不難想見。

誠如白邦瑞在書中所揭示，許多美國政府與民間專家認為，中國不同於蘇聯，因此美國的外交政策自然應有區隔。對蘇聯採取圍堵政策，不讓蘇聯向外擴張，而將它鎖住（fence in）在一定範圍內，以長期的、結合政治、經濟、軍事的綜合實力競賽，拖垮一黨專政的共產政體。對中國則另採取交往政策，利用鄧小平推動的對外開放，將中國拉出（pull out）封閉的政經制度，誘導中國融入國際社會，接受以西方為首的政經與安全規範，並透過類似和平演變的手段，期待中國自我轉型成為自由民主的國家。

即使是在美國「中國研究者」本身的群組內，也有因學派師承、出身際遇、工作性質、中文程度，以及個人理念等因素，而有不同的分析角度與立場。部分學者專家傾向認為，美國必須先深入了解中國才有可能改變中國，因此需要採取擴大交流，不能切斷聯繫；這些強調交流的學者專家們，往往被冠以「貓熊擁抱者」（panda hugger）帶有貶損意味的頭銜，從而引發許多我個人認為無謂或非善意的爭執。另有部分學者專家傾向認為中國與美國立國價值與政體迥異，不可能成為像西歐或亞太盟邦一樣，因此基於料敵從寬的原則，美國與中國的交往必須堅守原則、錙銖必較、步步防範，有人稱他們為「示警者」（alarmist）。白邦瑞的這本書，顯然敘述了他個人長達近四十年的觀察心得，也跨越了上述兩者的界線。

白邦瑞在書中提醒我們，中國存在著一批「鷹派」民族主義者，這些「解放軍的將官和政府中的強硬派分子」的影響力其實不容小覷，卻被許多外界分析家所忽視。這些被漠視的事實，以白邦瑞的分析，可能出於不諳中文、學藝不精，或被中國人傳統的「欺敵」策略所誤導，或基於對中國長期積弱的一相情願看法。其實世界各國、無論大小，也都存在著追求民族主義傾向、具有強國強種意識的鷹派。白邦瑞博士長期與中國交流，尤其喜愛與他認定的中國鷹派人士來往，我不會認為他是「貓熊擁抱者」，也不認為他屬於美國鷹派，但是這本書確是美國以及所有中國周邊國家的鷹派人士必讀的大作。

「百年屈辱」與「百年馬拉松」是白邦瑞這本書的主調。從二〇〇九年天安門廣場大閱兵前，中國人民解放軍儀仗隊旗隊，步行一百六十九步，到達升旗台的設計，到習近平多次正式談話中，強調一百七十餘年的「深刻總結」，我們觀察到這個晉身世界第二大經濟體、亞洲頭號軍事強權，還沒有從心理上走出鴉片戰爭的陰影。如果以白邦瑞博士轉引，所謂中國（或習近平）想要在第二個一百年（建國百年）擊敗美國，跑贏馬拉松，不是沒有機會，但時間僅剩下三十四年，確實有些急迫。

不過好在本書是以「百年馬拉松」為題，田徑賽與擂台賽畢竟不同。擂台賽是兩者面對面決戰，田徑賽是許多人一起，且朝同一個方向跑；擂台賽必須將對手擊倒在地，田徑賽只需要比其他人超前百分之一秒；擂台賽只有最贏的選手獨得獎牌，田徑賽則至少前三名都能獲獎並一同受到表揚喝采。以此觀之，中國的馬拉松提法很高段，白邦瑞也滿聰明。

白邦瑞博士在美國政府與學界，是個有名的人物；他的有名，植基於他的天縱聰穎與勤懇治學，也歸因於他廣蒐武林秘笈、閉門練功、極少亮劍、卻偶露鋒芒的一貫作風。白博士具備從中國人傳統戰略文化與思維的視角，來解讀中國國家安全戰略的能力，是中國鷹派人士最強勁也是可敬的對手之一；其實，以我的長期觀察，白邦瑞自己就是最會靈活運用「三十六計」的美國人，他會想到（或故意）要寫這本書即為明證。

在與他相識、交流、爭吵、辯論二十餘年卻不傷彼此友誼，了解也容忍他的思維邏輯與性格特色，再閱讀此本受到美國中央情報局肯定的大作之後，我真的很想看看，在北京的「習辦」會寫出什麼樣的書評？

致台灣讀者序

一本北京領導人不願台灣看到的書

白邦瑞

二〇一五年六月二十一到二十七日，我去北京拜訪了許多中國的學者與官員。這本書中一千多條注釋來自於這些鷹派作者的著作、文章，或訪談紀錄。

令我吃驚的是，他們許多人坦率承認，他們已經讀過我這本書未經正式授權的中文譯本了，不過這個版本只有在中共黨員之間流通。許多人還欣然同意本書的主旨。然而，第二件令我吃驚的事情是，他們擔心這本書會在台灣造成強烈的「負面效應」（negative reaction）。他們甚至批評我會在台灣製造政治紛擾。他們說，中國只是「摸著石頭過河」，也沒有針對台灣的長程戰略計劃。我回答說，我的書主要談的是中美祕密合作的歷史、美國人一相情願的思維，以及北京高明的戰略。對此他們沒有異議。

然而，他們不希望任何台灣人讀到本書提出的證據。為什麼？他們說，台灣大多數的知識分子對於北京的戰略計劃已經不以為意了。「你的書可能讓我們過去十年來的努力都付諸流水。台灣可能會誤解北京老練的談判技巧與長期架構。」他們擔心我揭露太多從美國檔案中新解密的證據，透露北京領導人曾多次在與美國的談判中占上風。他們說我揭露了許多足以讓他們沾沾自喜的成就，但這書對台灣來說「出現的時機不恰當」。一名「學者」甚至建議我這位「中國的老朋友」，台灣人最好不要討論這本書。

我跟他們說我沒有訪問台灣的計劃，並問他們為什麼現在「時機不恰當」。他們說，二〇一六年的台灣總統大選將會是兩位聰明的女性候選人之間關於中國的「理念之爭」，而且他們已然心有所屬。如果一位資深的美國官員在這個敏感時機說得太多，他們的勝算就少了。我向他們保證，包括我在內的美國官員從未介入台灣的政治。他們聽了哈哈大笑：「太好了，那請你務必在二〇四九年十月一日再來北京，參觀紀念百年馬拉松的閱兵！」

我因為有幸於一九七〇至一九七二年間到台灣大學學習中文，本書方得誕生。我們在史丹福中心（Stanford Center）使用的課本包括從春秋戰國時代傳承下來的古典文獻，來自中國大陸的老師還會教一些如今北京的鷹派戰略學者朗朗上口的古典成語。中國人從春秋戰國時代的治亂興亡所總結下來的智慧，恰恰可以作為今天崛起中的中國要如何取代舊霸主的戰略方針。在往後的日子裡，我在許多用中文進行的會晤中，了解到歷任台灣領導人，包括蔣介石與蔣經國父子，還有與李登輝、陳水扁、馬英九，對中國大陸的觀感。

我寫本書的目的之一是我相信，我在台灣的朋友會想要從一個曾經在台灣受過訓練的歷史見證人的書寫中，知道當初為什麼美國政府要切斷與台灣的關係、投入北京的懷抱。我在書中引用了新解密的文獻，提供了一些過去不為人知故事。

美國官員坦白承認錯誤是破天荒的大事。我的同事當中很少願意這麼做的。前任美國駐華大使、資深的中國問題專家李潔明是第一位。可惜他受到的重視還遠遠不夠。如果你喜歡他的《李潔明回憶錄》，你應該也會想要看看我的《2049百年馬拉松》。我寫這本書是為了說服其他美國政府官員，以及台灣領導人，公開地承認我們嚴重錯估也低估了北京的戰略與「中國夢」的真正企圖。另一方面，如果你相信中國即將崩潰，或者你確信中國馬上會像台灣一樣民主化，或者你根本不在乎中國與美國早在一九六九年開始就展開了祕密合作，這本書不是為你而寫。如果你想知道過去四十五年的歷史如何導致今天的局面，**請一覽本書提供的新證據，它們有的來自於中國，有的來自於美國檔案，且皆由美國總統簽署**。

作者聲明

「本書於出版前經過美國中央情報局、聯邦調查局、國防部長辦公室，以及國防部某部門的審閱，以避免機密資料的洩露。我感謝這些查核同仁刪除敏感的細節資訊，以確保此領域裡的研究安全。」

導言

一相情願的想法

「瞞天過海。」——三十六計

黑色聖誕樹

二〇一二年十一月三十日中午，暮秋晴朗的天空下，史密松尼學會（Smithsonian Institution）花白鬍子、和善的秘書長韋恩．克勞夫（Wayne Clough），出現在一堆攝影機和麥克風前。當他開口說話時，一陣寒風吹過位在華盛頓的國家廣場（National Mall）。四周群眾包裹在大衣裡，而國務卿希拉蕊．柯林頓的代表則高舉著一塊神秘的黃金色獎牌。當天史密松尼學會的貴賓是中國著名藝術家蔡國強。前一天晚上，內人蘇珊忝為活動主辦人之一，在史密松尼的亞洲藝術館薩克勒藝廊（Sackler Gallery）為歡迎蔡國強辦了一場豪華酒會。眾議院少數黨領袖南西．裴洛希（Nancy Pelosi）、英國肯特麥可親王王妃（Princess Michael of Kent）以及七十四歲的前伊朗國王巴勒維的遺孀等四百名嘉賓，舉杯慶祝中美友誼，也得以一睹在二〇〇八年北京奧運開幕式以璀璨的煙火表演而聞名國際的這位大師的手采。蔡國強以表演藝術彰顯中國形象馳名中外，他另一項創舉是利用火焰把長城延伸一萬公尺，從太空都可以看清楚。這場晚會替史密松尼募到一百多萬美元，新聞登上許多報紙雜誌的社交版。[1]

次日，蔡國強亮相時，身穿西裝、灰色大衣，配上橘紅色圍巾。這個整潔、英俊、頭髮斑白的大師抬頭望向國家廣場，以及他的最新表演藝術作品——一棵四層樓高、綴上兩千個爆破器的聖誕樹。

蔡國強按下手持引爆器，聖誕樹就在眾人眼前爆炸開來，濃煙從枝葉中冒出。蔡國強再按一次引爆器，聖誕樹再次炸開，然後又按第三次。歷時五分鐘的表演把松針炸得向四面八方飛散，而濃密的黑煙——象徵中國發明火藥——吞沒史密松尼標誌性的紅色城堡建築的外牆。[2]事後館方足足花了兩個月時間才收拾好爆炸後的善後清潔工作。

我不曉得在場來賓是否有人思索，為什麼他們會在距離聖誕節還不到一個月的時間，要在首都華府眼睜睜看著一位中國藝術家炸掉基督徒信仰的象徵。當時我也不敢確定我明白這個舉動的顛覆意義。我和其餘的觀眾一起鼓掌。或許感覺到恐怕會惹爭議，博物館發言人告訴《華盛頓郵報》記者說：「表演本身和聖誕節沒有關聯。」[3]博物館的確很單純地稱呼蔡國強的表演是「爆破表演」（Explosive Event），可是它或許沒有蔡國強在自己的網站上說的更傳神——蔡國強稱它是「黑色聖誕樹」（Black Christmas Tree）。[4]

當希拉蕊國務卿的助理揮舞那塊金色獎牌讓記者們看個清楚明白，蔡國強則謙遜地堆著微笑。他剛由國務卿親自頒授國務院首度頒贈的藝術獎章，另外還笑納由美國納稅人支付的二十五萬美元獎金。希拉蕊表示，這項藝術獎章是為了表揚這位藝術家「對推動互相了解和外交關係的貢獻」。[5]蔡國強似乎認同這一說法，他致答詞說：「所有的藝術家都像外交官。有時候藝術可以發揮政治辦不到的效用。」[6]

心頭帶著狐疑，我次日在和一位投奔自由的前任中國政府高階幹部會晤時提起蔡國強。他對於老美授予蔡國強獎章、欣賞他的爆破藝術，感到不可思議。我們到互聯網上去搜尋。我希望能夠深入了解蔡國強這號人物和他的藝術創作。我不去看誇讚蔡國強才華洋溢的英文文章，只注重幾個中文網站對他們這位傑出同胞的評論。

我發現蔡國強在中國國內粉絲還不少。除了畫家艾未未之外，他堪稱是中國最受歡迎的藝術家。蔡國強許多粉絲是民族主義者，誇讚他當著西方人面前炸了西方的象徵物。中國的民族主義者自稱是「鷹派」。許多鷹派人物是解放軍的將官和政府中的強硬派份子。很少美國人和他們照過面。他們卻是我極為熟悉的中國官員和作家。因為自從一九七三年以來我就奉美國政府之命與他們合作。我有些同事錯誤地輕蔑鷹派是瘋子。我則認為他們代表中國真實的聲音。[7]

蔡國強與鷹派顯得非常支持美國衰退、強大的中國正在崛起的論述。（很湊巧，他的名字就是國家強盛。）蔡國強過去的作品就反覆突出這個主題。比如，美軍子弟在阿富汗和伊拉克頻頻遭受自發爆炸雷管攻擊時，他模仿一場汽車炸彈爆炸，讓「觀眾欣賞恐怖攻擊和戰爭的某種救贖之美」。[8]這位藝術大師談到二〇〇一年九月十一日的恐怖攻擊時，竟說對於全世界觀眾而言，這是非常「壯觀」的一幕——彷彿在說它是藝術作品——當時就惹人非議。九一一事件後不久，有位牛津大學教授指出，蔡國強曾經宣稱他最喜歡的一本書[9]是《超限戰：對全球化時代戰爭與戰法的想定》。這本軍事分析書籍的兩位作者是解放軍上校，他們建議北京「採用不對稱作戰，如恐怖主義，以攻擊美國」。[10]直到今天，中國的博客還津津樂道他們的英雄能在與美國國會大廈僅有咫尺距離的地方炸掉基督教信仰的象徵。很顯然，美國人成了他們恥笑的大傻瓜。

後來我才知道，負責付錢給蔡國強的美國官員，並不曉得他的背景或是他可疑的藝術策略。我不禁覺得內人和我也不察而落入陷阱——高高興興的洋鬼子渾然不知存心不良的表演就在我們眼皮子底下進行。這和美國的整體對華政策，其實也沒什麼兩樣。中國領導人已說服許多西方人士相信，中國的崛起將是和平的、不會傷害到別人——即使他們奉行的戰略從基本上與此背道而馳。

五大錯誤假設

我們美國人今天看待中國，依然與中國看待我們完全不同——這個情況已經持續數十年了。為什麼史密松尼學會和美國國務院付一位著名中國藝術家二十五萬美元在國家廣場炸掉一棵聖誕樹？答案至少有一部分藏在中國一句古諺「瞞天過海」當中。這句話典出中國民間故事三十六計之一。[11]這些計策都是設計來借力使力、擊敗強敵的妙招，甚至讓敵手還被蒙在鼓裡而措手不及。或許是不經心，蔡國強後來在向國務院官員發表談話時說了一句：「每個人都有他的小伎倆。」[12]

我們這些自命「中國問題專家」的人一般都認為一生致力於降低美、中雙方之間的誤解。我們認為，美國人對中國一再犯錯，有時候鑄下嚴重後果。一九五〇年，中國領導人認為已經清楚警告美國：韓戰中的美軍部隊不應太逼近中國邊境，否則中國將被迫還以顏色。華府沒有人讀懂訊息，因此當年十一月，中國部隊跨過鴨綠江、進入北韓，和美軍纏鬥到一九五三年才簽訂停火協議——美軍子弟已有三萬多人陣亡。美國也誤判中國和蘇聯的關係、它在一九七〇年代交好尼克森政府的原因、它在一九八九年對天安門廣場學生抗議者的意向、它在一九九九年對待美機誤炸中國大使館的反應（中國領導人把它視同希特勒的暴行）等等。

我們研究中國問題的人有許多被教導，中國是西方帝國主義魔掌下無助的受害人——中國領導人不僅相信這個概念，也積極鼓勵這個概念。一九六七年我在哥倫比亞大學攻讀博士學位時，政治學教授就強調西方和日本是如何如何地欺負中國，暗示我們第一代必須設法彌補前人之過錯。我們的許多教科書包含了相同的論述。

這個視角——不惜代價協助中國、幾乎盲目到看不見中國人的親善或惡意——籠罩了美國政府與中國打交道的方法。它影響到中國問題專家提供給美國總統及其他領導人的建言。

它甚至也影響我們的翻譯。外國人學中文，第一件事要學的就是它本質上是很含糊的。中文沒有字母，不是由字母拼組而成。中文字往往可以拼幾個小字成一個字。我們英文中的size在中文裡是「大小」，這是方塊字「大」和「小」兩個字堆砌起來。我們英文中的長度是length，中文又是把「長」和「短」兩個方塊字堆砌在一起。中國人用字典組織數千個方塊字，它必須根據約兩百個部首劃分。每個部首之下的幾百個字再依筆劃多寡排序，筆劃少則一劃、多則十七劃。方塊字已經夠複雜了，還有四聲。四聲抑揚頓挫，代表不同字義。英文ma讀一聲是媽，二聲痲、三聲馬、四聲罵。中國人必須高聲講話，對方才聽得清四聲輕重。中文的音節也簡單，因此許多字發音相同，可是音同卻意義不同，誤解在所難免。

中文的複雜使它像天書、像密碼。外國人在翻譯中國觀念時必須做重大決定，而它很容易導致誤解。[13]我有過幾次經驗必須決定如何翻譯中國領導人使用的罕見的中國詞語：比如一九八三年鄧小平在北京接見參議員訪問團、一九八七年朱鎔基訪問華府、二〇〇二年胡錦濤參訪五角大廈，都由我傷腦筋設法翻譯艱深晦澀的中文詞彙，以便正確無誤傳遞他們的真意。我們同僚經常相互交換翻譯心得。不幸的是，美國極大多數的所謂中國問題專家，只略通幾個字、不會講中國話——只夠在不會講中國話的人面前冒充內行。這一來這些所謂的中國問題「專家」往往有個毛病，即依本身的一相情願主觀地解讀中方的訊息。我們必須更努力，不只注重談話、還得注意談話的前後脈絡，更需要注意關鍵的弦外之音。過去五十多年，美國人在這方面失敗了。一直到最近，中國鷹派有時候誨莫如深的語言是借喻了中國的古代歷史，因此大多數外國人摸不透他們的戰略思想。

自從尼克森總統一九七一年向中國開放以來，美國對中華人民共和國的政策大多以與中國「建設性交往」（constructive engagement）以協助它崛起為主軸。這個政策歷經八任總統、數十年之久，大多一路延續下來，只有小小改動。民主黨和共和黨的總統們各有不同的外交政策觀點，但全都一致認為與中國交往、提攜它崛起，非常重要。建設性交往派包含著名的學者、外交官和卸任總統，對於決策者及採訪中國新聞的記者頗有影響力。我當然知情——幾十年來，我也是這群人之一。事實上，我是一九六九年最早提供情報給白宮、主張與中國接觸的人之一。數十年來，有時候我扮演重要角色，力促兩黨政府提供科技及軍事援助給中國。我大體上接受美國高階外交官和學者共通的假設，亦即美國戰略討論、評論和媒體分析一再反覆提到的觀點。我們相信，中國領導人的思維與我們相似，只要美國援助脆弱的中國就可以協助中國成為民主、和平的大國，不會有區域或甚至全球稱霸的野心。然而，我們低估了中國鷹派的影響力。[14]

根據這個信念做出的每個假設都錯了——而且後患無窮。根據中國所作所為，甚至同等重要的是，根據中國的不作為，這些假設的錯誤日益明顯。

錯誤的假設一：美中交往能帶來完全的合作

已經四十年了，我的同僚和我都認為與中國「交往」可以引來中國在相當廣泛範圍的政策問題上和西方合作。它並沒有實現。原本以為貿易和技術會導引中國和西方對區域及全球秩序的觀點匯流。它們也沒有奏效。簡而言之，幾乎我們全部的樂觀期許，中國都未能做到。[15]

從阻礙飽經戰火蹂躪的阿富汗之重建工作和經濟發展，到提供救援給蘇丹和北朝鮮等反西方政權，中國都跟美國政府的行動和目標作對。中國正在和美國的盟友及敵人建立自己的關係，這一點顯示北京的任何和平、建設性意向都是言不由衷的。

以大規模毀滅性武器為例。沒有任何一種安全威脅會比它們的擴散對美國構成更大的危險。但是中國一點都不幫忙——這還是客氣地說——抑制北朝鮮和伊朗的核武野心。

九一一事件之後，某些評論員表示，相信美國和中國今後將因恐怖主義的威脅聯合起來，就和以前因防制蘇聯而合作一樣。小布希總統在二〇〇二年一月的國情咨文演說宣示「泯除舊敵對」，合作對抗恐怖主義的「共同危險」的殷切盼望[16]，並沒有改變中國的態度。中美在這個議題上的合作其實在範圍和效果上相當有限。

錯誤的假設二：中國會走向民主之路

中國在過去三十年肯定有改變，但是它的政治制度並沒有按我們支持中美交往的人所希望和預測那樣演進。少數派中國問題專家已愈來愈多人開始了解這一點。普林斯頓大學的范亞倫（Aaron Friedberg）觀察到中國共產黨不僅沒有瀕臨消滅，反而可能繼續存活數十年。[17]作家孟捷慕（James Mann）報導中國新聞逾三十年，他指出他所謂的「緩和的」劇本——即預測中國將平穩地演化為自由民主政體——可能成為幻影。他提出警告說，今後二、三十年中國可能遠比今天更加富強，可是它或許還繼續受共產黨專制統治，仍然「敵視異議人士和有組織的政治反對派」，與美國尖銳不和。[18]歐洲外交關係協會（European Council on Foreign Relations）是個重要的中間偏左智庫，它在二〇〇九年提出評估，形容認為與歐盟來往會引起中國「經濟自由化、法治增進及政治民主化」的想法是「犯了時代錯誤」、言之過早。[19]中國不但沒有出現美國式的自由市場經濟，學者愈來愈注意到出現了所謂的「威權資本主義」（authoritarian capitalism）。[20]哥倫比亞大學教授黎安友（Andrew Nathan）在《民主雜誌》（*Journal of Democracy*）上撰文，稱這種轉變是「威權主義韌性」（authoritarian resilience）。[21]

縱使如此，以為民主的種子已在中國村級基層播下的想法卻成為美國許多中國事務觀察家共同的看法。這派主張認為，只要美國不揠苗助長，中國在鄉鎮的地方選舉終究會演進到省級與全國級的選舉。

和美國政府裡的許多同僚一樣，這套民主理論我已經聽了幾十年了。我在無數的書本和文章中都讀到這種論述。我相信它。我也**希望**相信它。

一九九七年我和一些人受鼓勵到工業城市東莞附近一個村子去見證「民主」選舉的萌芽，我的信心首次動搖。我在參訪時有機會和候選人以普通話聊天，以了解選舉實際是怎麼運作的。選舉的潛規則很快就露出馬腳：候選人不得舉行公開集會、不准有電視廣告、不准張貼競選文宣品。他們不准批評共產黨推行的任何政策，也不得就任何議題批評對手。不會就納稅、預算開支或國家未來進行美國式的辯論。候選人唯一能做的就是和對手比較個人品質。違反上述規定即構成犯法。

和我交談的一個候選人問我，西方的民主選舉是這樣進行的嗎？我不敢告訴他真相。中國的鷹派已經幹掉真正的選舉。

錯誤的假設三：中國是脆弱的小花*

一九九六年，我參加一個美國代表團訪問中國，團員當中的羅伯特．艾爾斯沃士（Robert Ellsworth）是共和黨總統候選人羅伯特．杜爾（Robert Dole）的外交政策高級顧問。中方以為杜爾若當選總統，艾爾斯沃士或有可能出任國務卿，不敢怠慢，讓我們有機會破例看到中國內部的運作狀況和問題。接待我們的一些隨員是自命為「鷹派」的軍官。

在和中國學者顯得相當坦率的交換意見中，我們被告知，中國有嚴重的經濟和政治危險——崩潰的可能性極大。這些知名學者指出中國有嚴重的環境問題、蠢蠢欲動的少數民族，以及無能又腐敗的政治領導人——加上這些領導人沒有能力執行必須的改革。考量到中共中央政治局出了名的保密，我很訝異這些學者的坦率直言，也對他們的預測相當震驚，因此加強了我支持美國援助貌似脆弱的中國之心態。

* 譯注：通常的說法是「脆弱的強權」（fragile power），作者為了誇飾刻意改用「脆弱的小花」（fragile flower）。

我後來獲悉，中方安排其他美國學術、企業界領袖及政策專家參加這類「專屬」訪問活動，來賓也都聽到中國即將衰退的相同信息。他們回到美國後，許多人也在文章、專書或評論中重述這些「揭露」。例如，頗有影響力的蘭德公司（Rand Corporation）發表一份研究報告，列舉中國在迫在眉睫的未來會減速成長或甚至崩潰的十大因素。[22]後來許多年有關中國問題的辯論，一直都以此一趨勢作為重點。二〇〇三年，《評論》（*Commentary*）雜誌刊出一篇文章，題目即逕指中國「生病」了，[23]二〇〇一年出版的一本暢銷書也指稱中國「即將崩潰」。[24]許多人表示擔心，深怕美國若對中國施加太大壓力，要求它舉行選舉、釋放異議人士、擴大依法治理、公平對待少數民族，這些壓力會導致中國崩潰——進而導致全亞洲動盪。

數十年來，我們在新聞報導、讀者論壇和專書中讀到這類千篇一律的論述，它們主宰了我們全國對中國的討論。可是，鐵證如山的事實是，根據國際貨幣基金、經濟合作暨發展組織和聯合國的經濟學家的估計，中國已經強勁的GDP預計還會以至少百分之七至八的速率繼續增長，因此最早可在二〇一八年以前超越美國。[25]不幸的是，像我這樣的中國政策專家已經深中「中國即將崩潰」的毒，[26]我們很少人相信這些預測。正當我們還在替中國憂心忡忡，它的經濟已經翻了一番以上。

錯誤的假設四：中國希望和美國一樣，而且正如美國一樣

我們美國人過分自大，喜歡認定其他每個國家都希望和美國一樣。近年來，我們處理伊拉克和阿富汗問題時就犯了這個錯誤。我們和中國交往也抱持同樣心態。

一九四〇年代，美國政府撥款進行研究，試圖了解中國人的心態。它產生出幾份研究報告，其中之一涉及到針對紐約唐人街一百五十名中國移民以羅氏墨漬測驗（Rorschach inkblot cards）進行研究。研究人員包括納森・萊特斯（Nathan Leites）、露絲・班乃迪克（Ruth Benedict）和瑪格麗特・米德（Margaret Mead）等知名學者。他們也分析中國通俗書籍和電影的主題。結論之一是中國人對戰略的看法見解和美國人不一樣。美國人往往喜歡直接了當的行動，華裔人士則重間接、輕直接，偏重含糊和詭計勝於清晰明確。另一個結論是探討戰略的中國的文學和文獻更強調欺敵詭計。[27]

二十年之後，以心理分析法進行文化研究著稱的納森・萊特斯撰文表示：

> 從孫子到毛澤東，中國討論戰略的文獻都把詭計看得比其他軍事理論更重要。中國人的詭計主要是誘敵做出不智舉動，而較少著重在鞏固本身計劃的完整。在其他文化裡，尤其是西方文化，詭計主要用在確保己方部隊能實現最大的打擊力量……中國式詭計的主要好處

是不必動用自己的力量……中國人傾向於不露鋒芒，不公布掌權者的日常活動；他們認為奇襲和詭計非常重要。[28]

中國文獻經常凸顯爾虞我詐的角色，以及需要「智者」——即明智的政治家——以看穿詭計，洞悉真相。中國許多古典英雄故事都強調利用奸猾玩弄別人。許多通俗小說、電影和電視節目的英雄，皆善於不動聲色地耍弄對手，直到最後都不漏出真正意向。這些藝術家策劃出最複雜幽微的欺敵訊號，需要讀者用心思索，到劇情告終時才有恍然大悟之感。[29]

一九四〇年代這些研究——認為某一民族對世界會有不同的看法——被認為有爭議、政治不正確，因此從來沒有對外發表。唯一一份原版報告悄悄地躺在國會圖書館裡。[30]一直要到二〇〇〇年，我才從和中國軍方將領的互動中了解到這些研究的結論基本上是正確的。中國人高度重視欺敵戰略的重要性。他們以中國文化的獨特性自豪。兩個鷹派將領成立一個「中國戰略文化促進會」推廣這個觀點。自從我二十年前認識他們以來，他們在全國媒體上的影響力大為增長。我的同僚錯誤地輕忽他們，直到最近，他們某些建議成了中國的政策。

錯誤的假設五：中國的鷹派力量薄弱

一九九〇年代末柯林頓政府時期，我奉國防部和中央情報局之命進行一項史無前例的檢討，檢討中國欺騙美國的能力，以及迄今為止它究竟愚弄了美國多少。根據祕密情報、未發表的文件、與中國異議人士及學者的訪談，以及我直接閱讀的中文材料，我終於開始看穿中國人所遮掩起來、不讓我這類人士知道的機密。

我蒐集和我一向相信的傳統論述相互牴觸的線索，開始拼組起過去約四十年的另類論述。經過一段時間後，我發現中國鷹派向北京領導人提出的建議，他們希望能誤導和操縱美國決策者，以取得情報以及軍事、科技和經濟的援助。我發現這些鷹派向毛澤東以降歷任中國領導人建言，要報復百年國恥，期盼在二〇四九年、即共產革命成功一百週年時，取代美國成為全世界的經濟、軍事和政治領袖。這項計劃即「百年馬拉松」。中國共產黨領導人自從和美國開展關係時，即已執行這項計劃。其目標是報復或「洗雪」過去列強的羞辱。然後中國將建立一個對中國公平的世界秩序、一個沒有美國全球稱霸的世界，並且要修正第二次世界大戰結束時在布列登森林和舊金山所建立由美國主宰的經濟和地緣政治世界秩序。若要達成這個鴻圖大計，鷹派評估唯有透過詭計，或至少否認心懷任何顛覆計畫。

當我提出我的研究報告，指稱中國鷹派就中國的野心及欺騙美國的戰略提出建議時，美國許多情報分析員及官員起先都不敢置信。他們沒有看到我發現的證據。（多虧中央情報局局長喬治・譚納特（George Tenet）慧眼獨具，他在二〇〇一年頒給我傑出表現獎，表揚我這項研究。）我可以了解我同僚的懷疑。中國政府長久以來都以落後國家之姿出現，它的「和平崛起」需要協助。中方否認它有實現全球領導或與美國衝突的念頭。的確，中華人民共和國憲法明文規定，禁止中國稱霸。[31]中國領導人也例行地向其他國家保證「中國絕不會稱霸」。[32]換句話說，中國會成為最強大的國家，但不會主宰任何國家或試圖改變任何事物。我們沒有一份這樣的計劃書。中國也的確說沒有這種計劃。他們只想讓中國恢復三百年前的全球地位，當時它支配全球約三分之一的經濟。換句話說，根據中國鷹派的規劃，到二〇四九年中國至少要有美國的兩倍強。

中國將是和平的、不是那麼民族主義的概念，得到遍布西方學界、智庫、金融機構和政府的意識型態盟友的確認。宣傳中國只重經濟發展而無意於稱霸全球的概念，對這些人來說是更有利的，不論他們是想要投資中國企業的民間股票型基金經理人，或是智庫學者，他們為了籌措經費、資料取得管道以及推動研究計畫並與中方同僚舉辦研討會，都需要鼓吹這些樂觀前景。我們的外交政策專家、經濟學者和企業人士有這一派想法並無不當，而且也有憑有據。中國也有真正想和美國合作的溫和派存在。中國政府官員通常也的確反映這些觀點，並處心積慮地宣稱它們才是真正代表中國的聲音。[33]

但是那些被嘲笑是「擁抱貓熊人士」（panda huggers）的人——我過去數十年也頗以此為傲——所擁有的對中國較親善的觀點，恐怕也缺乏足夠的證據來證明中國境內的許多強硬派民族主義聲音（從最高層的政治和軍事機構到基層民意皆如此異口同聲主張）只不過是「邊緣」主張。這些強硬派被貼上「脫離現實」的標籤，是已經被全球化和資訊科技消滅的舊時代殘留下來的老古董。

西方大部分中國事務專家數十年來都認定中國的民族主義不是主流。這種一相情願的偏差想法已經創造一個盲點，未來二十五年內，美國最棘手的國家安全挑戰可能就要爆發了。中國有溫和派和強硬派、鴿派和鷹派，他們在北京的政府機構以及經常舉行的會議裡，為中國未來的發展方向有很激烈的辯論。但是，逐漸地，強硬派和民族主義的世界觀占了上風，在中國新任國家主席習近平的核心圈裡影響力極大。政府辦的鷹派報紙《環球時報》已經成為第二或第三名最受歡迎的新聞來源，它的總編輯胡錫進很清楚表達出中國鷹派是如何看待溫和的鴿派，他指責他們是「癌細胞，將導致中國滅亡」。[34]

亡羊補牢為晚否？

過去三十年，身為曾在國會及尼克森以降歷任總統行政部門服務的中國事務專家，我可以說是比起任何西方人士對中國軍事、情報機關都有更深厚的來往關係。解放軍和國家安全部的代表為我打開他們最神秘的機構的大門，讓我接觸到其他西方人不曾見過的文件和作品。他們當中的強硬派把我看作推動他們觀點很有用的工具，即使我讓北京和華府某些相信中國是和平、溫馴的人士感到不悅。一九九八年和二〇〇〇年，我發表兩本學術專書《中國對未來戰爭的看法》

（*Chinese Views of Future Warfare*）[35]和《中國對未來安全環境的辯論》（*China Debates the Future Security Environment*）[36]，把我訪問北京所蒐集到的許多文件，以及中國軍方領袖和投奔自由人士所給我的材料，譯介為英文。我把中國內部辯論北京在世界的角色的雙方立論都包羅進來；當時我把這兩派稱為「正統」（強硬路線）和「修正主義」（溫和派）觀點。被我引述在兩本書中的將領和外交政策專家都感謝我精確翻譯他們的觀點，使他們至少在華府國家安全事務專家的小圈子中受到注意，因此在日後願意提供我更多協助。[37]

歷經數十年密切研究中國事務之後，我認為這些強硬派並非人微言輕，而且是中國地緣戰略思想的主流。他們只是把高層決策者的觀點直言不諱地說出來，這些人代表數億渴望見到中國崛起為全球大國的人民。回到文化大革命初起之時，中國無疑也有許多自由派思想家，希望整合進全球自由市場，並且向更民主的治理制度演進。中、美情況相仿，美國有鷹派、鴿派之分，有所謂的新保守主義者、干預主義者、現實主義者和孤立主義者，中國的菁英也分不同陣營。當然，差別在於這些辯論很少呈現在中國民眾和西方新聞界面前。中國沒有民選代表組成的國會或真正開放的論壇討論這些議題。

在未來的數十年裡，西方決策者、情報分析家和學者的挑戰是穿透層層迷霧與阻礙，以辨別不同陣營實力的虛實。一直到現在，西方政策和企業菁英還對中國將追求和平崛起並模仿美國的發展信以為真。星巴克、麥當勞和蘋果等消費者品牌在中國爆炸性地成長，更使這個觀點堅強有力。直到最近才出現令人不安的跡象，顯示一個更加窮兵黷武的中國可能悄然成形。某些有志之士已經開始反省過去四十年來沒有根據的想法。[38]

即使繼續主張美、中應更親密合作的人士也無法辯駁一個事實，即中國不僅就在我們眼皮子底下崛起，而且打從一開始，就是美國和西方協助中國完成其目標。這類援助有個主要源頭，就是世界銀行。世界銀行高階主管一九八三年和鄧小平主席會面時，祕密同意派出一組經濟學家密切研究中國，前瞻二十年，為中國如何可以趕上美國提出建言。[39]但是，援助並不僅僅限於一端。數十年來，美國政府慷慨地提供中國敏感的資訊、科技、軍事技術、情報和專家諮詢。事實上，由於多年來長期提供太多援助，以致美國國會在二〇〇五年抱怨竟然沒有一本完整的帳冊紀錄。猶有甚者，我們沒給中國人的，他們自己動手來偷。

然而，百年馬拉松的力量在於它總在暗地裡進行。借用電影《鬥陣俱樂部》（Fight Club）裡的話，馬拉松的第一定律就是絕口不提馬拉松。的確，幾乎很肯定，北京不會有一份列舉各項戰略的指導計劃鎖在某個保險櫃裡。中國領導人們對馬拉松早已瞭如指掌，白紙黑字寫下來反而有曝光之虞。但是中國人現在已開始更公開地談論這個概念——或許是因為他們覺得就算美國現在開始急起直追，也為時已晚矣。

我在二〇一二、二〇一三和二〇一四年三度走訪中國，觀察到中國人態度出現變化。我照例拜訪中國主要智庫學者，大家彼此相識已有幾十年。我直接詢問他們對「中國領導的世界秩序」

的看法——稍早前幾年，這句話他們不是斥為無稽，就是不敢放言高論。可是，現在許多人高談闊論此一新秩序，或說是中國的復興，即將到來，甚至比預期還快。美國經濟在二〇〇八年全球金融危機時遭到痛擊，中國人認為他們期盼已久的美國的衰落已經開始了，而且無藥可救。

過去有一批人長期以來信誓旦旦地向我擔保，中國只想在新興的多極世界中扮演一個謙卑的領導者。現在同一批人竟然改口告訴我：共產黨正在實現其長期的目標——恢復中國「適當」的世界地位。他們的話無疑是告訴我，他們過去騙倒了我和美國政府。或許不無一絲得意，他們的舉動說明了美國有史以來最有系統、最為關鍵，也最為危險的情報大失敗。由於我們渾然不知馬拉松已經在進行，美國就要輸了。

第一章

中國夢

——洗刷百年屈辱

「天無二日，地無二君。」——孔子

習近平的復興之路

習近平二〇一三年三月就任國家主席時，美國的中國事務觀察家還摸不清他是怎樣的一號人物。中國的鷹派敬佩他，但是西方觀察家普遍的觀感是，六十歲的習近平頭髮濃密烏黑、面帶溫和笑容，是個戈巴契夫型的改革派，有心掃除中國的老幹部、最終實現這些觀察家長期具有的信念：中國將成為他們殷切期盼的自由市場型的民主國家。但是習近平很快就展現他有自己的一套計劃——中國將再度崛起、重返全球權力金字塔頂端的寶座。這是毛澤東一九四九年建立政權以來中國共產黨的雄心壯志，這一年是中國領導人共同理解的百年馬拉松的起始點。習近平擷取鷹派的口號「復興之路」。原本只是民族主義者在喊的口號，現在變成這位新任主席的標語。過不久，大家就見識到它的意義。

《天演論》與《資治通鑑》

北京天安門廣場的一角，站著毛澤東一九四九年下令興建的一座十層樓高的尖碑。由中國政府發執照、監管的正式導遊通常不帶外國人去參觀它。即使西方遊客走到這兒，也未必了解它是什麼東西，因為大理石花崗岩上鐫刻的中文並沒有英文翻譯。可是這塊尖碑自始就代表了這場馬拉松的精神。

網路上把這塊巨碑通稱為「人民英雄紀念碑」。[1]這個巨碑真正要表達的是中國的悲情，是一八三九年第一次鴉片戰爭以來，西方列強加諸於中國身上的「百年羞辱」——當年因為貿易糾紛，英國皇家海軍砲轟中國海港，迫使清廷簽訂城下之盟。按照碑文的敘述，此後一百年的中國歷史歷經了中國人的抵抗、西方人的占領、漫長的游擊作戰，最後高潮是毛主席得勝建政，結束了西方對中國的壓迫。至少它代表共產黨政府的解讀。

每天都有美國遊客走過紀念碑，通常站在遠處拍照留念，以示到此一遊，可是他們渾然不知它要傳遞的信息，儘管它是直接針對美國人的。紀念碑成為中國民眾愛國示威活動的中心之事實，還有另一層被我們忽略的意涵：中國的冤屈獲得洗雪的日子即將到來。簡單地講，這塊紀念碑完美地象徵中、美兩國的關係：中國正在療傷止痛、伺機再起，美國卻渾然不覺。

中國共產黨崛起之前，中國老早就清楚知道自己在各國權力排序上的地位。[2]十九世紀末，歐洲列強給中國貼上「東亞病夫」的標籤，猶如他們給鄂圖曼帝國取綽號「歐洲病夫」如出一轍。對中國許多知識份子而言，這個綽號可謂奇恥大辱，因此他們對外國人心懷怨懟也理所當然。革命黨人陳天華在一九〇三年憤憤不平寫下：「夷人稱我為『東亞病夫』，是野蠻、低等的民族。」[3]這個潰爛的創傷要到中國奪回全球權力金字塔頂端的地位，才有可能得以癒合。

二十世紀初，中國作家和知識份子迷戀上達爾文（Charles Darwin）和赫胥黎（Thomas

Huxley）的作品。達爾文的物競天擇和適者生存概念，激勵中國人發憤圖強，洗刷西方列強施加的凌辱。翻譯家、學者和改革派嚴復，據信是最早將赫胥黎的《天演論》（*Evolution and Ethics*）翻譯為中文的人。但是嚴復犯了一個大錯，把「天擇」譯為「淘汰」，它後來主宰了中國人對達爾文思想的理解。[4]因此，不僅在競爭中的敗者被視為弱者，他們也將從自然界或政治界被淘汰出局。嚴復寫說：「弱者常為強肉，愚者常為智役。及其有以自存而遺種也，則必強忍魁傑，矯健巧慧，而與其一時之天時地利人事最其相宜者也。」[5]他又寫說，西方認為「所有落後種族都該被優秀種族取而代之。」[6]一九一一年，現代中國國父孫逸仙的計劃明白地以種族生存為基礎。孫逸仙想像的中國對抗列強的鬥爭，是一種抵禦白種人「亡國滅種」威脅的運動，因為他們想要征服、或甚至消滅黃種人。[7]

一九四九年，這種論述又被採納。毛澤東的作品充滿達爾文式的思想。對毛澤東的思想最有啟發性的兩位翻譯家之一下結論說，只有黃種人和白種人這兩大種族構成未來的鬥爭，且除非黃種人改變策略，白種人將「占上風」。毛澤東和他的同志們在發現馬克思的著作之前，已經認為中國的生存要依賴凸顯中國人民獨特特質的長期、激進的策略。[8]如何在一個競爭激烈的世界中求生存，這個關鍵問題左右了中國共產黨戰略思維的發展。

紅軍在一九三〇年代為躲避國民黨的圍剿展開「長征」，而毛澤東在長征期間身邊只帶了一部書，一部西方無可匹敵的治國方略手冊。這部《資治通鑑》最重要的菁粹集中在中國戰國時代各國彼此攻戰殺伐時的謀略，其中包含的歷史故事和格言警句可上溯到西元前四千年。[9]其中有一段故事涉及到孔子，就深符達爾文的概念，即「天無二日」。[10]世界秩序具有階層性質。天下只能有一個最高統治者。

美國的中國事務專家犯的一個大錯就是沒有重視這部書。它不曾譯為英文，直到一九九二年我們才透過《紐約時報》名記者哈里遜・沙茲伯理（Harrison Salisbury）得知，毛澤東不僅在一九三五年就喜愛這部書中記錄的歷史教訓，而且直到一九七六年過世之前還反覆研讀。[11]鄧小平和中國其他領導人也讀它。中國的中學生甚至有一本教科書《通鑑選集》，蒐羅戰國時期的許多史實典故，研究如何愚弄戲耍敵人、如何避免被敵軍包夾，以及如何引誘舊霸主驕矜自得，以待其荒廢政務而有利於己。我們對此渾然無知。

毛澤東清楚引用達爾文的說詞表示：「在意識型態的鬥爭當中，社會主義現在掌握適者生存的一切條件。」[12]一九五〇年代，毛澤東和中國其他領導人經常談到要主宰全世界，這番言詞被西方人士譏笑為打腫臉充胖子，或只是煽動民族主義情緒的無傷大雅的行為，本質上和艾森豪、甘迺迪、杜魯門或尼克森等美國總統言之鑿鑿地說美國是全球最偉大的國家並無二致。中國共產黨在中國人所謂的「大躍進」時期發出「超英趕美」的口號時，[13]很少人理解箇中意向的嚴重。

終毛澤東主政時期，美國情報官員都耽溺於自己的偏見之中。許多人認為中國人只想離群索居，是一個由一群狂熱分子領導的半開化民族。全中國的街道上擠滿了腳踏車、看不見汽車。中國的工廠甚至連電風扇也不會製造。中國罕有外人投資。毛主席荒誕的民族主義作法讓西方感到荒唐的可笑：他召回中國駐外所有的大使。為了幫助農民，他命令軍隊出動殺光所有的麻雀，因為麻雀會吃稻穀。可是，「偉大領袖」似乎不了解麻雀也吃害蟲。結果是中國的農作物慘遭蟲害。

美國情報官員不相信中國不以屈居蘇聯小老弟為滿足的報告。美國人認為中國有野心太可笑，如此落後的國家還膽敢夢想有一天與蘇聯較勁、甚至想和美國別苗頭。但是有一群人沒有在笑——他們是蘇聯領導人。他們比起美國人早早就看清中國的野心。有關百年馬拉松的最早線索來自莫斯科。

諜對諜

一九五〇年代，中國公開歸順蘇聯，尊它為共產集團首腦。中國人裝弱，尋求科技較為先進的俄國人援助與協助。但是毛澤東怎甘於屈居老二。蘇聯心裡也有數。儘管蘇聯人畏懼、不信任中國，但他們更擔心中、美結盟。因此他們向美國人傳送假情報。

一九六一年底，有個蘇聯公民安納托利・葛里辛（Anatoliy Golitsyn）找上中央情報局赫爾辛基站長，表示他有意投奔西方。中央情報局協助他帶著家眷從赫爾辛基飛到斯德哥爾摩。[14]烏克蘭出生的葛里辛四十五歲、KGB少校，任職KGB戰略計劃處，後來派到蘇聯駐芬蘭大使館，化名伊凡．克里諾夫（Ivan Klinov）。從斯德哥爾摩，他再搭機飛來美國，帶來蘇聯在西方間諜作業的情報資料。葛里辛被稱為「安抵西方最有價值的叛逃者」，[15]後來熱門電視影集《不可能的任務》（*Mission: Impossible*）有個角色即影射他。葛里辛也帶來中蘇關係的情資，它徹底影響到往後幾年美國外交界和情報界的研判。

打從一開始，美國情報官員就傾向於相信葛里辛。他供出西方已經掌握的一些蘇聯間諜，因而展現他的可信度。他最重大的貢獻是證實英國情報官員金．菲比（Kim Philby）實際上是替KGB效勞的雙面間諜。

葛里辛也是陰謀論者，後來還聲稱英國首相哈洛德．威爾遜（Harold Wilson）是KGB的線民。葛里辛的另一項陰謀論則與一則甚囂塵上的傳聞有關。根據這個傳聞，中國共產黨和蘇共政治局意見嚴重分歧，都爭著要當共產主義陣營的老大。葛里辛向美方保證，這則傳聞不實，是KGB炮製來騙美國人的謊言，以利中國人偷竊美方有價值的情報。葛里辛還預先提出另一個警告，聲稱有一天會有另一個蘇聯間諜投奔自由，此人將攜來證物證明中蘇分裂。不論他在什麼時候叛逃來美，萬萬不能相信他。兩年多之後，葛里辛預言成真。

一九六四年一月，KGB特務尤里．諾申科（Yuri Nosenko）在日內瓦和中情局人員接洽，不久就逃離蘇聯。他曾經替西方工作做雙面諜、偵探蘇聯的情報，可是形跡敗露，奉召調回莫斯科。諾申科自忖回國後凶多吉少、恐遭不測，遂投奔美國。到了美國之後，有很多說法與美方原先所相信的中蘇關係狀況大相逕庭。他帶來的消息是中蘇嚴重分裂——正好與葛里辛的保證南轅北轍。事實上，中蘇不和嚴重到雙方在邊境爆發衝突，甚至有上升為全面開戰的危險。[16] 諾申科聲稱葛里辛才是蘇聯派來的反間，刻意提供假情報給美國、以阻撓中、美結盟——中國可藉由和華府結盟，勢力更加強大。或許最不祥的是，他聲稱毛澤東不僅有心主宰國際共產體系，還想掌控全球秩序。

這兩個投誠者的說法如此矛盾，讓美國政府莫知所從。一方面，兩大共產主義國家交惡是個千載難逢的好機會，美國會想要從中坐收漁翁之利。另一方面，美國人認為共產主義國家在意識型態上會互相支援，西方若是從中挑撥離間，反而會促使他們團結對外。美國情報界慢慢形成共識——不幸的是和往後數十年一樣，一涉及到中國就研判錯誤。他們決定不採信諾申科的說詞。

諾申科遭到隔離禁錮，要等到他改變說詞才放他出來。可是，關了三年之後，他始終沒有改口。最後，某些美國分析員才敢設想諾申科的說法——中美或許有可能結盟對抗蘇聯——或許是真的。中央情報局和聯邦調查局開始在全球上窮碧落下黃泉蒐集這方面情資。我就在這個背景下被吸收。

進入中央情報局

一九六九年，美國情報界最渴望有兩樣東西可以解決這個辯論。第一是能在KGB的反間部門（counterintelligence division）吸收到可利用的線民。第二是能有個人與蘇共政治局高層接觸。可惜，這兩者都不可能。因此，為了解決中蘇是否失和這個謎題，美國情報機關只能退而求其次。當時有個剛出道的研究生正好在紐約聯合國總部秘書處工作，而這個單位俄國職員奇多。

當時我年僅二十四歲，透過我在哥倫比亞大學一位教授的介紹，在聯合國秘書長辦公室擔任政治事務官員。雖然是個小角色，我卻是這個單位裡唯一的美國人。我因為曾在政府機關任過職，通過安全考核，經常與來自世界各國的聯合國高階官員接觸，我成了聯邦調查局和中央情報局亟欲吸收的對象。

四月份某個星期一上午八點三十五分，我站在第一大道和四十二街路口等候車潮疏散。掛著外交官車牌的黑色轎車排滿整條街，讓紐約市民怨聲載道。兩個月前到聯合國總部秘書處擔任政治分析員以來，這條路我已經走過許多次。然而，這一天，我的工作變了，我答應替美國政府當間諜。

我的兩個接頭對象——中央情報局的「彼得」和聯邦調查局的「史密斯」——奉國家安全顧問季辛吉之命，盡一切可能追查來自蘇聯的與中蘇分裂有關的情報。他們並不在乎中國會是什麼樣的夥伴——可靠、古怪，或甚至危險。我的美國同僚只專注一點：我們可以如何運用北京作為對付莫斯科的棋子。計畫進行一段時間之後，尼克森總統於一九六九年八月在加州聖克里門提（San Clemente）所謂的西部白宮主持一項會議，研討亞洲的未來。

如果我腦子裡存有約翰．勒卡雷（John le Carré）的恐怖小說或是詹姆斯．龐德電影裡的間諜故事念頭，現實很快就將我打醒。我的化名一點也不像007那麼典雅而神秘。[17]關於中蘇問題，最深入的報告是中央情報局厚厚的兩篇報告，題名分別為ESAU和POLO。[18]證據正反面皆有。季辛吉的國安會幕僚對於是否應該與中國改善關係，也分為兩派。大多數人支持堅守尼克森總統一九六九年二月會議中表示的觀點，即中國是個比蘇聯更危險的威脅，因此我們需要部署飛彈防禦中國。直到一九六九年十一月，今天聞名遐邇的對中國開放政策，在季辛吉的顧問送呈給他和總統的報告裡其實還是受到反對的。有人告訴季辛吉說，尼克森或許想要訪問中國，他一口就答說：「門都沒有。」[19]

我花了許多時間翻閱這些報告——它們對中國的企圖心的描述令我瞠目結舌。我獲知，從一九六〇年至一九六二年，在中央情報局稱為IRON BARK的一系列行動中，靠著一台Minox照相機偷偷拍下數千頁的蘇聯機密文件。匪夷所思的是，這些文件透露，莫斯科軍事首腦早已認為中國是和北約組織同樣危險的軍事威脅。我也獲悉，聯邦調查局在紐約有三個間諜作業，代號分別是SOLO、TOP HAT和FEDORA，全都很可靠，且能接觸到蘇共中央政治局高層內幕。[20]但是聯邦調查局和中央情報局要我去問直接由季辛吉及其顧問所提出的問題，以便強化這些情資。

秘書處設在聯合國總部三十五樓。我在那裡認識了許多蘇聯官員，其中最令我難忘的是身材圓胖、白髮、外向的阿卡迪・謝夫欽科（Arkady Shevchenko）*。當年三十九歲的謝夫欽科嗜酒如命，最喜歡馬丁尼酒，他經常流連曼哈頓一家法國餐廳 La Petite Marmite。我常跟他一道吃午飯，聽他嘲笑聯合國定了一些虛有其表的規矩，比如不鼓勵職員與母國官員交往等等。他笑著說，所有受雇於聯合國的俄國人每天都到他在蘇聯代表團的辦公室來分享情報、接受指令。

一九六九年四月，我已經和他無話不談，於是他告訴我一個月前才在中、蘇邊境發生的兩次衝突，以及中國人幹了什麼好事。當時美國大多數情報官員還不知道有這件事。他說，中方伏擊蘇聯部隊，以此暗中掀起戰端。謝夫欽科也告訴我，蘇聯領導人對中國人是又恨又怕，認為中國打算控制共產世界、進而主宰全球。數十年來，中方維妙維肖地扮演可憐兮兮的弱者、仰蘇聯鼻息而活，而今中國人竟然會如此直接挑釁蘇聯，讓後者驚訝不已。

我特別記得有一次在聯合國總部大廈北區代表會客廳和謝夫欽科喝咖啡閒聊天。他講了一則有關中國未來的笑話，引得我捧腹大笑。笑話中，蘇聯領導人布里茲涅夫打電話給尼克森總統。

＊ 譯注：謝夫欽科後來於一九七三年成為聯合國副秘書長，並於一九七八年投奔美國，成為蘇聯叛逃至西方的最高層官員。

布里茲涅夫說：「KGB向我報告，你們有具全新的超級電腦，能預測到西元二〇〇〇年的事。」

尼克森也不相瞞，坦誠說：「是呀，我們是有這樣一具電腦。」

「那好，總統先生，你能告訴我到時候我們政治局委員都是哪些人嗎？」

尼克森這一頭沉默了許久。

布里茲涅夫忍不住，向尼克森大聲說：「哈哈！你們的電腦沒那麼高明嘛！」

尼克森回答說：「不、不、不！總書記先生，它回答了你的問題，可是我讀不懂。」

布里茲涅夫追問：「那是怎麼一回事呢？」

「因為答案是中文。」

這則笑話之所以好笑，是因為它太荒謬了。人類的未來竟會屬於連人民都餵不飽的一個馬克思主義落後地區，這誰能相信呢。但是機警的俄國人看到了我們視而不見的東西。我也和我單位裡的其他俄國同事——葉夫吉尼・庫托沃伊（Yevgeny Kutovoy）、佛拉迪米爾・彼得洛夫斯基（Vladimir Petrovski）和尼古拉・傅奇尼（Nicholai Fochine）——聊過許多次，他們全在不同場合向我提到同一個笑話。我覺得很好笑，一點都沒想到箇中玄機。

我花很多時間和庫托沃伊交往，他在政治事務組上班，辦公室就在我旁邊。[21]我們的上司彼得洛夫斯基日後出任蘇聯外交部副部長；庫托沃伊也出任蘇聯駐南斯拉夫大使。和謝夫欽科一樣，他們似乎都喜歡和我聊天。當時他們都只有三十來歲，甚至樂於指導我中蘇衝突歷史、講述中國人的奸詐。庫托沃伊告訴我，基本上現代共產中國是蘇聯打造起來的，政府每個重要機關都有蘇聯顧問進駐指導。武器轉移、軍事訓練和技術建議，無不傾囊相授，試圖將蘇聯這個中國盟友現代化。可是，一九五三年史達林去世，雙方關係就開始變質。

庫托沃伊說，蘇聯領導人現在認為中國人有個秘而不宣的夢想，即想要超越蘇聯，而且野心尚不止於此——他們下一個目標就是美國。中國不會甘於當老二。中國有自己的一套劇本，也就是盡其所能、成為全球舞台的主宰。庫托沃伊警告說，美國如果上了中國的當，苦頭可就大極了。蘇聯人的告誡的重點是，中國受其歷史野心的驅使，想要恢復高居全球各國之上的地位。他和他的同僚告訴我，從中國歷史學來的教訓告訴中國人要成為最強大的國家，而且必須把他們的意圖隱匿到時機成熟時。他警告我說，美國若是提供軍事援助給中國，必然自討苦吃。他給了我兩本俄國學者寫的有關中國古代史的書，以資證明他的觀點。中央情報局一九七一年一份報告引述我的一些發現，例如，我認為蘇聯早預料到尼克森總統會與中國重啟關係，所以若純只是外交接觸，他們不會過度反應。[22] 到了一九七三年，莫斯科直接警告尼克森，美國若打算超越純粹外交，而與中國建立軍事關係，蘇聯將會動用武力。季辛吉團隊對此一問題有過辯論，而我打報告建議直接援助中國，並獲得季辛吉核准祕密進行。[23]

我喜歡庫托沃伊，發覺他的話有可信度。但那時候是一九六九年，我只有二十四歲。他聽起來就像個死黨談起舊日女朋友，警告說她既然曾經讓他心碎，將來也會背棄我。當時，中國的經濟低迷無力，只及美國GNP一成左右。[24]要說中國人會膽敢做夢超越美國，簡直就是天方夜譚。華府官員聽到的都是中國想要換舞伴。尼克森總統必須決定什麼時候切入。這一來就開啟了一段新關係，其後果影響之深遠不是當時我們任何人所敢想像。

中國人計劃宛如利用蘇聯一般來利用美國——表面上誓言合作、以對付第三者敵國，實際上借力使力、壯大自己。這就是冷戰時期北京所進行的馬拉松——中國利用蘇聯與美國敵對，榨取蘇聯援助，等到中蘇失和，就轉向美國聯美抗俄。中國這一招即是三十六計裡的「借刀殺人計」。[25]

劉明福論「百年馬拉松」

四十年之後，習近平接任中國共產黨總書記之後不久（這是他出任國家主席之前的一道程序），他讓我們更看清楚中國的根本意向。習近平以新職身分首次發表講話，採用中國領導人在公開講話從來沒用過的字詞：「強國夢」。[26]

他的評論非常特別。中國領導人用字遣詞極端小心，遠超過西方政客，尤其是在公開場合。

他們在公開講話時避免「夢想」或「希望」這類字眼。這種帶著感性的字詞被認為是不踏實、不可靠的西方作風。可是，此後習近平一再在講話中提到「中國夢」。根據《華爾街日報》頭版新聞報導，習近平提到二〇四九年是實現中國夢的目標年——毛澤東在中國崛起及成立共產政府之後的一百年。[27]

習近平這麼說可不是不經意脫口而出。身為解放軍退役軍人、又是前任國防部長的秘書，習近平和中國軍方的民族主義「超級鷹派」有密切淵源。我透過自己和一些聽過習近平演講的中國知識分子和軍人的談話，發現他們立刻了解習近平口中的「強國夢」的意涵。

在闡述「強國夢」時，習近平提到一本原本默默無聞的書——在西方的確默默無聞——二〇〇九年在中國出版的《中國夢》。作者劉明福是人民解放軍大校，在培訓未來將領的中國國防大學任教。我就在這裡首次見到白紙黑字寫下來的「百年馬拉松」。[28]

《中國夢》當下洛陽紙貴，成為全國暢銷書籍。這本書只有一部分譯為英文，它概述中國如何可以成為世界領導大國，超越並取代美國。它分析蘇聯為何不能取代美國，並以一整章的篇幅提到中國有八種不同的成功訣竅。[29]劉明福採用的「百年馬拉松」一詞在全國引起回響——不過，「馬拉松」是地道的英文字詞。這個概念用中文來講更清楚，就是中國要在「正義的」世界秩序裡「復興」，也就是書名所示「中國夢」。「復興」這個字似乎與馬拉松成了同義詞，即從一九四九年算起要花一個世紀的努力。中國對於馬拉松的終局有何盤算，既保密又敏感。它從來不說最後國家復興了究竟會是怎麼一個狀況，只說它值得期待。

劉明福這本書主張要有一支世界級的軍隊來投射中國的全球領導力量。他宣稱：「中國在二十一世紀的大目標就是成為世界第一強國。」[30]他預測說：「中、美之間的競爭不像『決鬥比賽』或是『拳擊比賽』，倒比較像是『田徑賽』。它像是一場漫長的『馬拉松』。」劉明福認為，到了馬拉松終點，統治者終將是地球上最眾望所歸、順天應人的國家──中國。[31]

劉明福於二〇一〇年接受美國廣播公司新聞網（ABC News）記者訪問，談到這本挑釁意味十足的書時，堅守這本書的中心立場，但是他強調中國的競爭和最後勝過西方，將出於和平手段。但是能夠直接讀他中文原版書的我們，卻清楚他書中的論調不是如此。劉明福大校暗喻研究美國弱點的重要性，要準備好在西方發覺中國真正的賽局計劃時就出手痛擊美國。[32]劉明福也暗示中國領導人當中存在一個正式的馬拉松戰略，他稱讚毛澤東「膽敢制訂超越美國的大計劃，聲稱擊敗美國將是中國對人類最大的貢獻。」[33]《華爾街日報》二〇一三年揭露，《中國夢》在全體國營書店裡都被列入「推薦閱讀」書單。[34]

其實，早在劉明福之前就有人提出「馬拉松」的概念。比如，趙汀陽在二〇〇五年出版的《天下體系：世界制度哲學導論》逐漸在今天的中國主流思想中流行起來。趙汀陽的「體系」根據傳統中國理想重新設計全球結構。新的世界稱為「天下」（under-heaven），[35]庶幾近於中文的「帝國」和「中國」。中國事務學者威廉・卡拉漢（William A. Callahan）把「天下」翻譯為以中國這個「優秀」聞名置於頂端的統一全球體系。[36]其他的文明，如美國，只是「蠻夷」（barbarian wilderness）的一部分。作為文明世界的中心，中國有責任傳播中國價值、語言和文化，以之「和諧」世界上所有國家和民族，藉此「改良」他們，讓他們能於「天下」之中各安其為。這個帝國「重視秩序勝過自由，重視倫理道德勝過法律，重視菁英治理勝過民主與人權」。[37]

我在趙汀陽聲名大噪、享譽國際之後，在二〇一二年七月於北京見到他。我請教他，若是任何國家不肯依據中文的劇本走，天下體系要如何處理抗命不從呢？他答說：「很簡單。《周禮》就說要維持四比一的軍事優勢，讓皇帝可以確保普天之下人人同心。」換句話說，中國贏了經濟馬拉松之後，經濟發展為美國的兩倍大，中國可能必須透過軍事力量來保衛它的新地位。世界最大經濟體將需要比其他任何國家都更強大的軍隊，最終可以使美國的軍事力量相形見絀。美國本身在一八六〇年至一九四〇年之間就是這麼幹。中國鷹派不僅研究美國戰略，也從許多世紀之前的中國歷史汲取教訓。蘇聯外交官一九六九年在聯合國總部提出警告，揭露北京有一套欺敵戰術和長期的全球野心，現在果然成為事實。

第二章

戰國時代

——中國人究竟怎麼想？

「鼎之輕重，未可問也。」——《左傳》

消失的戰國

研讀中國歷史時，我們看不到一四九二年或一七七六年這樣的關鍵年代。中國豐富的歷史可以追溯到三千年以前。中國沒有像亞伯拉罕得到應許之地那樣的創始神話，或是頒布獨立宣言那樣明確的立國時刻。反之，中國的歷史是在固定的地理疆界之內反覆發生的戰爭與分分合合——東為浩瀚大洋、北為險阻沙漠、西為崇山峻嶺。朝代興亡更迭，統治者來來去去。在中國人的思維裡，數千年來就是如此遞嬗不已。季辛吉指出，「中國人的時間意識和美國人節奏不同。當美國人被問起某一歷史事件時，他會提到某年某月某日。當中國人敘述某一事件時，他說那是哪一朝代的事。二十四個皇朝中，有十個的歷史比美國整個歷史還要長久。」[1]中國鷹派沒有迷失在他們長久、繁瑣的歷史裡，反之，他們從歷史的成敗中汲取教訓，以便用來贏得百年馬拉松。

中國鷹派有些著作把焦點放在中國歷史的一段奠基時期，即五百年戰亂不斷的春秋戰國時期[2]。後半的兩百五十年從西元前四七五年起，終於秦朝統一六國（China這個字即源自於「秦」）。春秋與戰國這兩個時期的中國都陷入軍閥割據，充斥著外交上的鉤心鬥角以及血腥的公開交戰。它是兇殘、弱肉強食式的叢林世界，軍閥相互結盟、彼此對抗，目標即是稱霸。春秋時代，五霸相繼登場，戰國時期則合縱、連橫兩個集團抗爭。對鷹派來說，這段歷史是他們探索百年馬拉松成功之道的寶庫。

北京鷹派戰略家長久以來即以戰國為師，戰國思想在相當大程度上界定了今天中國的戰略決策。可是，美國的中國政策官員直到最近才了解此一事實——甚且即使今天，這個觀點還未經美國政府普遍接受。我們數十年來對中國戰略思維的無知，代價十分沉痛；我們的認識不足導致我們對中國讓步太多，以後見之明來看，這些讓步徹底的愚蠢。

毫無疑問，美國的無知——廣義而言即是西方的無知——至少一部分可歸咎兩個重要因素。第一、從十七世紀至現代，來到中國、研究中國的漢學家、傳教士和研究人員基本上都被導引去接受一套被編造出來的中國歷史。中國人士刻意高抬儒家思想與中國文化的和平性質，淡化甚而完全忽略血腥的戰國時期。[3]此外，毛澤東發動「破四舊、立四新」運動，中國共產黨以摧毀和抹滅長久以來對中國風俗、文化、思想、習慣的記憶，來號召支持文化大革命，造成西方許多人認為中國已決定和前共產主義的過去完全決裂。

當美國決策者日益認識到中國的核心戰略思想乃戰國時代的產物之際，中國人近來對此也不再避諱。起先，只有鷹派提到這些古代教訓。中國內部刊物最早開始在一九九〇年代提起戰國時代，美國情報機關攔截到中國人在官方公報及軍事理論討論中提到戰國時代的事件和格言。一九九一年，中國領導人祕密地引用戰國時代一句格言「韜光養晦」。當含有這個字詞的文件流傳出來時，北京很隱晦、刻意低調地把它翻譯為bide your time, build your capabilities。[4]但是考察其實際的歷史背景，這句話指的是推翻舊霸主、洗雪前恥，但歷史上只有一個新興力量成功達成這個目標。美國許多專家起先並不相信這些說法，因為它與他們的先入之見衝突——中國侵略性的戰略意圖若是出自民族主義鷹派之口或之筆，就無庸掛懷，因為他們普遍認定這些鷹派只是邊緣人士。

九大戰略元素

大多數中國事務學者一般都認為，中國古代歷史的確影響了它的現在，然而其影響力只是象徵性的。[5]可是，這些學者看不到中國政府內部的計劃文件，這些文件顯示中國是如何明白地運用古代的兵法原理。這些學者也沒有接觸到原先在中國政府內部位居要職的中國投奔自由人士。我四十年來與中國軍方及安全官員的接觸，或許會使我得出與中國事務專家南轅北轍的結論：我現在認為鷹派才是主流。溫和派有時候看來悄悄地向鷹派順服，彷彿他們受到黨的紀律要求，不得洩露鷹派勢力猖獗的任何跡象。

根據這些投奔自由者提供的線索，我開始研讀中國高階將領和戰略家所撰寫的限閱文章，從中我們可以看到他們如何以史為鑑，將戰國時代的智慧結晶運用到今天，以助中國稱霸。我發現中國領導人早就深受戰國思想的影響。身為美國政府官方代表，我從一九九五年起每年都到北京參訪，我得到許可進出有管制的國營書店，然後可以和一些書刊的作者談話。這些書刊和文章顯然皆獲益於戰國時代你死我活的鬥爭的歷史經驗。

一九九〇年代中期開始，中國出現一股很明顯的趨勢，研究戰國歷史的作家愈來愈多了。李炳彥少將*首開風氣之先。三十多名解放軍將領每隔幾年就舉辦會議，研討如何將戰國時期經典著作《孫子兵法》運用於當今之世，而我三度受邀以五角大廈學者身分參加會議並發表論文。中國鷹派把我當作也是鷹派，只是來自美國國防部；他們以為我們也熟悉戰國的歷史，結果他們當然錯了。這一會議直到今天還在舉辦。二〇一三年十月我參訪一家軍方書店，很驚訝地發現兩件事。第一、比起以前，明顯出現更多鑽研中國古代史的書刊。我問一位解放軍軍官，書店新闢的「僅限中國軍官進入」那一專室，是否講中國歷史的書更多了。他開玩笑地說：「是呀！這些書不能讓老外看，因為書裡面的教訓說得太直白。」

我注意到，二十年前展開這項運動的作者們已成立社團和研究單位。最早的社團成立於一九九六年，最近的一個則是二〇一二年成立。許多發起這些研究的校級軍官已晉升為將級領導幹部，而新一代年輕作者也接棒延續研究。

《戰國策》在中國非常受歡迎，且其研究通常並不公開。它蒐集了一些寓言故事，但從來沒

*譯注：解放軍報社高級編輯，曾被聘為中國國防大學、石家莊陸軍學院兼職教授，被認為是當代中國軍事謀略學學科的奠基者。著有《三十六計新說》、《孫子謀略新論》、《隆中新對》等書。

翻譯為英文。它若是翻譯成英文，當中國領導人引經據典以中國這段動盪時期的史事來高談闊論時，更多美國人或許才會警覺中國人的心思。

學生上課會教到戰國歷史，其中大多取材自《戰國策》，它被認為是治國方術手冊。中國現代軍事學者和政治哲學家看重這段歷史遠勝過其他朝代。二十一名中國將領成立一個委員會，主張發行十九冊的《中國古代戰略教訓》叢書，它們皆取經自戰國史事。今天中國政府內部許多文件使用的成語都來自於戰國時期各國之間的鬥爭。

中國領導人今天所追求的馬拉松策略——事實上已經進行了好幾十年——大多是鷹派從戰國時期所汲取的教訓之成果。構成中國百年馬拉松策略的九大戰略元素如下：

一、**誘敵驕矜自大，以攻其不備**。中國人的戰略是不應在時機未成熟時去挑釁強敵（如今天的美國），必須完全掩藏自己真正的意圖，等候最佳出手時機。

二、**收買敵方股肱之臣，以為己用**。中國人的計謀之一即借力使力，強調爭取敵人領導核心周遭有影響力的關鍵人士，使之為我所用。這一招中國對美國已經行之有年。

三、**動心忍性，欲速則不達**。綜觀歷史經驗，決定性的勝利從來不會一蹴而成。有時候要經歷數十年審慎、步步為營的等候才能成功。今天中國領導人即深知小不忍則亂大謀。

四、**不擇手段，為戰略目的不惜竊取敵人的概念和技術**。中國很少忌憚西方式法律禁令和憲法原則，它明白支持為戰略利益下手偷竊。偷竊提供相對低廉、迅速的手段，有助於小蝦米對抗大鯨魚。

五、軍事力量不是贏得長期競爭最重要的因素。這或許說明為什麼中國沒有投入更多資源，去發展更大型、更強有力的軍備。中國的戰略並非窮兵黷武，而是巧妙地鎖定敵方的弱點，以靜制動。

六、霸權將不惜一切代價確保其地位。終戰國時代，霸權起起落落，更迭不休。中國戰略學者相信，當霸權——以今天而言，就是美國——的力量相對趨於式微時，絕不會甘心拱手讓位。甚且，中國的戰略認定霸主鐵定會設法剷除所有實際的及潛在的挑戰者。

七、慎察「勢」的變化。下文將會更詳細討論「勢」的概念。現在先說，「勢」有兩大元素是中國戰略極重要的成分：一是拉攏敵人為己所用，一是守候最佳時機出手。

八、建立比較標準，以衡量自身與其他可能挑戰者的優劣條件。中國戰略非常重視評估中國在和平時期和戰爭時期的相對力量，而且不限軍事範疇而擴及相當多層面。反之，美國從來沒有試圖這麼做。

九、戒慎恐懼，以免遭合圍或愚弄。中國領導人具有深刻的憂患意識，總是認為其他所有潛在的對手都想騙他們，因此中國自然也不能誠實以對。在弱肉強食的戰國時代，過於輕信他人的君主必將遭到覆滅。中國最恐懼的處境或許就是遭到包圍。中國人玩的圍棋首要之舉就是避免被敵人包圍——要做到這一點，必須同時欺騙敵人，並防止被欺騙。今天的中國領導人相信，相互競爭的國家基本上都亟欲包夾另一方，其目標與下圍棋一樣。

中國馬拉松戰略的許多最重要元素是由軍方人員，尤其是鷹派所研擬的。上溯到一九二〇年，即共產黨當家執政之前的中國文官與武官之間的相互關係，高階的解放軍將領在文官事務當中也扮演了重要的角色。如果要了解它和美國制度有何不同，不妨想像一下：通常會由美國文人領導人負責的議題，譬如家庭計劃、課稅和經濟政策等，有一天居然交由五角大廈的軍事將領負責。你再想像一下，某一天美國沒有了聯邦最高法院及獨立的司法機關，你大概就了解到我們的軍人的權力受到相當大的限制。這和中國高階軍事領導人在一九四九年以來的大權在握，有著天壤之別。

現代中國的第一位外交部長是個將軍。我們現在從季辛吉的回憶錄知道，要對美國開放的決定不是來自中國的文人領導人，而是來自四名將領的小組之提議。[6]一九七九年，中國一位武器設計師研擬出中國的一胎化政策。一九八〇年，衡量中國執行其馬拉松戰略進展情況的指標，是由人民解放軍最主要研究機構「軍事科學院」一名軍方作家所設計出來。中國有關大戰略最著名的一本書，書名就叫《大戰略論》，作者吳春秋任職軍事科學院。[7]一名中國將領勾畫出中國管理其能源資源的策略。中國的長期軍事科技計劃是在一九八六年由一組民族主義鷹派的中國核武器科學家推動出來的。[8]

一九七〇年六月，我和美國政府裡其他中國問題專家一樣，對這一切渾然不知。那一個月，我從一群美國準博士學生當中雀屏中選，前往國立台灣大學學習中文，那是我第一次親炙中國文化和歷史。兩年的課程專注在中國文化上。我借住在華人家裡，整天在研究室裡，四位老師輪番上課。課程集中在一套中國歷史古典著作的教科書，今天中國學生還在研讀它們。我在這些語文教科書讀到的成語故事，構成大部分華人世界觀的基礎，也提供我一扇窗子一窺中國人思想、歷史和世界觀之堂奧的窗子。這些教訓我要經歷往後數十年才得以充分理解。老師把中國傳統劃分為兩個截然不同的模式，一個是儒家講究忠孝仁愛的世界，另一個是戰國時期法家認定的弱肉強食的世界。中國人稱之為「外儒內法」——表面稱頌仁義，暗地裡毫不手軟。

鼎之輕重，未可問也

鷹派今天用一個寓言故事來形容美中關係。戰國時期最有名的一則故事談到楚與周這兩個鄰國相對勢力的起伏，前者興，後者衰。楚莊王與國祚已衰的周朝宗室在邊界上閱兵，他忍不住問起周室王宮裡的鼎有多大、多重。這次會盟的目的是讓國勢上升的楚莊王宣誓效忠、放棄稱霸野心，但是當楚莊王問起周天子鼎的重量時，敏銳的周室代表王孫滿責備他：「天祚明德，有所厎止。成王定鼎於郟鄏，卜世三十，卜年七百，天所命也。周德雖衰，天命未改。鼎之輕重，未可問也。」[9]楚莊王開口問鼎，已經不經意地洩露他有意挑戰周室。

中國人對箇中教訓十分清楚：「鼎之輕重，未可問也。」換句話說，別讓敵人知道你是對手，除非時機成熟，屆時他已制止不了你。在國際上，如果你是新興大國，必須操縱主導的世界大國之認知，別讓他先下手為強摧毀你。問起周室之鼎，楚王犯了戰略大忌。

戰國時期，後起之秀推翻許多霸主。每個案例上，成功的新興大國都藉由隱匿「彼可取而代之」的野心，而誘使舊霸主驕矜自滿、荒廢政務。新興國家最大忌諱就是在最佳機遇點到來之前，就引起更加強大的對手的戒心。一定要等到爭奪霸權的最後階段，天子已經弱到無力救亡圖存，且被其盟友背棄時，新興挑戰者才揭露真正意圖。

依據《戰國策》的記載，某些最聰明的挑戰者甚至還能說服舊霸主不智地協助挑戰者崛起。在這些案例中，挑戰者經常說服舊霸主懲罰懷疑挑戰者意圖的近臣（「鷹派」），而拔擢挑戰者能夠操縱及合作的大臣（「鴿派」）。

《戰國策》認為，自然的世界秩序階層分明；沒有統治者位居上端乃是過渡現象。今天的世界秩序當然不合北京的官方計劃。中國的領導人宣稱希望有個多極世界，並擁護美國領導群倫。換句話說，他們不要問鼎。

然而，事實上，他們認為多極世界只是走向中國獨占巔峰高位的全球權力金字塔的一個戰略過渡期。中國人稱此一新秩序為「大同」，西方學者經常把它誤譯為「共和」（commonwealth）或「和諧時代」。其實「大同」更適合譯為「單極主宰的時代」。自從二〇〇五年以來，中國領導人在聯合國和其他公開論壇大談這種和諧世界的願景。

中國的大戰略有一重要元素來自西方人所謂的重商主義（mercantilist）貿易行為——一種高關稅、取得對天然資源直接控制，以及保護國內製造業的經濟制度，其目的是要增加一國的貨幣儲備。中國人擁抱重商主義。西方人認為自由市場和自由貿易的成功，已經使重商主義可以被淘汰了，但中國領導人並不接受這種看法。[10]

由於擁抱重商主義，中國很小心要讓貿易和市場永遠能讓它取得所需的資源。中國領導人有種幾近歇斯底里的恐懼，深怕出現造成區域或全球資源短缺的危機。因此，他們決定到海外取得有價值的天然資源之所有權，或直接控制它們。這和十六、十七世紀歐洲重商主義的君王殖民新世界的作法如出一轍。這是《戰國策》裡的教訓之一。

戰國時期另一個教訓是，成功需要極其有耐心。美國企業重視每季財報，美國政客著重短暫的選舉周期，而成功的股市策略家可能根據的是一天的交易。可是，戰國時期新興挑戰者的故事告訴我們，勝利絕不是一天、一週、一年，甚至十年內可以達成的事。唯有跨越數百年的長期計劃才能確保勝利根基穩固。因此之故，今天的中國領導人（自動可以蟬聯兩個五年任期，共十年）會訂定跨世代的計劃，甚至追求半世紀或更久之後才能實踐的目標。

戰國歷史和其他民間故事裡的中國文化英雄也都強調從對手竊取點子和技術的重要性。今天，中國的情報機關三不五時偷竊技術和競爭資訊，直接就轉交給中國的企業負責人。[11] 許多美國官員認為中國近年來如狼似虎的經濟掠奪——例如進行工業間諜或侵犯智慧財產權——都已經逐漸降低。其實大謬不然，它是從戰國時期以來的戰略思想所啟發的大戰略之一環。

中國情報機關的工作模式與美國的有天壤之別。在美國，政府提供美國企業情報以促進國家經濟成長，被認為不道德，甚至不合法。我在美國政府擔任公職逾四十年，從來沒有聽說過美國情報機關奉命以這種方式來提升美國的GDP。沒有錯，美國駐外大使可以、也的確會協助美國企業在外國爭取有利可圖的合約，但絕不是政府以間諜手段直接提供偷來的技術和他人所有的資訊給美國企業。

我們不妨再看看美國人和中國人對軍隊的適當規模的看法有何差別。美國許多偉大的軍事勝利是透過大量軍力去贏來。格蘭特將軍以兵力多、武器精良戰勝李將軍。一九四四年六月六日，艾森豪指揮歷史上最大的艦隊搶攻諾曼第。即使在近年，所謂的「鮑爾主義」（Powell Doctrine）*也主張兵力需要遠大於敵軍。

可是，戰國時期並不講究運用大型兵力。持續數十年的非暴力競爭是主要的鬥爭形式。有一個著名的戰略是誘敵在軍事上投入龐大開銷，導致它民窮財盡。兩千年之後，蘇聯崩潰，中方的解讀是美國人故意誘使蘇聯在軍事上砸大錢，以致破產。

二〇一一年，美國把將近百分之五的GDP花費在軍事上，中國的軍事經費僅占其GDP的百分之二．五。[12]中國原先的戰略是放棄發展全球投射力量的軍隊，維持出奇少量的核彈頭武器，或許還不到三百個。中國不跟美國比拚空軍、海軍的軍備競賽，它大量投資在不對稱武器系統上，求取最大投資效益。中國在反衛星技術上一馬當先，開發出反制隱形轟炸機的方法，大量投資於駭客技術，也興建只花幾百萬美元的飛彈，它們可用來擊沉四十億美元打造的美國航空母艦。[13]這些飛彈的造價很低，但殺傷能力很高，因為它們可能是以偷來的美國技術為基礎製造的。

許多西方分析家搞不懂中國為什麼沒有建立更強大的軍事力量以保護其本身和它的海上運輸線。答案就在戰國時期的教訓：中國不希望被識破其問鼎於天下的野心。中國領導人認為建立一支強大的軍隊將會刺激美國，產生不必要的禍端。（從一九四九年至一九六三年遭受美國全面禁運，中國早已理解惹惱美國，會是多麼痛苦。）[14]他們認為中國需要的兵力水平是，大到足以支持經濟成長，但又小到足以避免太早招惹美國霸權。然而，運用戰國時代的原理，中國可以在

＊ 譯注：來自於前美國國務卿、參謀首長聯席會主席鮑爾（Colin Powell）。鮑爾主義主張，美國政府要正式發動軍事力量需要滿足兩大條件：第一，首先要窮盡一切政治、外交、經濟等手段以求避免戰爭，並獲得大多數美國民意支持；第二，美軍在數量與裝備上都應享有絕對優勢。

長達數十年的競爭之最後階段，決定拋開自我對軍事開銷的設限——如果它判斷美國已經時不我予，無力回天的話。中國有關軍事事務革命的寫作已經有二十多年都在暗示突圍而出的理想時間，這個時間仍在許多年之後才會到來。[15]

如果戰國韜略和傳統美國世界觀兩者之間的差異，可以化約為一個單一的根本差異，那就是：美國人傾向於認為與其他國家的關係會隨著競爭與合作之變化而時好時壞；但北京的假設是美國政府長期以來對中國政府心懷不軌而且表裡不一。如果差異純粹是因為中國無知而誤解所引起，美國就有可能且應該要消除或減少它。不幸的是，事態並不是這樣發展。中國領導人對美國的不信任，大體上是因為有深刻的文化根源，中國幾乎所有的戰略決定都受到它影響。因此他們對美國的不信任感不可能改變。[16]

天下大「勢」

中國戰略的核心就是「勢」，這是很難向西方人解釋的一個概念。它無法直接翻譯成英文，但是中國語文學家形容它是「力量的結合」或「事態的趨向」，唯有明察秋毫的戰略家才能善用它克敵制勝。同理，只有精明的敵人才看清自己在「勢」之下的弱點。[17]美國對華戰略犯的大錯就是看不清如何運用「勢」。

美國通俗文化裡最接近「勢」的概念或許就是喬治．盧卡斯（George Lucas）充滿東方哲學元素的《星際大戰》中的「原力」。雖然不是完美的類比，但「勢」代表一股神秘力量，讓洞燭機先的領導人能因勢利導，化被動為主動。《孫子兵法》〈兵勢〉篇說「故善動敵者，形之，敵必從之；予之，敵必取之；以利動之，以實待之。」[18]用一個簡單的例子來了解「勢」，就是想想《湯姆歷險記》（*The Adventures of Tom Sawyer*）中的湯姆如何誘導朋友替他油漆柵欄。他研究他們的心理、明瞭他們的動念，然後耍弄他們替他做事。「勢」有一個重要成分或特質稱為「無為」，意即讓其他國家替你做事。

「勢」的概念相當契合中國人獨特的世界觀，因為它呈現了關於人類在宇宙的角色幾近神秘的宿命論。人類與國家可以彼此互動並且影響事態的演進，但這些事態有它們自己的動能。「勢」以複合動詞出現時，意即「改變情勢」、「提升軍事威勢」、「評估整體戰略政治局勢」或「尋求均勢」。「聖人」——大略相當於今天的政治家或有智慧的專業人士——的責任就是搶在對手之前洞悉「勢」。

近年來西方學者才開始探索「勢」的概念。一九八三年，夏威夷大學哲學教授羅傑．艾姆士（Roger Ames）在翻譯戰國時代談論治術的一本幾乎無人聽過的中文書——《淮南子》第九篇〈主術〉——時，首度試圖界定它。〈主術〉英文版發行後，[19]法國學者佛蘭斯瓦．朱利安（François Jullien）跟進研究，連續發表七本書廣為介紹「勢」，主張它是獨特的中國概念。[20]他的主張引起左翼人士的批評，認為他犯了「他者化」的毛病，亦即把中國文化視為他者，因此是落後的。批評者宣稱「勢」一點也不獨特。[21]

朱利安並未孤軍奮鬥，有人跳出來替他說話，最重要的是中國軍方人士。解放軍作家們堅稱「勢」和中國戰略哲學的許多其他方面的確十分特殊、絕無僅有。

我一九九〇年代末期第一次在中國政府內部文件上讀到「勢」這個概念時，並不明白它的確切意思和潛在意涵，但我立刻察覺它攸關中國領導人的戰略思維。我去拜會艾姆士和朱利安。借重於他們對這個概念的詮釋，對於那些一再提到「勢」的中國軍事和情報報告，我終於恍然大悟。

他們告訴我，「勢」的概念受到道家思想很大的影響。道家既是哲學也是宗教，信徒希望與世間萬事萬物背後的驅動力——道——和諧生存。道家相信宇宙持續處於不斷更新的狀態——這個信念以陰陽符記為代表——「勢」的力量和兩極也可以突然間逆轉。中國軍方作家經常提到「勢」如何可以四兩撥千斤，或甚至扭轉乾坤。這一來就凸顯出及早偵測變化的重要性，以及需要注意變化發生時出現的跡象。

艾姆士和朱利安說，「勢」可以有數十種不同的翻譯，比如「製造」或「促使」情勢。其他翻譯者稱「勢」是創造機會或創造動能。英文的「展開」（unfolding）和「推動」（nudging）也很接近這個概念。「勢」有許多的應用。它用來衡量中國書法的品質，評估中國文學作品的吸引力，以及評估中國詩詞的美學。朱利安和艾姆士也告訴我，「勢」是哲學家所謂「不可共量性」（incommensurability）的一個範例。這套概念若放在其本身語文脈絡之外的地方去思考，可能根本無法被理解。

毛澤東很喜歡談「勢」。他談論中國戰略的經典作品就大談「勢」，直到今天，中共黨校和軍校仍然必須研讀它們。一九七八年後的中文作品顯示，某些戰略家認為中國領導人在一九五〇、六〇年代處理中、蘇關係時，未能正確研判「勢」。由於蘇聯發現中國想要僭奪蘇聯在共產世界的領導地位，中國沒有辦法從蘇聯取得更多的外來投資、貿易機會、軍事技術或政治支持。鑑於處理中、蘇關係時不能掌握「勢」的錯誤，中國人在一九七八年後誓言在發展對美新戰略時，絕不重蹈覆轍。

因此中國要找出方法哄騙美國政府提供技術、資金、政治支持，以及准許中國產品進出美國國內市場，又不讓美國人察覺中國宏大的野心。北京有辦法說服美國情報機關輔助中國，而非提防小心──KGB就曾經喧嚷中國對蘇聯懷有二心。北京甚至說動美國保守派把中國視為對付蘇聯的夥伴、在美蘇和緩政策（détente）上的夥伴，且並非真正的共產主義國家。[22]

「勢」──以及中國的大戰略──有一部分在於收買人心、爭取盟友以包圍敵人，而且同時破壞敵人的同盟以防止被包圍。中國自戰國時期就稱戰略家為「縱橫家」──出自戰國時期兩種主要同盟。「連橫」是在地圖上自東而西的一些國家之結盟，決定投靠霸主秦國，以享保護和合作之利。和它相對的是「合縱」，它由從北至南的一些國家組成，旨在對抗崛起中的秦國。這兩個同盟相互鬥爭數十年，互以胡蘿蔔和棍棒爭取盟國，還彼此明爭暗鬥。最後，「連橫」以否認有野心取代他們，並誘之以近利，安撫了敵營。欺敵術成功地拆散和它作對的「合縱」，於是最強的「連橫」霸主秦國脫穎而出，征服了「合縱」。今天，中國作家經常提到需要小心翼翼對付美國的全球同盟體系，但不能驚動美國人，讓他們警惕有另一個同盟正在締結中。

中國最著名的棋藝「圍棋」可以上溯到戰國時代各國的合縱與連橫。圍棋的境界不在像西洋棋那樣直接殲滅對手。圍棋對弈的雙方輪流在棋盤上布子，圖的是包圍對方的棋子。勝負的關鍵之一是誘使對手輕忽大意，乃至齎盜以糧，終而反被包圍。

圍棋贏棋的第二個關鍵是欺騙對手，讓他摸不清你的真正方向和意圖。要贏，你必須開闢新陣地誘敵深入，在隱藏自己的真正戰略之同時包圍對方。能夠設計多個包圍和反包圍陣地，讓對手看不清包圍程度的棋手才能獲勝，分數是依誰包圍對手更多空間來計算。

如果你能想像正在下圍棋，卻不知道對手的戰略包含相當重要的欺敵元素，你就多少能明白美國是如何被中國耍了。美國人根本不懂圍棋的規則。我們絕大多數人也從來沒聽過「勢」是怎麼一回事。我們不曉得我們正在輸棋。事實上，我們根本不曉得比賽已經開始。就這一點而言，我們可以怪罪中國人老謀深算，以及像我和我的同僚這些人長久以來對中國的無知。

季辛吉在其新書《論中國》（*On China*）中舉出中國如何用「勢」的五個例子，它們全都關係到中國如何處理戰爭與危機。明白「勢」的重要性明顯影響到他對中國的看法。他過去四本書談起和中國領導人會面的點點滴滴，都沒提到「勢」，[23]但是新書頻頻提到「勢」。季辛吉提出的警告，凸顯「勢」的一個重要面向，他指出中國視對美關係是一種「競爭性共存」（combative coexistence）關係：「美國人到今天通常還把向中國開放看作是進入靜態的友好關係。但是中國領導人對『勢』的概念——了解**世事難料**、**變動不居**的藝術——早已耳濡目染」……在中國著作中，很難找到美國人口中合法的國際秩序一類被廣為尊崇的詞彙。可以找到的是一種中國可以透過某種**競爭性共存**找到安全和進步的世界，在這個世界隨時備戰與共存的概念居於同樣尊榮的地位。」[24]

季辛吉說，中國在一九七九年攻打越南即是出自「勢」的概念：「廣義而言，這場戰爭起自北京分析了孫子『勢』的概念——即戰略地貌的趨勢和『潛在能量』。鄧小平的目標是阻擋住，如果可能的話扭轉他認為無法容忍的蘇聯戰略攻勢。中國後來達成此一目標，一部分是它的軍隊英勇作戰，一部分是因為得到美國史無前例的密切合作。」[25]

「勢」關係到了解中國戰略家如何評估特定情勢下的均勢，然後依據「勢」如何流動而行動。這個評估有一重要部分依賴戰國時期規劃人員首創的量化尺標。中國人對「勢」的認知有一點很特別，即這個字既可以作為謀士必須用來自我評估的測量概念，也可以是將帥或君主用積極行動創造或操縱的東西。

一般人對強調儒家思想、詩詞書畫的古代中國文化有個錯誤印象。他們總以為古人比較有創意和講究哲學，但不擅長分析和數理。可是蘭德公司研究員赫伯特．高德漢默（Herbert Goldhammer）指出，戰國時期某些戰略家可以只拿出量化計算給對手看，讓他看到注定失敗，就可以說服對手服輸。[26]量化計算在古代中國政治扮演極重要角色，它們在今天仍是如此。

中國軍方和情報機關使用量化計算判斷中國如何與其地緣政治競爭對手做比較，以及需要多久中國才能超越他們。當我審閱一本好不容易才拿到手、由中國軍事分析家寫的書時，[27]我很訝異看到中國估計全球實力及國家進展竟是那麼精確。最驚人的發現是，軍事力量在評比時占的分數不到百分之十。全球軍力第二強大的蘇聯崩潰後，中國修改他們的評估制度，更重視經濟、外國投資、技術創新和擁有天然資源的重要性。中國對國力的這些評估毫不含糊地預測，在經濟成長趨勢繼續之下，多極世界將回復到單極秩序。中國領導人相信屆時中國將是領導世界的大國。

中國要達成此一目標的關鍵在於「勢」的概念。北京把這個概念幾乎運用到對美關係的每一方面上，正如湯姆的朋友根本不曉得被湯姆耍得團團轉，美國決策者也一樣不曉得被中國利用。

赤壁之戰

中國軍事作品上最常引用的「勢」的例子，首推發生在西元二〇八年的赤壁之戰。[28]它完美地展現中國人此一另類觀點，認為欺敵、利用敵人誤判的策略理所當然、值得贊許。就和西方史上的溫泉關（Thermopylae）*、卡奈（Cannae）**、阿金考特（Agincourt）***或滑鐵盧（Waterloo）戰役一樣，赤壁之戰是中國軍事史和傳統的重要記事。直到今天，赤壁之戰和與它相關的一系列欺敵之術仍受到中國軍事領導人的研究，也在教科書和小說中受到討論。[29]

赤壁之戰中，南方力量較弱的吳國與蜀國籌謀對抗北方較強大的魏國，因為雙方都競逐控制整個中國。戰役開始時，北軍統帥曹操率領百萬雄師部署在長江北岸，兵力遠勝過諸葛亮指揮的南軍。可是，北軍大多不習水性、不善水上作戰，因此初步交戰北軍失利，南軍得以控制水路。隨後雙方奇計紛出。每一招欺敵之術都有一句成語作為代表，詳細記載在中國通俗小說《三國演義》中。

霸主曹操想要扳回一城，派曾經是諸葛亮盟友周瑜童年好友的一名手下過江拜訪，設法說服

* 譯注：發生於西元前四八〇年的波希戰爭，地點位在希臘半島中部的溫泉關，對峙雙方是波斯帝國大軍與斯巴達列奧尼達（Leonidas）率領的希臘城邦聯軍。結果斯巴達三百壯士為死守溫泉關，壯烈犧牲。

** 譯注：發生於西元前二一六年的第二次布匿克戰爭（Punic War），地點位在義大利西海岸的卡奈，對峙雙方是漢尼拔率領的迦太基大軍與羅馬共和國的軍隊，結果漢尼拔大勝。

*** 譯注：發生於一四一五年的英法百年戰爭，戰爭地點位在法國北部的阿金考特，英王亨利五世領導的英軍戰勝法國軍隊。

周瑜投降。這位北方密使到了南軍營區，偽裝只是來訪友敘舊；可是周瑜本身就是欺敵高手，識破老友心機。他設宴款待這位舊友，假裝開懷暢飲。夜裡，周瑜假裝醉酒，留友人和他同帳共眠，預期他會搜索四周。周瑜偽造北軍兩名水師將領的信，擺在桌上；信中他們談到在曹操幕下如何當間諜。果然，這個密使找到這封信，偷了它、趕緊回到北軍營地。曹操展閱偽信後當然勃然大怒，立刻下令把兩名水師驍將斬首，因而挫弱北方相對實力。周瑜和諸葛亮脫離險境，製造出新「勢」。

在另一場欺敵計中，諸葛亮請教另一位謀士龐統如何才能擊敗曹軍。兩人計議好派人假裝投向曹營，說服曹操把強大的木船艦隊綁在一起，使之易遭攻擊，以便一舉摧毀敵人最強大的武力。龐統先假裝表示有意叛離南軍。北軍一個特務聞訊之後表示願協助他投向曹營。龐統假裝喝醉酒，無意間評論北軍不習水性，易暈船，哪堪一戰。訴諸敵人的恐懼總是高明的詐術。由於曹操已經擔心部隊暈船，果然中計，向龐統請教如何破解。龐統的「解方」是把三十至五十艘船以鐵鍊綁在一起、穩住搖晃的船隻，然後各船之間搭木板相通。曹操上當，接受建議。他沒想到，只要一艘船起火，會波及整支艦隊。這裡頭的要點是，有時候可以用計說服強敵不用他最強大的優勢來對付你。

接下來，赤壁之戰正式開打。作為戰略教訓，關鍵是南方領導人如何評估「勢」。諸葛亮非常注意氣象，預測將會颳起東風。當智者察覺「勢」已成熟，就必須劍及履及、斷然行動。諸葛亮下令當天夜裡展開攻擊。東風助勢，加上鐵鍊鎖住船隻，曹軍艦隊立即陷入火海。霸主慘敗。[30]

今天中國各地到處可見到「戰神」廟。*他在赤壁之戰當天大展神威。曹操失去強大的艦隊，穿越樹林而逃。他在中途幾次停下休息，還驕傲地嘲笑諸葛亮不過爾爾，他還是能夠逃走。曹操判斷敵軍會守住主要道路，放火只是要阻止他走這條路。他又上當了。

在赤壁之戰的最後階段，中國歷史上最老奸巨猾的戰略家終於分出勝負。諸葛亮預料到曹操的思路，因此沒把部隊放到大路，而部署在小徑。沿著羊腸小徑幾次伏擊，曹操只剩下三百兵馬，但他仍然設法突圍。他自認已經安全，又笑起諸葛亮的不智。不料他又再次遭到伏擊，終於徹底戰敗。

曹操雖統領中國歷史上最強大的一支部隊，卻被諸葛亮一連串妙計摧毀。他被一個比他更聰明、幾近超人之智者的機關和詭計所敗——這位聖人偵測到機會之窗，且掩飾他的意向。「運籌帷幄之中，決勝千里之外。」今天中國民族主義的軍方鷹派討論赤壁之戰的評論裡，充滿這一論調。

---

* 譯注：作者指的顯然是諸葛武侯祠。

小結

無數作者評論諸葛亮在赤壁之戰所用的技巧是一連串漂亮出擊的結合：審慎評估局勢、善用詭計、部署精銳部隊進行決定性打擊、拉攏敵營中懷有二心的人士，以及組織戰略同盟並孤立敵人。[31]反之，曹操未能發揮這些要點，以至於輸掉他發起的這場戰爭。兩位中國著名的軍事作家強調，赤壁之戰的勝方採用「以靜制動」（wait and see）戰略，以待有利時機。[32]也有人說，情報間諜有助於掌握局勢——敵人因內部不和自我毀滅而開始衰退的那一刻，因此提供了理想的進攻機會。[33]

對今天的美國人而言，戰國時期留下的一個教訓應該是，我們被中國人認為也有戰國時期的策略。中國的戰略思想並沒說只有中國才有戰國戰略。我們長期以來認為中國鷹派沒有力量、是邊緣的狂熱者，這種觀點妨礙我們的理解。當中國預期美國會像一個侵略性的霸主行動，渴欲維持它的主宰地位時，這會產生危險的後果；當美國反而推動和解、聯合國憲章，以及民主和人權時，中國起了疑心。美國人究竟要的是什麼？或許中國的溫和派和改革派裡的確有些人了解美國用心良善。可是，鷹派只看到美國要詐。

第三章

唯有中國才能走向尼克森

——中美建交與美國的祕密援助

「聯吳抗曹。」——《三國演義》，西元二〇〇年

引自一九六九年呈給毛主席的報告

毛澤東與四大元帥的密會

多年來美國的歷史教育都告訴美國民眾，尼克森總統於一九七一年開啟與中華人民共和國的互動關係是非常高明的戰略舉動。雄才大略的尼克森，偕同他的國家安全顧問季辛吉，相信美、中同盟可以增強美國地位，以對抗美國的心頭大患蘇聯。歷史呈現給美國人的印象是：棋藝高手尼克森預見到好幾步，在中、蘇國際鬥爭中坐收漁翁之利。

當然美國對中國開放是相當高明的一招。美國也有正當理由在冷戰居於高點時推動美、中結盟抗蘇。但是許多人忘了——如果他們曾經知道的話——美、中開放實際上不是出於尼克森或季辛吉的主動。尼克森上台後頭幾個月，他們的焦點擺在改善對蘇聯的關係。他們並不想與中國結盟而激怒蘇聯。從許多方面來講，不是尼克森走向中國，而是中國走向尼克森。

針對每一位美國總統，北京的策略似乎都能揮灑自如——精準評估華府政策辯論中首腦人物彼此之間歧異，並不斷進行戰術調整。中國領導人在評估與美國交往的「勢」時，得益於戰國時代認為極其重要的因素：在敵人陣營潛伏了地位相當重要的間諜。

在中央情報局任職四十年的金無怠，一九八五年被控數十年來替中國擔任間諜。金無怠被控將美國無數的有關中國之機密文件交付給中國政府，他在一九八六年對這些罪名坦承認罪。金無怠在向法官認罪時宣稱，他這麼做是為了促進美國與中國的和解、修睦。不久之後，警衛發現他在牢房中窒息身亡。金無怠似乎向法官承認，他把我們的計劃和弱點洩露給中國政府，北京才能盡情地予取予求。[1]

反之，美國從來沒有類似位置的線人可以直接深入地偵察中國的戰略思維。由於我們也接觸不到中方內部政策文件，本章試圖藉由檢視美國方面所研判的中國之盤算，以及其他公開資訊，來探索直到雷根政府任期終止時，中國領導人對與美國恢復邦交的背後企圖。

和美國不一樣，中國沒有公布過、也不可能會公布其官方內部紀錄，以顯示中國領導人是如何從尼克森至歐巴馬歷經八任美國總統，爭取到一切重大的經濟、軍事，和外交政治援助。可是，北京的確呈現一貫的戰略作法，這在中國學者的訪談和文章中大體得到承認。第二章列舉的中國戰略九大元素，幫助我們更了解中國過去及未來可能的行動。運用計謀、「勢」、耐心和避免被蘇聯包圍，全都很明顯。特別是，中國戰略這九大元素指導中國過去數十年贏得美國的支持，提升了中國國力。

一般普遍認為，在一九六〇年代末期中國膽大包天的野心已被蘇聯洞悉，而且它和蘇聯已瀕臨軍事衝突邊緣，中國要尋找新的靠山。要如何交好美國——或者更準確地說，與美國暫時結盟——毛澤東向軍方問計，沒找外交官商量。

許多美國人不相信中國鷹派的影響力。他們驚訝地發現是軍方祕密規劃中國的對美開放。一九六九年春天，毛澤東召見解放軍四名元帥——陳毅、聶榮臻、徐向前和葉劍英；他們都想結束中國十多年來的消極被動，希望能挺直腰桿對付蘇聯的威脅。[2]這四位元帥以一句中國古諺「坐山觀虎鬥」歸納美國對蘇聯和中國的戰略。[3]換句話說，他們相信美國在等候一個共產主義國家吞噬另一個國家，這還是受到戰國思想的啟發。

一九六九年五月，毛澤東要求他們進一步提建議。根據季辛吉的說法，四名元帥的機要秘書記下他們討論，「從戰略角度思考，中國是否應該打美國牌，以防蘇聯大規模進犯中國。」[4]陳毅建議大夥研究史達林一九三九年與希特勒簽訂德蘇互不侵犯條約的先例。

另一位元帥葉劍英引述「赤壁之戰」南方主帥諸葛亮的策略，建議：「我們可以參考魏、蜀、吳三國鼎立時諸葛亮的戰略指導原則：『聯吳抗曹。』」[5]

幾位元帥的看法是，美國深怕蘇聯征服中國：「美帝最不樂見的一件事就是蘇修在中蘇戰爭中得勝，因為這將〔使得蘇聯〕建立起人力和資源都比美帝更強大的帝國。」[6]

陳毅指出，美國新任總統尼克森似乎亟欲「爭取中國」。他提出自稱是「狂想」的建議：把美、中對話提升到部長級或更高層級。[7]根據季辛吉的說法，陳毅還提出最革命性的建議：中華人民共和國可以放棄台灣必須回歸中國大陸這個長期以來主張的先決條件。[8]陳毅認為：

> 第一、華沙會談〔大使級會談〕恢復時，我們可以採取主動，提議舉行中美部長級或更高層級會談，以便解決中美關係基本的相關問題。

第二、中美更高層級的會談具有戰略意義。我們不應該提出任何先決條件……台灣問題可以在高層級會談逐漸解決。再者，我們或許可以和美方討論其他戰略意義的問題。[9]

中國依然稱美國為其敵人，形容尼克森若訪問中國乃是中國「利用矛盾、分化敵人、強化我方」的作法。[10]換句話說，美國只是中國可資利用的工具，不是長期盟友。依據這個原則運作，北京傳遞祕密訊息給尼克森和季辛吉：既然尼克森總統已經訪問過貝爾格勒（Belgrade）和布加勒斯特（Bucharest）等其他共產國家首都，北京也歡迎他來訪問。[11]這個訊息沒有暗示信賴或未來合作。

中國還未發布內部文件證實它決定和美國接觸的原因，但是幾位中國將領已經告訴我，毛澤東狡詐地接觸尼克森政府是辨識及駕馭「勢」的鮮明實例。還有人告訴我，毛澤東一度加碼他的行動，因為一九六九年八月二十八日西北的新疆邊界爆發衝突。這時候季辛吉已下了結論，恢復和美國接觸已成為北京的「戰略必要」。我在紐約聯合國總部聽到蘇聯版本的攻擊事件之說法，趕快傳遞給我的接頭對象彼得和探員史密斯，請他們轉呈給為了和中國接觸會有何危險仍爭論不休的國家安全會議。

一九六九年，毛澤東正確地評估到「勢」要中國脫離蘇聯軌道，改與西方結盟。毛澤東採取兩個行動加快改變步調。第一就是邀請尼克森訪問北京。第二就是沒有示警，相隔不到幾天就在靠近蘇聯邊境地區試爆兩枚威力強大的氫彈。這個動作有一石二鳥的作用：一則是展現北京的力量，一則是向美國發訊號，告訴華府中國想要脫離蘇聯軌道。

毛澤東發現美國人還不明白他的意向，又在一九七〇年十月一日祭出堅定反西方的共產黨人相當罕見的動作：他邀請著名的美國新聞記者兼作家艾德加．史諾（Edgar Snow）和他並肩站上天安門城樓閱兵台，又安排兩人的合影遍發到全中國。毛澤東發給他的貴賓一個訊號：歡迎尼克森總統訪問中國。這是很令人驚訝的邀請──是中國政府數度示意後又一最新動作。季辛吉承認華府依然不解風情，不明白中方發出的訊息，或者至少是不了解北京的誠意。美國政府太忙於本身的利益和戰略，顧不了中國的狀況。因此，中美關係正常化的歷史起於一個神話。尼克森並沒有先向中國伸手，而是中國，特別是毛澤東，拍板決定向尼克森伸手。美國人起先根本渾然不覺。華府也不知道中方文件稱美國為敵人，把它比擬為希特勒。

打動尼克森

尼克森和季辛吉在思考對中國大戰略時，我也在這齣大戲中扮演一個小角色。一九六九年秋天，我在情報機關的接頭人彼得和史密斯探員，要我向季辛吉的幕僚簡報我在聯合國秘書處替美國當特務所蒐集到的情資。我和季辛吉的高級顧問談話時，察覺到他們對中國事務意見嚴重分裂。國家安全會議兩名幕僚何志立（John Holdridge）和宋賀德（Helmut Sonnenfeldt）寫的備忘錄明白贊成和中國接觸，一點都不怕蘇聯會過度反應。[12]另兩位幕僚莫理斯（Roger Morris）和海蘭德（Bill Hyland）則恰恰相反。[13]莫理斯和海蘭德深怕美中結盟會不必要地激怒莫斯科，嚴重傷害政府正在推動的與蘇聯和緩的政策。四位美國資深大使已經親自面見尼克森，警告他：美國若與中國開啟關係，莫斯科可能以停止對美之和緩及武器控制作為回應。這些意見不同的備忘錄正好說明為什麼尼克森和季辛吉對於向中國開放遲疑不決長達兩年之久。他們必須由中國來再推一把，也受我從聯合國俄國官員得到的情資之影響——這些俄國情資顯示，莫斯科不會取消和緩，其實還預期美國會接受中國結盟的計謀。謝夫欽科和庫托沃伊正是如此告訴我。

我的證據似乎為打破此一僵局略有貢獻。我轉述迄今我所蒐集到的情資：中蘇分裂貨真價實；蘇聯預期我們會和中國開啟關係。我的報告也經其他人證實，即謝夫欽科等高階外交官已經認定尼克森會和中國改善關係到某一地步。他們只怕尼克森會走得「太遠」，和北京建立軍事關係——這件事當時根本還未浮上檯面。我強烈主張——我也希望有說服力——中美結盟。季辛吉後來還寄給我一份謝函。

但是當時還有其他因素促使季辛吉、以及最後尼克森總統走向北京。季辛吉還在試圖澄清中方意向時，愛德華・甘迺迪（Edward Kennedy）參議員也想到中國訪問。中方甚至在季辛吉一九七一年七月秘訪北京時，向他提到此一可能性，這一點符合戰國時期操縱鷹派與鴿派的作法。

尼克森的反應果如中方研判，他指示季辛吉要求中方，不得在他訪問中國之前邀請其他任何美國政治人物到訪。尼克森有很好的理由相信甘迺迪企圖搶走他的光彩，成為第一個訪問北京的美國政治人物。[14]甘迺迪公開演講提起和共產中國恢復邦交的可能性，明顯是要替一九七二年參選總統鋪陳外交政策政綱。[15]

另一個因素是中國涉入到越戰。自從一九五〇年代起，中國就供應武器、補給和軍事顧問給北越。中國近來已減少對北越的軍事援助，甚至大量減少借道中國、送交北越的蘇聯供應。這使得尼克森政府相信更應該與親中集團接近。尼克森訪問北京時，毛澤東又讓他服下定心丸，告訴總統說，他樂意排除中國對美國的一切威脅：

> 目前，美國發動侵略或是中國發動侵略的問題相當小；可以說這不是大問題，因為目前的情勢是我們兩國之間並不存在戰爭狀態。你想要撤回一部分軍隊回國；我們則不想要派兵出國。[16]

季辛吉認為這句話表明中國不會派部隊出國，降低了美國深怕中國會像一九五〇年介入韓戰一般也介入越戰的顧慮。[17]毛澤東正確地研判到美國思維裡最牽掛的就是這一點，他要誘使美國人放心。

一九七一年七月，季辛吉秘訪北京開啟了歷史的新頁，這是毛澤東的長期計劃的第一項具體成績。中方羞於啟齒承認蘇聯的威脅使他們向美國投懷送抱。周恩來閃閃爍爍地提到「我們北方鄰國」和「另一個超級大國」。中方也沒有主動倡議討論蘇聯威脅的議題。[18]他們是真的那麼怕遭到攻擊嗎？

季辛吉同年十月第二度訪問北京，周恩來在實際議程上列了六大議題，但是刻意把蘇聯擺在最後一項。中方宣稱他們不反對美蘇改善關係之後，季辛吉研判他們故作勇敢狀，隱藏他們對蘇聯威脅的畏懼。[19]季辛吉警告周恩來，莫斯科「希望在歐洲能脫身，才能集中注意其他地區」。[20]「其他地區」指的就是中華人民共和國。

但是即使在當時，也偶會出現中國視美國為障礙，而非盟友的跡象。周恩來在提到美國時，透露出中國人對新交的朋友真實的感覺。

周恩來對替季辛吉翻譯的中國外交部官員冀朝鑄說：「美國是一霸。」這個詞語也經常出自毛主席及他的接班人鄧小平之口。

懂普通話的美國政府官員——人數不多、但已逐漸增多——都曉得許多中、英文詞語無法完全翻譯出來。譯員經常必須決定每一方真正要表達的意思。季辛吉的翻譯員告訴季辛吉，周恩來這句話意思是「美國是領袖」。這似乎是無惡意的評論，擺在冷戰脈絡裡，甚至還可說是恭維。但是中文裡「霸」絕對不是這個意思。

「霸」從中國戰國時期即有特定的歷史意義，「霸」對已知的世界提供軍事秩序、使用武力掃除敵人，直到「霸」本身被另一股力量推翻。「霸」比較正確的翻譯是「暴君」（tyrant）。戰國時期，至少出現五霸。他們此起彼落，每個新的挑戰國在持續數十年、甚至上百年的競賽中殫精竭慮、陰謀籌劃取代舊霸主。這導致我們不免要忖想，如果當天季辛吉聽到的是中國人沒把美國當作領袖，而是一個暴君，美國對中政策不知會有什麼轉變。直到今天，我們還必須釐清此一關鍵誤譯的結果，並且與之共處。

若干年之後，我有機會和冀朝鑄大使談話。他寫了一本相當絮絮叨叨、鉅細靡遺的回憶錄《毛身邊的人》（*The Man on Mao's Right*），對中國外交部如何看待對美開放提供罕有的內幕，但是書中完全未提到他如何把「霸」的概念翻譯給季辛吉聽。我請教他，他用的英文「領袖」這個字在中文的原始意思就是「霸」嗎？

我請教：「你告訴季辛吉博士『霸』是什麼嗎？」

他答說：「沒有。」

「為什麼？」

「他會不高興的。」

如果季辛吉了解周恩來的「霸」的意思——如果他了解中國如何真正看待美國——尼克森政府對中國或許就不會那麼慷慨大方。尼克森政府旋即多次表示願意祕密軍事援助中國[21]，但這全是依據錯誤假設的結果，以為美國是在和中國建立長久的合作關係，而非因「勢」所需的短暫結合。或許如果美國分析人員得知反美鷹派的觀點，中國把美國視為暴虐「霸」的認知就會讓華府心生警惕。蘭德公司一九七七年就有一份研究報告提出警告，自從一九六八年就有證據顯示，中國領導圈內有一個強大的反美集團，他們用成語批評美國絕對不會「放下屠刀，立地成佛」。[22]

周恩來和季辛吉這番談話的兩個月後，尼克森訪問北京已近在眉睫，季辛吉對中方首度提出祕密援助。外界當時渾然不知，若是知道美國如此援助、教唆人民解放軍一定大為震驚。季辛吉把印度針對巴基斯坦進行軍隊調動的詳盡機密情報交給中國，[23]又說美國「贊成中國支持巴基斯坦，包括聲東擊西式調動部隊」。[24]季辛吉要求的回報是，中國部隊在印度邊境調動，以便印度分神、不遑入侵及瓜分東巴基斯坦。中國部隊並沒有配合調動，但美國也沒因此就沮喪。

一九七二年一月，尼克森批准季辛吉的副手海格（Alexander Haig）向中方提議另一個祕密方案。海格率領先遣小組為一個月之後尼克森即將展開的歷史性訪問打前鋒，他承諾美國將具體與中國合作、對抗蘇聯。海格告訴周恩來，一旦印度和巴基斯坦之間爆發危機，美國會試圖「抵銷」蘇方沿中國邊境的威脅，並且「嚇阻（針對中國的）威脅」。以祕密交易而言，季辛吉和海格最早這兩個提議只是戰術性質。但是它們代表在美國對中國全面禁運二十年之後，政策的大轉向。最重要的是，它們暗示還會有更多援助源源而來。

祕密援助

一九七二年二月，毛澤東和尼克森面對面坐下來一談，中國把它的角色發揮得淋漓盡致。毛澤東把他當年對付蘇聯那一套又搬出來表演給老美看：中國無辜又脆弱，是嗷嗷待哺、需要大國保護的小國。毛澤東私底下談起美國人時表示：「他們會關心我？那是哭耗子假慈悲！」[25]毛澤東甚至讓美國人下不了台，聲稱他們站在中國肩上去打莫斯科。

多年之後，季辛吉回想在和中國官員溝通時，他感受到那種明顯的不確定感：

美國「反霸」的承諾是個騙局嗎？一旦中國放鬆戒心，華府和莫斯科是否會勾結來解決中國？是西方騙了中國，還是西方自欺欺人？總而言之，最實際的結果是把蘇聯這個「禍水」向東推向中國。[26]

為對抗這些可能的觀感，尼克森向毛澤東保證，美國將反對蘇聯針對中國的任何「侵略行動」。[27]他表示，如果中國「採取措施保護其安全」，他的政府會「反對他國干預中華人民共和國的一切行動」。[28]

尼克森在北京拜會其他領導人的同一天，季辛吉向中央軍委副主席葉劍英和外交部副部長喬冠華簡報蘇聯部隊沿中蘇邊境部署的狀況。耶魯大學教授保羅．布瑞肯（Paul Bracken）在他二〇一二年出版的專書《第二核子時代》（*The Second Nuclear Age*）首度指出：中國在這次簡報中獲知蘇聯核武鎖定中方目標的資訊，葉劍英對此表示：「這顯示你們誠心希望改善雙方關係。」[29]這次簡報也討論到有關蘇聯地面部隊、飛機、飛彈和核武力的細節。[30]季辛吉的中國事務重要助理溫斯頓．羅德（Winston Lord）曉得，白宮認為蘇聯可能很快就會「聽到」美中這次交換訊息。[31]莫斯科果真很快就知道了。[32]

毛澤東強調美、中應該合作對付蘇聯這個「混帳東西」，他也力促華府應該與盟友更親密合作，特別要維護北約組織的團結。[33]毛澤東也力主美國建立包括歐洲、土耳其、伊朗、巴基斯坦和日本在內的一個反蘇軸心。[34]對蘇修霸權反包圍，乃是典型的戰國時期作法。美國人沒有了解的是，這不是永久的中方政策偏好，只是兩個國家戰國式的權宜合作。毛澤東在一九七二年時究竟怎麼想，我們一直要等到二十年之後中方出版一本回憶錄時才得知箇中玄機。[35]

季辛吉並不以為意，他告訴尼克森說：「除了英國，中華人民共和國的全球觀點或許跟我們最接近。」[36]季辛吉似乎並不懷疑中國的戰略。

可是，中國對美國仍然抱持猜疑之心。中、美雙方峰會結束後簽署的《上海公報》是雙方理解的重要文件。季辛吉認為《上海公報》代表「在亞洲圍堵蘇聯擴張的一個心照不宣的同盟已經形成」，中方並不以為然。[37]《上海公報》說：

任何一方都不應該在亞洲——太平洋地區謀求霸權，每一方都反對任何其他國家或國家集團建立這種霸權的努力；任何一方都不準備代表任何協力廠商進行談判，也不準備同對方達成針對其他國家的協議或諒解。

如果尼克森政府希望與中國成立準同盟，中國的訊息似乎是美國還需要再加碼。因此，尼克森政府在一九七三年二月的北京會談又提出祕密援助中國之議。它也提出明白的安全承諾，中、美雙方要找出合作方式，最好是能夠嚇阻莫斯科，至少也要引起蘇聯注意。季辛吉告訴中國人，尼克森希望「〔和中國的〕關係緊密到令人相信若是攻擊〔中國〕就會涉及美國相當的國家利益」。[38]這是一種象徵性警示線的概念，有如美國在南韓及西德部署部隊，以示美國在某種狀況下會涉及到「相當的國家利益」。季辛吉沒有承諾美軍長期部署在中國北方邊界，但是他希望能造成轟動。這也是毛澤東手下將領一九六九年建議他向尼克森爭取的：向莫斯科明白地表態。

季辛吉甚至替這一策略定出時間表。他告訴中國駐聯合國大使黃華，對中國而言，「最危險的時期」將是一九七四至一九七六年之間，這段期間蘇聯將會透過和緩及裁減軍備、轉移軍事部隊，以及發展其攻勢核武力，完成「綏服」西方的工作。季辛吉希望屆時警示線已經到位。

下一個祕密援助——尼克森和毛澤東首次會面以來的第四個、也是季辛吉首度秘訪中國以來的第六個——承諾美方給蘇聯的任何援助，中國也將一律比照辦理。尼克森即將與蘇聯領導人布里茲涅夫在一九七三年六月進行高峰會議，季辛吉先向中方承諾，「我們預備和蘇聯做的任何事，我們也預備和人民共和國來做。」[39]事實上，美國願意給中國比蘇聯更優惠的條件。季辛吉說：「我們可能準備與人民共和國做些還未準備和蘇聯做的事。」[40]

大約這段時候，尼克森寫了一封短箋表示「美國絕不會與蘇聯參加依據〔防止核戰爭〕協定有關衝突的聯合行動……如果中華人民共和國是當事國的話」。[41]在此同時，他決定繞過美國法令規定，透過英國提供技術給中國。[42]

第七個祕密援助最為敏感，保密三十年，連中央情報局都被蒙在鼓裡。它發軔於我在一九七三年十月目擊的內部辯論，當時的辯論是，美國是否要加強對北京原本含糊的承諾，並做出具體行動以鞏固中國，還是停留在口惠而實不至的水平？美國可以和中方建立「更具體的安全了解」，或是只承諾在雙邊外交關係正常化上做出重大進展。[43]兩者都有堅強的理由。

那一年我在蘭德公司任職。因為我是中國問題專家，與季辛吉關係密切的同事理查．莫爾斯汀（Richard Moorsteen）提供我季辛吉與中國領導人對話的機密文件。安德魯．馬歇爾（Andy Marshall）和佛瑞德．艾克爾（Fred Ikle）兩人聘我到蘭德公司，而艾克爾旋即被尼克森延攬為武器控制暨裁軍署署長，旋即離開蘭德公司。一九七三年，艾克爾幾度邀我到裁軍署見他，討論我對中國的分析，也起草了一份情報及警告技術祕密合作的計劃書給季辛吉。

我認同艾克爾的見解，贊成美國具體地與中國祕密合作。雖然艾克爾告訴季辛吉，不宜有

「正式關係」（即正式締盟），不過華府可以單方面提供「技術性質」的協助。美國可以設置「熱線」作為掩飾，若是蘇聯針對中國有軍事行動，華府可以祕密地提供北京預警資訊。艾克爾和我在一份備忘錄寫下：「鑑於中國大部分戰略部隊仍將由轟炸機組成，他們可以利用提早幾小時的預警大幅降低其部隊的弱點。熱線或許讓我們可以傳遞蘇聯來攻的警告，這可以是強有力的論據。」我們也主張華府賣給北京硬體和技術，讓中方可預知蘇聯即將發動攻擊；我們也支持提供美國優異的高解析度衛星照片，以增加中方鎖定蘇聯目標的準確度。[44]

季辛吉同意我們的提議。只有少數人知道他提議美國與中國具體祕密合作。一九七三年十一月，季辛吉在北京告訴中方，萬一蘇聯進犯，美國可以供應「裝備和其他服務」。季辛吉說，美國可以「在某種偽裝下」協助改善北京及中國各地轟炸機基地之間的通訊。他也提議提供「某種雷達」技術，中方可以依樣建造。[45]換句話說，季辛吉祕密提議協助人民解放軍。他提議展開軍事供應關係，不僅限於和平時期，也適用於蘇聯進攻的狀況。

我覺得驚訝的是，中方起先對這個第七次提議還猶豫不決，表示還要深入研究再回答。[46]他們說，美國提供的預警合作將是「非常有益的情報」，但是必須小心處理，「才不會有人覺得我們是盟國」。懷著戰國時代無情無義、結盟隨時可翻臉的心態，中國領導人滿腹狐疑，深怕季辛吉包藏禍心，企圖把中國捲入和莫斯科的戰爭。

中方或許不了解尼克森和季辛吉這樣提議，是冒了多大的風險。季辛吉在中國事務上最親信的顧問羅德，向季辛吉上報告，強烈反對這樣做。羅德說，這有可能違反憲法（更不用說受廣大輿論反對），也會激怒俄國人。季辛吉駁回羅德的反對——不過羅德本人也強烈支持與中國改善關係。

「饑則為用，飽則颺去」

中美關係在一九七〇年代末期出現最大的進展，此時鄧小平權力愈來愈大，成了中國對美國公關攻勢的代言人。在西方人眼裡，鄧小平是理想的中國領導人：溫和的改革派，有著老爺爺般沉靜的言談舉止。簡單講，他是西方人樂於見到的那一型人物。

但是鄧小平絕不是和藹可親的老爺爺。私底下在政治局內部會議裡，他痛斥助手和顧問，中國在對付西方時毫無進步。他認為在毛澤東主政、以及他的「改革」之下，中國已失去三十年可以超越美「霸」的時間。

鄧小平很熱切要和美國做夥伴，但有個理由不能明說。他正確地觀察到，中國遵循蘇聯經濟模式是走錯了路，現在正在付出代價。事實發生許久之後美國情報官員才拿到的中國內部文件，顯示中國領導人認為他們沒有從現已動搖的蘇聯同盟汲取足夠的利益。鄧小平不希望和美國人來往時又犯同樣的錯誤。他知道要在馬拉松比賽中有進展，要靠從美國取得知識和技能。換句話說，中國要急起直追贏得馬拉松，需要從驕縱自滿、跑在前頭的美國人那裡撈好處。

鄧小平在政治局內講了一句戰國時期的名言「韜光養晦」——隱藏野心、儲備實力。鄧小平也透過似乎迂迴、無害的故事傳遞訊息給對手。一九七五年十二月首度和福特總統會談時，他提到中國經典小說《三國演義》裡的一則故事，事後回想起來，他這麼說饒富深意，可是當時福特完全不解其中玄機。這則故事又涉及到前面一章所提到的曹操、中國文學上公認的歷史梟雄之一。事實上，曹操或許稱得上中國古代文學中「霸」的典範例子。

鄧小平告訴福特說，曹操擊敗對手劉備，維持住「霸」主地位。戰事之後，劉備表示願投效曹操，但曹操還是懷疑劉備的忠誠。鄧小平向福特提到曹操說的一段話：「譬如養鷹，饑則為用，飽則颺去」表面上，鄧小平故事裡的「鷹」是蘇聯。鄧小平警告說，美國百般遷就蘇聯會失敗。一旦他們得其所欲，蘇聯會像劉備，去追求自己的利益。美國人從這則故事裡沒有體會到的是，同樣的邏輯也適用在中國身上。一旦美國協助中國富裕壯大，中國不會甘於當盟友，而會「飽則颺去」。*

然而，鄧小平圓滑地決定不把曹操和劉備之間最精彩的過招故事說出來——因為如果說出來，就會洩露了中國和老美打交道的真正意圖。中國鷹派還未公開著書撰文大談這些古代故事中的寓言。我們需要這把鑰匙去解讀中國人的戰略手段。沒有跡象顯示福特或季辛吉明白鄧小平的弦外之音。

「正欲使操知我無大志」

中國戰略強調隱匿取霸主而代之的真正意圖，在「問鼎」的故事已表述出來。然而，三國時期另一則不同的類似故事，卻告訴我們中國人不僅會消極隱匿，還會積極欺騙敵人以掩飾自己真正的野心。

赤壁之戰前幾年，雖有鴻鵠之志但勢單力薄的劉備被找去見曹操。陰謀推翻曹操的劉備，「正欲使操知我無大志」。劉備到後，曹操邀他到後院桃樹下落座飲酒。兩人喝酒時，天氣開始變烏雲密集，似乎將下大雨。曹操一名部屬指著天上一朵雲，狀似神龍。眾人目光投向那彩雲時，曹操問起劉備是否知道龍的千變萬化。

劉備答說：「未知其詳。」

曹操說：「龍能大能小，能升能隱；大則興雲吐霧，小則隱介藏形；升則飛騰於宇宙之間，隱則潛伏於波濤之內。方今春深，龍乘時變化，猶人得志而縱橫四海。龍之為物，可比

---

* 譯注：作者此處引用似有錯誤。根據《三國演義》第十六回「呂奉先射戟轅門，曹孟德敗師淯水」，曹操指的「鷹」應該是呂布，而非劉備。

世之英雄。玄德久歷四方，必知當世英雄。請試指言之。」
劉備裝迷糊：「備肉眼安識英雄？」
曹操堅持：「既不識其面，亦聞其名。」
「淮南袁術，兵糧足備，可謂英雄。」
曹操大笑：「塚中枯骨，吾早晚必擒之！」
劉備又說：「河北袁紹，四世三公，門多故吏……可謂英雄。」
「袁紹色厲膽薄，好謀無斷；幹大事而惜身，見小利而忘命：非英雄也。」
「有一人名稱八駿，威鎮九州——劉景升可為英雄。」
曹操說：「劉表虛名無實，非英雄也。」
劉備再問：「江東領袖孫伯苻乃英雄也。」
「孫策藉父之名，非英雄也。」
「益州劉季玉，可為英雄乎？」
「劉璋雖係宗室，乃守戶之犬耳，何足為英雄！」
「如張繡、張魯、韓遂等輩皆何如？」
「此等碌碌小人，何足掛齒！」
劉備最後說：「捨此之外，備實不知。」

曹操為英雄下了定義：「夫英雄者，胸懷大志，腹有良謀；有包藏宇宙之機，吞吐天地之志者也。」

劉備問：「誰能當之？」

曹操以手指指向劉備、再指自己，然後說：「今天下英雄，惟使君與操耳。」

劉備一口氣差點上不來，筷子落地。此際天上響起一聲悶雷。劉備低身撿起筷子，辯解道：「一震之威，乃至於此。」

曹操吃了一驚：「丈夫亦畏雷乎？」劉備成功地隱瞞稱霸雄心。

不久之後，劉備向關羽與張飛提起這段經歷：「吾之學圃，正欲使操知我無大志；不意操竟指我為英雄，我故失驚落箸。又恐操生疑，故借懼雷以掩飾之耳。」關、張稱道：「兄真高見！」其餘就是歷史了。劉備很快就脫離曹操，自立門戶，終其一生與曹操角逐天下。[47]

借力使力

一旦尼克森和福特政府與中方啟動新關係，就很樂意滿足中國許多立即的政治目標。所有這些禮物——日後還有不少——至少對美國民眾保密達三十年之久。美國不僅切斷中央情報局祕密支援達賴喇嘛的計劃，也取消美國海軍例行經過台灣海峽的巡邏。達賴喇嘛是共產中國第一號公敵；巡弋台灣海峽則象徵美國對台灣的承諾。[48]美國政策變成一系列倡議，要強化中國對抗其敵人。

一九七五年，我還在蘭德公司任職時，在《外交政策》（*Foreign Policy*）雜誌上發表文章主張美國與中國發展軍事關係，以建立對付蘇聯的楔子。外交官出身的理查．郝爾布魯克（Richard Holbrooke）當時是這份刊物的總編輯。他非常支持這篇文章的觀點，稱讚我的主意是「重量級炸彈」（blockbuster）。他對許多人提到我的想法，因而《新聞周刊》（*Newsweek*）出現一篇長文〈給北京槍砲？〉（Guns for Peking?）深入討論。其他傳媒也跟進討論，而蘇聯媒體不僅抨擊我在文章中的論點，也對我個人進行人身攻擊。[49]中國派在聯合國的軍官向我建議這個點子。因此從一九七三年起我和中國軍方鷹派有四十年的對話，聽到許多戰國時代與霸主交涉的故事，而當時我認為他們講的霸主一直就是蘇聯。

一九七六年，要挑戰福特總統、爭取共和黨總統候選人提名的雷根，讀到這篇文章。（我在郝爾布魯克敦促下，把文章送給雷根過目。）這位前任加州州長親筆回信，表示他同意與中國拉近關係、以對付蘇聯的主意。但是他也提醒我提防中國，並且特別擔心放棄美國在台灣的民主盟友的影響。我到雷根州長位於太平洋帕勒賽（Pacific Palisades）*寓邸拜訪——當時他開玩笑自嘲「高齡六十四的失業人士」——他鼓勵我繼續送有關中國的資訊給他，他或許可在演講中採用。

一九七八年，中、美關係走向正常化——也就是說美國正式承認共產中國是代表中國人民的合法政府。這一年，鄧小平處心積慮從美國得來他最想要的東西：科學與科技。這是戰國時代「無為」概念的發揮——借力使力，讓別人替你做事。[50]鄧小平一九七八年訂定策略時就明白，他說：「技術是〔促進經濟成長〕頭號力量。」[51]鄧小平相信，中國要超越美國成為經濟大國，唯一的方法是徹底大規模的科技發展。最根本的捷徑是取得美國已有的科技。鄧小平發現美國新任總統卡特很熱切希望促成中美正式伙夥關係，建立外交同盟。

中美建交

一九七八年七月，卡特總統派出有史以來出訪其他國家最高階的美國科學家代表團到中國訪問。卡特的科學顧問法蘭克・普瑞斯（Frank Press）原本是麻省理工學院教授，專精地震科學，擔任團長。普瑞斯一九七五年至一九七七年曾任美中學術交流委員會（U.S. Committee on Scholarly Communications with the People's Republic of China）主席，因此對與中國的學術交流特別感興趣。普瑞斯代表團受到中方極大重視。《人民日報》很少刊登外國人講詞，卻特別刊

---

* 譯注：洛杉磯以西海邊一個高級住宅社區市鎮。

載普瑞斯在接待宴的講話，闡述全球化的好處。奧森伯格（Michel Oksenberg）是國家安全會議主管中國政策的官員，曾經列席和鄧小平會談十四次。他說，他從來沒見過鄧小平像這次如此興致盎然地不斷追問、並且陳述他對中國未來的觀點。一如既往，鄧小平又擺出哀兵姿態，向普瑞斯代表團哭訴中國在科技方面遙遙落後，並且表示他很關切美國限制高科技向中國出口。

過去，北京嚴格管控中國科學家前往美國，限制出訪人數，深怕他們會叛逃。普瑞斯預料他們仍會小心翼翼、不敢與西方擴大科學交流。因此當鄧小平提議美國立刻接受七百名中國理工科留學生、並且後續幾年留學生可上看數萬人時，普瑞斯嚇了一跳。鄧小平迫切希望立刻得到答案，而普瑞斯覺得這是他一生事業最重要的突破，遂果真立刻打電話回華府，在凌晨三點鐘把卡特總統吵醒。卡特和他的顧問一樣，也沒有多想中國突然對科技交流興趣濃厚是怎麼一回事，只認為這是中美雙方關係改善的一個可喜的跡象。

一九七九年一月，鄧小平第一次、也是唯一一次赴美國訪問，造成大轟動。*卡特總統擺了國宴招待他，而且為了表示兩黨皆支持美中政策，還邀前任總統尼克森出席；這是尼克森一九七四年八月含愧辭職下台後首次回到白宮作客。鄧小平在美國逗留十三天，參觀可口可樂總公司、休士頓的詹森太空中心，甚至迪士尼世界。《時代》雜誌兩次以鄧小平為封面人物，可見美國大眾媒體接受他的程度。

遊客在北京的國家博物館可以看到鄧小平戴著一頂十加侖大帽子笑咪咪的照片，這是他在德克薩斯州收到的禮物，成為他一九七九年訪美的象徵。它向美國民眾顯示，他風趣幽默、不像「那些共產黨」，比較像「我們」。對中國人及馬拉松較勁而言，它也是轉捩點。鄧小平的收穫比毛澤東還要大。

一九七九年一月三十一日，鄧小平在訪美期間，他與中國國家科技委員會主任方毅與美國政府簽訂協定以加速科技交流。這一年，頭一批五十名中國留學生飛往美國。在頭五年的交流中，中國約一萬九千名留學生來美國學習，主要研修物理學、衛生科學和機械工程，而且人數屢創新高。[52]卡特和鄧小平也簽署領事館、貿易、科技協定——美國提供各種科技知識給中國科學家，這是美國歷史上最大規模的科技知識向外輸出。

中國亦邀請美國國家科學院派出一系列代表團到中國，在中國選定的若干領域展開美中科技交流。中國的策略是讓美國人協助他們加入國際上有關物理學、原子能、太空科學及其他領域的組織。美方欣然同意，這構成對中國的第八項援助。

美方也同意進行更祕密的軍事合作。卡特總統提供中國情報支援，幫中國發動懲越戰爭，這個舉動連季辛吉都震驚，他在二〇一一年出版的《論中國》一書特別提到這一點。季辛吉的口氣似乎是在說，或許因為他打開對中關係，卻創造出一頭怪獸。季辛吉譴責卡特「非正式勾結」北

* 譯按：一九七四年鄧小平赴紐約出席聯合國大會，技術上來講不算訪問美國。

京，「形同祕密軍事侵略」——這項協助「有間接協助赤色高棉殘部的實際效用」。[53]季辛吉憤怒地說，國防部長哈洛德·布朗（Harold Brown）訪問中國「象徵中、美合作往幾年前仍不敢想像的地步又邁進了一步」。

第九項提案即第四十三號總統令，簽署於一九七八年，設立無數的計畫把美國在教育、能源、農業、太空、地理科學、商業和公共衛生等領域的科技發展轉移給中國。[54]次年，卡特政府賦予中國貿易最惠國待遇。

中央情報局官員、日後出任駐北京大使的李潔明（James Lilley）在回憶錄《李潔明回憶錄》（*China Hands: Nine Decades of Adventure, Espionage, and Diplomacy in Asia*）中透露，卡特總統一九七九年批准於中國西北部設置訊號情報蒐集站。李潔明說：「我得到中央情報局頒授勳章的部分原因，即是我在北京開辦第一個中情局工作站。另一件功績是我協助開發與中國分享情報……它聽起來像是很牽強的點子——美國和中國前幾年還透過代理人在越南相互作戰，現在卻合作蒐集蘇聯的戰略技術情報。」[55]

雷根的祕密戰略夥伴

一九七八年，我在聯邦參議院預算委員會擔任專業幕僚，另外也擔任國防部顧問，從國防部可以繼續讀到有關中國的機密分析，我也提出我自己的報告和分析。雷根於一九八〇年第二度爭取白宮大位時，我受聘為他的顧問，協助起草他第一次外交政策競選演講稿。我表達顧問群共同的觀點，即美國應該協助中國避開來自蘇聯更大的威脅。雷根當選後，我奉派為總統交接小組成員。當時我仍主張與中國更加合作。海格很支持我，他對卡特政府和中國的合作非常了解，現在身為雷根總統的國務卿訪問北京，公開提議銷售武器給中國，乃是合乎邏輯的下一步。

雷根總統一九八一年簽署的第十一號國家安全決定指示（National Security Decision Directive 11），准許五角大廈出售先進的空中、地面、海上和飛彈技術給中國，以便將人民解放軍改造為世界級的作戰部隊。次年，雷根又簽署第十二號國家安全決定指示，啟動美、中核子合作與開發，擴大中國軍用及民用核子計劃。

雷根對他的前任之對中政策深為懷疑——這個立場導致政府內部政策嚴重失諧。雷根比起我以及政府內大多數中國問題專家，更能看清楚中國的本質。表面上，雷根遵循尼克森、福特和卡特與中國親善合作的路線——以一九八四年的第一四〇號國家安全決定指示的話來說，「基於強大、安全和穩定的中國可以是增進亞洲及世界和平的力量，協助中國現代化。」（國安會幕僚嚴格限制能取閱第一四〇號國家安全決定指示的人數——該指示總共只印十五份——至少有部分可能是因為它描繪出雷根政府強化中國此一有爭議的目標。）[56]

雷根簽署這些祕密指示以協助打造強大的中國，甚至願出售武器給中國、並且減少對台灣軍售。不過雷根和前幾任總統不同的是，他加了攸關重大的但書。他的指示表明，美國援助中國附有條件，即中國不得靠向蘇聯，且必須將它的專制體制自由化。不幸的是，他的顧問大多忽略這些先決條件，而不曉得為什麼，他也沒有堅持。

此外，雷根政府提供經費與訓練給中國政府公營的新研究單位，專注基因工程、自動化、生物科技、雷射、太空科技、載人太空飛行、智慧機器人等等之研究。雷根甚至批准中國一個軍事代表團參訪攸關國家安全的「國防高等研究計劃署」（Defense Advanced Research Projects Agency），這個研究單位發明網際網路、網路作戰和數十個其他高科技項目。

雷根總統任職內，美國和中國的祕密軍事合作擴張到以前不敢想像的地步。美國祕密和中國合作，提供軍事補給給反蘇聯的阿富汗叛軍、赤色高棉，以及安哥拉的反古巴部隊。四名中央情報局官員在一次訪談中談到中、美合作對抗越南占領柬埔寨，其中包括武裝五萬名反越南的游擊隊。他們還在《柬埔寨戰爭》（*The Cambodian Wars*）這本書中透露了這項作業的詳情。[57]中央情報局其他官員還在喬治·克瑞爾（George Crile）的書《查理·威爾遜的戰爭》（*Charlie Wilson's War*）中揭露另一個更大的機密：美國向中國購買二十億美元的武器交給反蘇聯的阿富汗叛軍。[58]季辛吉的回憶錄透露中、美在安哥拉也祕密合作。[59]

中國為什麼要在這些大規模的祕密行動上和美國合作呢？唯有當北京公布它的檔案、或是有非常高階層的官員叛逃到西方時，我們才有辦法知道。現在我們只知道一件事：北京希望利用美國的力量和技術來壯大自己的實力。關鍵點似乎在於北京認為它正在玩一場戰略圍棋，而它必須避免被蘇聯包圍。沒有人看到這是為了在百年馬拉松中獲勝的陰謀。中國讓我們覺得它脆弱、落居守勢、需要保護。

根據《紐約時報》記者邰培德（Patrick Tyler）的說法，第十項援助核准了美、中合作沿中、蘇邊境蒐集情報，其代號是「板栗行動」（Operation Chestnut）。後來，卡特的副總統華德・孟岱爾（Walter Mondale）一九七九年八月訪問中國時，五角大廈和中央情報局利用軍機運送板栗行動偵測站器材到中國。邰培德很生動地報導，中國要求美國空軍C-141「運輸星」運輸機在北京機場停在一架蘇聯民航機旁，讓蘇聯看到中、美的合作。[60]

邰培德說，這些偵測站可以蒐集空中交通的資訊、蘇聯空防的雷達訊號和KGB的通訊，並且也能偵測到蘇聯核武部隊警戒程度的更動。[61]因此一旦蘇聯來犯，中國的警告時間會增加。在蘇聯支持的越南入侵柬埔寨，以及蘇聯在一九七九年十二月入侵阿富汗之前幾個月，對於中國的安全而言這是很大的進步。在持之以恆的經營後，中國得到了季辛吉、艾克爾和我六年前所提議的更多的東西。

根據「勢」的要求，北京必然想到它需要美國協助打破蘇聯包圍中國的兩把「鉗子」，即阿富汗和越南。情勢所逼之下，鄧該比毛更傾向美方；鄧小平會接受來自霸權的重大援助。[62]

從一九八二年至一九八九年，中、美援柬計劃作業中心設在曼谷，有中國、泰國陸軍、新加坡和馬來西亞的支援。這構成美國第十一項援助中國的方案。這項祕密合作計劃有效地隱密了二十年，因為它有一部分是公開的。美國國際開發總署（USAID）提供經費，由佛羅里達州共和黨籍國會眾議員比爾・麥柯隆（Bill McCollum）和紐約州民主黨籍國會眾議員史帝芬・索拉茲（Stephen Solarz）聯名，以人道援助柬埔寨為名義推動。依據肯尼士・康波伊（Kenneth Conboy）的說法，在這兩項公開計劃背後，雷根命令中央情報局提供祕密援助，最初在一九八二年是每年兩百萬美元，到了一九八六年提高到一千兩百萬美元。[63]這項計劃混在一項泰國人稱為「三二八專案」（Project 328）的計劃當中。中國、馬來西亞、新加坡和泰國也提供武器和經費。新加坡總理李光耀甚至訪問曼谷，親赴祕密營地視察。我在一九八五年和一九八六年也去參訪過，聽取中情局站長的簡報；此君奉調到曼谷之前是中情局總局遠東科科長。他認為這項計劃是冷戰「在本地區的唯一一場大戲」，中國和美國聯手來對付蘇聯。[64]

從一九八四年夏天起，也就是柬埔寨行動啟動後兩年，中國要把蘇聯趕出阿富汗的祕密合作，規模將變成在柬埔寨的五十倍。

當時我們不了解「勢」和反包圍，因此沒有人想到中國政府會肯冒觸怒蘇聯之虞，來提供武器給美方，以協助阿富汗叛軍。精明幹練、通曉中文的中情局探員喬・狄崔尼（Joe DeTrani）發現這個玄機。[65]中方與此有牽扯是個嚴守的祕密，據邰培德說，整個中情局知情的人不超過十個人。中方迄今仍不承認他們供應武器。喬治・克瑞爾在他的書《查理・威爾遜的戰爭》中說，第一批訂單是AK-47攻擊步槍、機關槍、火箭推動反坦克榴彈砲和地雷。[66]

一九八四年，眾議員查理．威爾遜籌到五千萬美元，提升對阿富汗叛軍的援助。克瑞爾報導，中情局決定從其中撥款三千八百萬美元向中國政府購買武器。《華盛頓郵報》於一九九〇年引用匿名人士報導，在中、美祕密合作的六年期間，中國提供的武器總價超過二十億美元。

美、中祕密合作在雷根政府時期達到頂峰。尼克森和福特兩位總統提供中國有關蘇聯的情報資訊。卡特總統建立板栗行動偵測站。可是雷根對待中國有如完全的戰略夥伴——雖然只是祕密夥伴。

三個主要計劃是祕密援助阿富汗、柬埔寨和安哥拉的反蘇叛軍。這時候我已被調升為相當於三星將軍的文官職位，在五角大廈主管政策規劃及祕密行動，頂頭上司是主管政策的佛瑞德．艾克爾。艾克爾和我是少數知情官員，我們知道季辛吉一九七三年提議援助中國，以及卡特總統的板栗行動計劃。他和我準備好測試中國是否真的願意成為美國的盟友。結果若是正面，美國許多高級官員在未來好幾年都會偏向中國。

我的任務是到伊斯蘭馬巴德、曼谷和南部安哥拉，分別訪晤阿富汗、柬埔寨和安哥拉叛軍集團的首腦，確認他們的計劃和需求。我也奉派要取得中國的意見、贊同和支持。我們建議雷根總統簽署第一六六號國家安全決定指示，此一指示反映阿富汗情勢升高的話有可能激怒蘇聯的報復。[67]我們需要中國評估情勢，最理想的話，也能得到它的支持。

二十年之後，新聞記者史蒂夫·寇爾（Steve Coll）聲稱「中國共產黨在中情局所交涉的交易中，從販售武器賺了巨大利潤」。[68]如果這個說法正確，相較於美國花了二十億美元購買中國武器供給反蘇叛軍團體，中國購買五億多美元的美國軍事設備自用，就相當少量了。

中國不僅賣武器給我們，還建議我們如何進行祕密作戰。從他們的建議浮現出幾個中國人對付衰退中的霸權——指的是蘇聯——的教訓。第一、中國人強調我們必須確認蘇聯有哪些重要罩門可以下手。他們說明，有一項戰術就是提高帝國的成本。當我最先提議提供刺針（Stinger）反飛機飛彈給阿富汗和安哥拉叛軍時，中方樂不可支，這些武器打下蘇聯直升機和噴射戰鬥機，會讓蘇聯損失慘痛。

第二就是說服別人去作戰。這當然是戰國時期「無為」之術的表現。

第三是攻打衰落中的霸權之盟友。柬埔寨叛軍攻打蘇聯的越南傀儡。安哥拉叛軍設法擊退古巴部隊；蘇聯以軍機運來古巴部隊投入戰場，叛軍若有刺針飛彈，可用來對付蘇聯軍機。美中合作把這一切發揮得淋漓盡致。

我問中國人，若是再採取下列兩個作法，他們是否會覺得過度挑釁：我們應不應該供應及鼓勵阿富汗叛軍跨越邊界，進入蘇聯進行突擊隊破壞行動（冷戰期間從來沒有這樣做過）？我們應不應該同意叛軍的要求，提供長射程狙擊手步槍、夜視鏡，以及標出在阿富汗境內工作的蘇聯高階官員位置的地圖，以便他們發動暗殺行動？我的同僚一口咬定中國人一定不會同意這樣的行動。我讀了太多中國歷史，因此猜想他們會同意。等到他們很肯定地答覆這兩個問題時，我對北京會如此亟盼打倒蘇聯還是嚇了一跳。

史蒂夫．寇爾在他那本得到普立茲獎的書《鬼影戰爭》（*Ghost Wars*）中寫說，反倒是美方拒絕了這些要求。他寫說中情局的律師「起了警覺」，深怕它幾近「赤裸裸的暗殺」，中情局駐地站長「可能鋃鐺入獄」。[69]因此，可以准許提供狙擊手步槍，但不能給地圖和夜視鏡。突擊隊進入蘇聯國境攻擊，是中方認為可以推倒俄國霸權的妙招，雖然中方向我們建議，宣稱它對衰退中的霸權會產生心理震撼，我們還是叫停。[70]

一九八五年，美方對中國馬拉松的協助又擴大到包括美國武器；雷根政府安排六大武器系統賣給中國，總價超過十億美元。這個計劃的目標是強化中國的陸、海、空軍，甚至協助中國擴張其陸戰隊。[71]一九八六年三月，雷根政府協助中國發展八個國家研究中心，從事基因工程、智慧機器人、人工智慧、自動化、生物科技、雷射、超級電腦、太空科技和載人太空飛行的高深研究。[72]不久，中國人就在一千多個項目上得到重大進展，它們全都高度依賴西方援助，也全都攸關中國的百年馬拉松戰略。雷根政府希望藉由增強中國來對付蘇聯，而從雷根以降，每個人都希望相信北京的說詞：中國正大力推動自由化。

小結

中國借助其戰國盟友打破蘇聯包圍的策略慢慢奏效。一九八九年，蘇聯宣布從阿富汗撤軍，越南很快也退出柬埔寨。現在，華府和北京會以此一信賴基礎更進一步，成為真正的永久盟友嗎？我一度這樣認為。但是根據戰國時期的定律，現在該是中國回頭對付真正霸權——美國——的時候。

「勢」有一個很重要的成分，涉及到對付敵人包圍的野心。一九八九年二月鄧小平在北京與老布希總統會面時非常坦誠地討論了「勢」的包圍理論，他回顧一九八〇年代的成就時說，蘇聯包圍中國曾是致命的威脅。但是現在圍棋賽局已轉變為中國包圍江河日下的蘇聯。當強大的美國霸權持續增強、同時蘇聯開始衰退之際，沒有人預見到中國會如何評估「勢」。

第四章

白先生與綠小姐
——美國誤判天安門局勢

「趁火打劫。」——三十六計

天安門事件

一九八九年四月，我第十三次訪問北京。當時我在美國政府有兩個職位：我既是聯邦參議院的調查員，也替直屬國防部長狄克・錢尼（Dick Cheney）的五角大廈淨評估室（Office of Net Assessment）撰寫有關中國的報告。這時候我已經受到一些肯定，而且一九八三年曾與鄧小平有過一次長談。我用中文邀請鄧小平和我拍了一張兩人握手的紀念照，作為我替五角大廈翻譯的中國軍事文章專輯推廣之用，這把當時美國大使恆安石（Arthur Hummel）嚇了一跳。[1]

一九八九年這次訪問，我要查證學生在天安門廣場示威活動的報告。抗議者宣稱他們志在加速改革的過程；我們認為北京早已在改革，我們在美國關注中國問題的人都認為走向民主和資本主義已是不可逆轉的趨勢。

四月二十二日，我得到代理大使彼得・湯生（Peter Tomsen）的許可，搭車前往廣場會見幾位學生。[2]我自己在一九六〇年代即是學生示威者，因此很想瞧瞧民主示威活動在中國如何進行。我出發前，彼得把卸任大使羅德寫給新任總統布希的機密離任電文給我看。

老布希在福特政府期間擔任過駐中國代表，對建立建設性的關係興趣極濃。事實上，他對中國期許很高。布希就任總統後第一次出國訪問，即為一九八九年二月訪問北京，是我訪問之前兩個月。布希離開前抱著樂觀心情，並且向國會兩院聯席會議表示「民主之風正創造新希望，自由市場的力量也釋放出新趨力」。[3]

羅德的電文依據在北京得到的「可靠的」情報，稱讚美中關係的大好前景。它重複常見的傳聞，即中國的村級已開始民主選舉，很快就會普及；中國存在建立真正自由市場經濟、結束國有企業的基礎；北京和莫斯科的關係不會修好。羅德大使指出，中國領導人不會威脅美國利益，天安門廣場的學生也不是爭取民主體制。

我得替羅德講句公道話，當時我們這些研究中國問題的專家普遍都是這個觀點。我呈給五角大廈的報告也是這麼說。即使學生示威者已經群聚在廣場，我認為這場抗議相當不重要，六月間學校一放假，學生們全會回家去。美國大使館裡只有賴瑞・伍澤爾（Larry Wortzel）上校認為學生示威不可等閒視之。最後他斷然預測中國將出動軍隊清空廣場。伍澤爾和我一樣，多年來與鷹派頗有交往。他很注意鷹派的言行主張。後來他告訴我，他從鷹派身上看到會動武，這是很罕有的實例，顯示鷹派有時候比溫和派更洞悉領導人的心意。

我們許多人擔心學生可能會讓共產黨內的改革派下不了台。直到今天還有許多人冥頑不靈地認為，中國不可能不進行改革。沒錯，我們被告知，中國政府高層少許英雄推動重大改革的步伐太快。但是我們無法想像，一年之內他們全被抓去坐牢或遭到軟禁，或甚至叛逃或出國流亡。我們知道政治局內部對改革發生辯論，但是我們不清楚誰主張什麼，或反對改革者有多麼強大。

當時很少徵兆會推翻我們這種自以為是的態度，但是如果我們仔細注意還是可以發現。有個意外就發生在前幾個星期，五萬名學生在北京遊行，替遭到鄧小平罷黜的共產黨前任領導人胡耀邦悼喪。（報上說胡耀邦因性格「反覆無常」遭到罷黜。）[4]接下來七個星期，約一百萬名抗議者湧到廣場，與學生聯手要求言論自由、出版自由、掃除貪腐、政府提升問責品質。他們高舉美國《獨立宣言》，也搭建一座三層樓高的「民主女神」。他們要求與共產黨領導人對話，又在蘇聯領導人戈巴契夫前來北京國事訪問前夕絕食。戈巴契夫回到莫斯科時，天安門廣場抗議已成為全世界的頭條新聞——對中共中央政治局這是重大的、會造成不安定的尷尬事件。

美國人認為鄧小平是中國真正的改革者，因此中國學生反而在這些未經核准、且越演越烈的示威活動中推崇胡耀邦，就顯得挺奇怪。我們大多數人從來沒想過，或許我們一直都沒把胡耀邦和鄧小平正確定性。

或許我腦子裡有些疑問，因此我想要親自會見抗議者。彼得．湯生和我坐一輛插著美國國旗的凱迪拉克黑色轎車，前往天安門廣場。當我們走向數百名長頭髮、穿恤衫的學生時，沒有人阻攔。和我們談話的學生沒有透露有絕食的計劃、或是要公開違抗共產黨當局。回想到一九六八年我參加哥倫比亞大學學生反越戰「罷課委員會」，我和一位年輕的中國教授交換起越戰時期參與示威的故事。戴著飛行員眼鏡、香菸一根接一根的這位教授是北京師範大學的劉曉波。劉曉波剛在前一天從紐約回國，立即到廣場聲援學生。[5]劉曉波應邀到哥倫比亞大學當訪問學人，但是他不願意在歷史中缺席。他要到二十年之後因為簽署「〇八憲章」被捕、再度判刑，才真正進入歷史。他後來獲頒二〇一〇年的諾貝爾和平獎。他最近的著作包括直接抨擊極端民族主義和他認為必須嚴肅面對的軍方鷹派。一九八九年時，中國和西方的主流觀點是，鷹派不會勝出，當局不會動用武力對付學生。

五月間，鄧小平宣布戒嚴、急調二十五萬大軍入京。抗議者不肯解散，鄧小平出動坦克及士兵。數百名、或許數千名手無寸鐵的中國學生命喪街頭，許多人是被一碰人體就會爆裂的子彈擊斃。廣場四周的各大樓被槍彈打得遍體鱗傷。士兵拳打腳踢、棍棒齊飛，對付抗議者，坦克輾過他們雙腿和身軀。這場屠殺留下一張經典畫面：一名男子站在一排坦克車隊前，阻擋它們前進。一群人把他拉開——此人從此音訊全無。

編織幻覺

天安門事件之後，許多中國改革派終身遭到軟禁，同時共黨智庫一些高級知識分子則設法逃到西方。政府雷厲風行地進行新聞檢查，拚命想要從中國報刊雜誌和歷史書籍中刪除提及抗議的一切紀錄。根據政治學者裴敏欣的研究，屠殺過後不到一年，中國政府「關掉百分之十二的報紙、百分之十三的社會科學期刊，以及中國五百三十四家出版社的百分之七十六。」[6]它也沒收三千二百萬冊書、取締一百五十部影片，有八萬人因媒體相關活動遭到懲罰。[7]

儘管發生這些毛骨悚然的事件，美國既有的對中政策卻很慢才有改變。布希總統努力阻擋國會召回湯生的後任李潔明大使的決定，也遲遲不肯以任何有意義的方式改變美中關係。[8]他反倒接受昔日長官尼克森的建議。布希在日記中寫下，尼克森建議他，「別驚擾雙方關係。〔中方〕處理失當甚為可嘆。可是要往長期看。」據布希說，尼克森「不認為我們應該停止貿易，〔或做〕象徵性動作，因為長期而言我們必須維持良好關係」。[9]布希一度描述聚集在天安門的學生「只是一小撮那種示威者」。[10]

中國人對事態的看法當然不一樣。對鄧小平而言，中國剛萌芽的學生運動似乎實現了中國著名的民族主義者發出的警告；他們撰文寫出美國已在中國國內鑄下的禍根，以及中國人民日益增長的親美情感的危險。鄧小平允許民間表達這種感情，當然是為了取得西方的退讓。現在它卻逾越界限了。

中國極端的民族主義者——鷹派——至少自從一九八〇年代初期就發展出一派思想，認為美國生活方式和文化是會摧毀中國的「精神汙染」。他們認為美國想要建立全球消費文化，並且主宰世界。這一派思想的主要宣傳人鄧力群和胡喬木在解放軍及政治局成員中都有追隨者。

鄧小平絕不是這一派激進反美群體的始作俑者，但他對他們的同情程度顯然高出我們的了解。學生在北京及其他重要城市抗議，讓鄧小平及其他領導人大吃一驚，他們原本相信共產黨維持在全國無可質疑的正當性。中共試圖解釋事件前因後果，黨內文件描繪抗議純為美國策劃的心戰，旨在推翻中國共產黨。驚慌緊張的鄧小平採信此一謬誤的說法，寫下美國「開始發動所有的宣傳機器煽動、鼓勵中國所謂的民主人士、所謂的異議人士，其實這些人是民族敗類」。[12]鄧小平變得相信美國企圖推翻中國共產黨。

鄧小平投向保守派，指派一名保守派擔任總理。這時候還沒有人曉得天安門事件導致中國治理的自由化趨勢之瓦解。可是事件之後，鄧小平開始利用直接得自「精神汙染」的民族主義意識型態的反美言論。[13]他增強李鵬、胡喬木和鄧力群等強硬派的角色，有系統地剷除有革命傾向的解放軍及政治局成員。讓許多美國人驚駭的是，中國具有改革思想的黨魁趙紫陽終其一生遭到軟禁。時隔十二年，哥倫比亞大學教授黎安友（Andrew Nathan）神秘地取得、出版了《天安門文件》（*The Tiananmen Papers*），揭露趙紫陽如何與鷹派搏鬥、爭取改革卻失敗，他當時面臨的極大困難是我們所不清楚的。[14]

布希政府中的親中派盡力替北京開脫。我也是參與編織此一幻覺的人士之一，認定中國共產黨領袖被捕只是暫時的挫敗；中國仍走在民主的道路上；這次清算只是反應過度；我們必須保護鄧小平為首的「溫和派」，他會導正這艘大船，維持我們的關係平順進行。我們知道有些事改變了。我們只是希望它不會永遠改變。

回顧起來，如此容易上當受騙，實在令人悔不當初。任何優秀的分析家下注時會留一手，或至少預測事情會有絲毫機會出現差錯——也就是說改革派和對手之間會出現致命的攤牌；中國真正的改革派很快會被捕入獄、遭受軟禁，或流亡出國；我們對中國的軍售會取消。任何接觸最高機密報告的人，都被教導冷戰期間經典的情報出錯案例。中央情報局歷史上第一份「國家情報估計」（National Intelligence Estimate）鐵口直斷中國不會介入韓戰，主要因為北京說它不會參戰，但是不到幾天，中國人就參戰了。一九六二年，中情局預測蘇聯不會把飛彈或核武器部署在古巴，因為分析員相信許多騙了我們的蘇聯官員的話。一九七九年，中情局最高階分析員羅伯特・鮑威（Robert Bowie）在國會作證說，伊朗國王將保住權位、何梅尼大主教（Ayatollah Khomeini）沒有機會接管政權、伊朗政局穩定。[15]許多消息來源這樣告訴中情局線人，但這個情報並不真實。

我一九八〇年代在中情局或五角大廈的同僚，沒有人料想中國會欺騙美國，或是會造成重大情報失誤。反之，所有消息來源和叛逃人士基本上異口同聲說，中國將走向自由市場經濟、選舉及擴大合作之路。但是天安門事件之後，愈來愈多中國投奔自由者來到美國，對未來情勢提出警告，也對於他們本國的未來發出不同的、更有惡兆的聲音。可是，即使這時候，我們還是不肯注意聆聽。

有位叛逃者特別突出，至少在我心裡是如此。身為高階叛逃者，他的要求不尋常的溫和——政治庇護；嶄新姓名、身分；一棟房子；一份薪水不惡的工作；當然還有一個用來掩護真相的故事，讓中國情報機關以為他已不在人世。投奔自由的叛逃者一向會提出要求，通常會要求鉅額金錢。他們通常也宣稱比別人更清楚重要機密。但是這位身材胖胖的先生，則與眾不同——不僅因為他要求的東西相當少，也因為他所說的，完全違反我們的傳統智慧，也挑戰長期以來許多政策。

這位先生——我們姑且稱他為「白先生」——一九九〇年代初期來到聯邦調查局賓夕法尼亞大道的總局八樓國家安全會議室，進行討論。這次會談相當不尋常，因為美國政府各機關的中國問題專家都被召來評估好幾位投奔自由者提供的祕密資訊。預定一個小時的討論後來延伸為三個小時。

白先生是首要討論對象之一。雖然在揭露細節時他的眼睛閃爍、手指彈動，顯得坐立不安，他各方面看來都還可信。他告訴我們一些我們可以獨立驗證的祕密：潛伏在美國的幾個中國間諜的身分，以及中國領導人所用的機密電話系統的細節、以及會議室的陳設布置。他講出一些我們已經取得的中方祕密文件，輕而易舉地辨識出真假文件。他也通過測謊。對他，我們唯一的問題是，他提供的新情報我們並不相信。

白先生透露，從一九八六至一九八九年的三年期間，政治局對中國未來戰略出現權力鬥爭。他宣稱讀過高層祕密會議和辯論的筆記，告訴我們鷹派的力量，以及他們全力在國內鎮壓親美勢力；天安門廣場危機撼動了中國內部安定；鄧小平現在與這些強硬路線派站在同一邊。他曉得某些鷹派的角色，以及他們如何制伏溫和派。他認為我們應該設法協助真正的改革派。我很感動他相信我們了解中國國內政情，以及他希望我們能夠拯救改革派。

這個投奔自由者透露，鄧小平有更大膽的計劃要散布中國民族主義的鷹派觀點。白先生參加過討論如何恢復孔子為民族英雄的祕密會議，而過去數十年，共產黨還在大肆抨擊儒家文化及帶有宗教色彩的思想。

當然，中國領導人以歐威爾的方式下令改寫國家歷史，並不新鮮。共產黨一九四九年奪取政權後，一大群中國歷史學者改寫中國歷史，強調所有的進步都來自農民革命——歷史學家詹姆斯．哈里遜（James Harrison）稱之為「人類史上最大規模的意識型態改造企圖」。[16]根據白先生的說法，最新的此一改變令人難以置信。中國共產黨自從建黨以來就信誓旦旦與中國的過去一刀兩斷，現在竟會重新擁抱它？共產主義意識型態會悄悄遭到拋棄，換上狂熱民族主義作為政府生存之根本？紅色中國實質上已不再那麼紅色？一切都似乎不可相信。

真假改革派

白先生提供的情報卻與聯邦調查局長期以來十分重視的另一位女間諜——我姑且稱之綠小姐——同時間傳遞的資訊相互衝突。她所索取的回報高達兩百萬美元，可是她所聲稱的交往關係可十分不得了。她不僅知道中央政治局的祕密，也熟悉鄧小平的繼承人、共產黨總書記江澤民的底細。她聲稱鄧小平仍然堅定親美，江澤民更是有過之而無不及。江澤民喜歡唱「貓王」的英文歌曲。她說，天安門屠殺之後，中國人希望與美國更親密合作，她對孔子會被頌揚或馬克思主義會從全國教學課程上拿掉的想法不屑一顧。她一口肯定鷹派是上不了檯面的思想家，他們與主流社會脫節、老邁昏庸，很快就會失去還有的一點影響力。

如果我們想要查證綠小姐的可信度，我們很容易可以做到。她和白先生不一樣，她講不出美國境內任何中國間諜的名字或地點，也不能從照片中辨認已知的任何一個中國間諜。她聲稱不知道北京城地下有祕密通道供黨領導人通行。她也不能正確辨認中國的機密文件。

她和沉靜的白先生還有一點不同。白先生的英語結結巴巴，不易聽懂他的意思，綠小姐的英語卻相當流利。她對於未來美國與中國在大多數政策領域合作相當樂觀。白先生似乎害怕、甚至可說是嚇破膽，也不敢再接觸中國同胞。綠小姐則不然，她說她願意冒生命危險，每年飛回中國一、兩次去蒐集新鮮情報。

我主張我們可以同時聘這兩位叛逃者當政府線民。我的同事不贊成。美國情報圈靠共識運作，這次對中美關係觀點歧異會令人不知所措。綠小姐替我們解了圍。我們站在她這邊，答應她要求的價碼。

我在會議後又安排去見白先生，倒不是我相信他說的話，而是它們引起我的好奇心。我們用國語交談。如果從全國意識型態和全國教學課程中剔除掉馬克思主義這個荒誕不經的主意有絲毫真實的份量，我想知道它會要如何執行？

白先生回答說，他有聽過要設立聽來無害的「愛國教育」課程的計劃。中央要在全國設立一百個「愛國教育」基地、新的歷史紀念碑和供觀光客遊覽的新博物館。中國領導人計劃撥款拍攝電視節目和影片，記錄中國在日本、美國等列強手下遭受的「百年恥辱」。它們會宣稱美國力圖圍堵中國、想要阻撓中國恢復歷史光榮。

他說：「我們的年輕人和知識分子在天安門廣場愛上了美國。這種事情絕對不容再發生。因此我們的領導人會抹黑你們，加緊追求民族復興，終結遭到西方人的羞辱。」

他的結語是「一石二鳥」。中、西方都有同樣的諺語。

我問他：「二鳥指的是什麼？」

他答說：「蘇聯不再是威脅。他們垮了，北京不再需要美國保護我們。」那第二隻鳥呢？他顯然暗示是指美國。他用的是「霸」這個字。然後他又說：「『勢』變了。」

從尼克森一九七二年開放以來，天安門事件是美國首次真正有機會改變對中國立場，以比較不是那麼美好的角度好好檢視中國領導人。可是美國政府卻迫不及待將美、中關係送回到更平靜的停滯狀態。即使發生大屠殺、即使明知道中國自由派改革者遭清算、溫和派總書記遭逮捕，布希總統還是死抱著錯誤的舊觀念。沒有人讚揚趙紫陽這位遭到終身軟禁的改革派黨領袖，也沒有人稱讚胡耀邦這個趙紫陽之前的「反覆無常」的黨魁。美國政府決定不再提起已逝的胡耀邦或是趙紫陽的命運。沒有人想到他們是真正的改革派。沒有人曉得他們在高層所主張的改革之程度。這些情報日後才流傳出來，由參與胡耀邦、趙紫陽民主政治改革的中國投奔自由人士揭露出來。

我依然認為鄧小平和江澤民是真正的改革派。但是我很快就發現我們犯了無藥可救的大錯，支持了假改革派，放棄了真改革派。

為了完成我的報告，我奉派到巴黎探訪許多逃避被捕、現在受法國政府庇護的流亡幹部。他們通過一項十點政綱、推選一位領導人，希望能被西方接受為流亡政府。這個組織叫做「民主中國陣線」（Federation for a Democratic China）。布希總統根本不注意這個組織、它的十點政綱，或是它選出的領導人嚴家其。嚴家其的回憶錄透露更多有關極力爭取政治改革及採納美式民主制度的細節。[17] 嚴家其曾經直屬趙紫陽，他的說法吻合另一位流亡人士阮銘的回憶錄，阮銘則是在鄧小平之前掌握共產黨的胡耀邦之直屬部屬。[18] 但是，這些故事來得太少、太遲。畢竟鄧小平曾經作東接待過福特、卡特和布希總統，是《時代》雜誌兩度封面人物，而且綠小姐還堅稱鄧小平現在欽選的繼承人愛唱貓王的歌。

布希總統說：「我相信民主的力量將會克服天安門廣場上的不幸事件。」[19] 可是，在動亂和鎮壓之後，布希命令五角大廈兌現將已經答應的魚雷、雷達和其他軍用補給運交給中國。布希已經接納了尼克森對待中國人的方式，無法以新角度觀察中國。由於中國幾乎肯定將是全世界最大的新興市場，美國企業界領袖渴望和他們維持關係和商機，布希的立場受到他們影響。

布希對中國的立場受到繼任的柯林頓的尖銳抨擊。柯林頓在競選時揚言要採取更強硬的作法。他的確也一度如此做。一九九二年在總統大選中柯林頓贏了布希，他採取的是自艾森豪、甘迺迪和詹森歷任總統以來對中國最強硬的路線。

柯林頓大逆轉

柯林頓出任總統之前從來沒去過中國，可是以阿肯色州長身分四度訪問台灣。一九九二年總統大選期間，他痛批布希總統寵溺「北京屠夫」。[20]柯林頓一上台，他的國務卿華倫・克里斯多福（Warren Christopher）在參議院外交關係委員會作證時說：「我們的政策將是藉由鼓勵經濟和政治自由化的力量，促進中國全面、和平地從共產主義朝向民主演進。」這個作法獲得前任大使羅德的鼎力支持。羅德深受天安門屠殺的震撼、懊悔自己長久以來誤判中國領導人，因而搖身一變成為全美批評中國最力的人士。現在他出任柯林頓政府東亞及太平洋事務助理國務卿，向參議院外交關係委員會保證會對中國立場強硬。如果中國在人權及民主選舉上面沒有進步，不會給予中國貿易最惠國待遇。一九九三年，民主黨籍眾議員南西・裴洛西（Nanny Pelosi）和參議員喬治・米契爾（George Mitchell）聯手推動立法，對中國提出種種條件。[21]一九八〇年代對中國改革的一相情願想法似乎已經煙消雲散。

柯林頓政府對中國的強硬立場在一九九三年五月二十八日達到巔峰，他邀請四十名中國異議人士到白宮——其中包括達賴喇嘛的代表，以及天安門廣場抗議學生領袖。中共中央政治局視此舉為史無前例的貶抑，威脅到中國仍然萬分仰仗的整個中美關係。因此他們趕緊採取對策。

白先生和留在中國的消息來源仍有接觸，根據他的說法，中國情報人員都曉得柯林頓政府內部對如何與中國往來意見分歧，因此擬訂戰略在美國政府內部建立強大的親中同盟力量。中國鎖定國家安全顧問東尼・雷克（Tony Lake）和他的副手桑迪・柏格（Sandy Berger）對北京比較友善。中方也看好當時的國家經濟會議主席羅伯特・魯賓（Robert Rubin）為可以爭取的盟友，因為他在全球化及自由貿易化的立場，另外，白宮經濟顧問委員會主席蘿拉・泰生（Laura Tyson）和當時擔任財政部主管國際政策的副部長、哈佛教授出身的勞倫斯・桑莫斯（Lawrence Summers）也都有同樣的立場。

中方竭盡所能拉抬這些人的地位，安排他們和中國在美國企業界的盟友接觸，並促進中國在華府的利益。中國再拿商機引誘有影響力的美國企業人士。柯林頓競選時的大金主直接向總統遊說，要求他不要破壞波音飛機售予中國的可能商機、或阻礙藉由中國火箭發射美國商業衛星，理由是這可以讓美國政府省下好幾億美元。此外，中國亦以選區的經濟利益為餌，動員國會議員們的支持。

到了一九九三年年底，在中國人現在稱為「柯林頓大逆轉」（the Clinton coup）之下，這些盟友說服總統緩和其反中立場。柯林頓不再如先前之承諾、會見達賴喇嘛。經濟制裁先放鬆、後取消。柯林頓政府許多親中人士受到中國感謝，稱讚他們是有遠見的政治家、是「中國的友人」，讓他們有機會多接近中國的決策大員。同時，中方悄悄地持續鎮壓異議人士。[22]

現在似乎雨過天青了。美國又把中國視若盟友。美方認為天安門鎮壓殊為不幸，但只是暫時的波折。我們必須有耐心。中國人的反應很不一樣。他們曉得古代霸主如何對待挑戰者。

誤炸大使館

一九九九年五月七日、星期五，接近柯林頓第二任期尾聲，美國帶頭和北約盟國軍事攻擊塞爾維亞及其盟友。兩架B-2轟炸機由密蘇里州諾布諾斯特（Knob Noster）的懷特曼空軍基地（Whiteman Air Force Base）起飛，飛往塞爾維亞首都貝爾格勒。飛行員朝標明「貝爾格勒倉庫一號」的目標投下五枚「聯合直接攻擊彈藥」（Joint Direct Attack Munition，簡稱JDAM）炸彈。中央情報局提供的目標資料已經經過再三檢查。但是查核顯然出了問題，而且導致悲劇性的大錯。炸彈在半夜擊中中國駐貝爾格勒大使館南側，炸死三名職員。*

這件事發生在距我首次見到白先生將近十年之後。他提供的消息沒有綠小姐那麼可信，但是我覺得他很有趣、還滿喜歡他，因此三不五時會找他聊聊。中國大使館被炸的當天晚上，我請教白先生，請他預測一下中國對柯林頓總統的道歉會有什麼反應。

貝爾格勒使館挨炸當然是件不幸的意外事故。我曉得中國政府一定會大做文章。但我沒料到反應會有多強烈。美國絕大多數情報分析員也沒料到，他們收到來自其他方面的警告，但是沒當一回事。

白先生立刻斷言，炸館事件給了中國政府難以抗拒的機會執行他告訴過我們的極端民族主義。他預言：「一定會有很多天的反美暴動。」

暴動？我心想，為了這麼明顯的意外事故會發生暴動？美國高層官員已經道歉了耶。他對他的預測堅定不移——而且理由充分。他曉得——也警告過我們——中國政府內反美勢力力量愈來愈大。幾乎就在這一刻，美國駐北京大使尚慕杰（Jim Sasser）已經突如其來遭到包圍。

白先生說，中國不會把這件事看作意外事故，而是霸主對潛在對手之測試。他告訴我說：「他們會認為這是美國人的警告，是在測試中國的決心。」

暴動發生時，尚慕杰大使根本不知道白先生的預測，這些預測是白先生依據他對中國鷹派和戰國戰略思想的理解，認為應該受到重視而來。尚慕杰也不知道在大使館西邊三英里路外中共中央政治局祕密會議室發生的事情，會中中國領導人把美國「攻擊」貝爾格勒大使館視為天賜良

---

* 譯注：死者確切身分為新華社記者邵雲環、《光明日報》記者許杏虎和朱穎。

機。幾個小時之內，數百名中國人在美國大使館門外發起示威。許多人投擲石頭、雞蛋和番茄，狂呼向美國和北約「報仇」。

那個星期六下午，尚慕杰正好在辦公室，他發現自己身陷圍城，無法安全離開大樓。往後幾天，館外抗議人潮已激增到上萬人，這位駐中國的最高階美國官員簡直成了這些中國群眾的囚徒，無法更衣、無法梳洗。他困在大使館辦公室裡，吃冷凍軍用糧食、睡地板，還沒被毯可蓋。

五月九日，星期天夜裡，抗議民眾透過打破的大使館窗子丟進兩枚汽油彈，引起火災，幸好陸戰隊守衛以滅火器撲熄。尚慕杰大使的夫人和兒子躲在不遠的大使官邸中，民眾透過餐廳窗戶丟進一塊又一塊的水泥。尚慕杰很困惑，他撥打電話都找不到任何一個中國高層官員。尚慕杰告訴《紐約時報》說：「我不確定他們完全明白在我們大使館前發生的狀況。」[23]

與大使的說法，或至少其希望相反的是，中國領導人很清楚狀況。中國的抗議活動很少是自發的，這也是為什麼十年前天安門廣場的示威活動嚇壞了中共領導人。這幾天的示威活動是由中國情治機關策動，其跡象就是官方認可的主要宗教團體有條不紊地陸續抵達，並參與遊行——佛教僧尼、喇嘛和尚、道士、天主教、基督新教和穆斯林領袖紛紛現身。

接下來的五月十日（星期一）整天，公安人員引導示威者走到離美國大使館相距二十五英尺的地方。許多人高喊「打倒美帝！」的口號，也唱起中國國歌。年輕人把水泥塊飛過戴鋼盔的武警頭上丟進大使館。[24]大使館職員一度開始銷毀機密文件，以防抗議者衝進大樓。最後，中國外交部長唐家璇打電話給美國大使。針對大使館被炸事件，他傳遞了中方對「美國帶頭的北約組織」四項要求，其中之一是「公開正式道歉」。[25]

事實上，中國政府很清楚，美國已為事件一再道歉。星期一，柯林頓總統本人再次道歉，當著記者的面說：「我道歉，我對此表示遺憾。但是我認為，在不幸的錯誤和故意的種族清洗之間劃清界線是很重要的，美國將繼續劃分清楚。」[26]

私底下，在國家安全決策圈裡，反應就和尚慕杰的反應一樣，震驚、迷惑。儘管白先生預測到中國的行為，我還是與同仁有同感，尤其是中國官方對炸館事件的反應愈來愈激烈時。中國政府宣傳喉舌《人民日報》稱貝爾格勒使館被炸是「野蠻的罪行」，又說「美國領頭的北約組織」是「大惡棍」。頭版的長篇大論分八點把美國比擬為納粹德國。例如，文章指稱美國的「唯我獨尊的心態及稱霸世界的野心如出一轍……環顧當今世界，若問哪個國家像當年納粹德國一樣想做『地球之主』，回答只有一個，就是奉行霸權主義的美國。」[27]

十年前天安門廣場上的民主運動示威立起中國版的自由女神，現在的中國學生高舉標語痛罵美國，包括複製一張畢卡索一九三七年反戰油畫〈格爾尼卡〉(*Guernica*)*，灑上紅漆。他們還用

* 譯注：一九三七年四月二十六號，納粹的空軍對格爾尼卡這個城市手無寸鐵的老百姓進行無情的轟炸，也是近代歷史上第一次空軍對無辜民眾的轟炸。畢卡索用畫把這一幕記錄了下來。

紙板製作自由女神，把臉孔換上柯林頓，讓他舉著染滿鮮血的炸彈、而非火炬。[28]

我們美國情報圈人士對中國的行為有不同的結論。有人認為中國人太過小題大作，幾近偏執狂，所以會有這種舉動。有人認為它們最多只是做些無損大局的虛張聲勢，以便在其他事項上逼美方更加讓步而已。但是就我所記得，沒有人認為中國的反應是經過深思熟慮、刻意為之的。沒有人認為我們必須重新評估對中國的策略。就我所知，沒有人重視白先生提出的說法。

二〇〇一年，美國情報機關取得一份中共中央政治局在一九九九年貝爾格勒使館遭炸後的緊急會議之機密紀錄。[29]這份紀錄透露中國領導人對美國的真正看法。每個委員都對情勢提出了分析，也建議了反制措施。事實上，白先生的警告其實還低估了中國政府民族主義的偏執程度。

江澤民說：「美國希望藉由此次事件確認中國對國際危機、衝突，尤其是突發事件的反應力量。」江澤民認為這件事可能是「更大陰謀」的一部分。政治局常委會第二號人物李鵬宣稱：「同志們！鮮血淋漓的使館事件不是孤立事件，也不只是對中國人民的欺負和挑釁；它是仔細規劃的顛覆陰謀。這件事比起其他任何事，都更加提醒我們，美國是敵人。它絕不是有些人所說的朋友。」副總理李嵐清說：「未來中美之間直接衝突已無可避免！」他認為柯林頓總統下令炸館是「投石問路」，旨在「確認中國對國際危機和衝突的反應；確認人民的聲音、民意的立場、政府的意見，以及它會採取的措施」。

根據這份紀錄，沒有一個中國領導人替美國辯護。沒有人跳出來說或許有可能是意外事故。

沒有人提議先等幾個小時再譴責柯林頓總統，或是提議在發動大批學生於美國大使館前示威之前先聽聽美方的說詞。自從一九七三年以來我們和北京所推動的種種互動，所建立起來的友誼和信任就只有這麼多。

高層看不到的檔案

可是，即使這些事件也撼動不了我們對中國的自以為是和樂觀心態。我們認為，中國的確存在鷹派，但是他們的影響力可以也將會被更理性、更冷靜的頭腦所克服。我的同僚開始主張增強建設互信、降低誤解。不久，江澤民和許多「中國之友」都高唱「減少誤會、增加信任」。我們對中國的「愛國教育」掉以輕心。我們認為，美國人也提倡愛國教育。我們告訴自己，中國政府內的反西方分子是很討厭，但是中國高層領導人並不認同他們。

絕大多數美國官員完全忽視中國的反美傾向。某些反美證據甚至被壓下來。一九九〇年代某次我例行性地拜訪中央情報局設在維吉尼亞州雷斯頓（Reston）的翻譯中心，向一位翻譯員問起，為什麼報告裡很少看到中國領導人反美的長篇大論。[30]幾乎所有的美國官員都依賴翻譯中心的工作來了解中國領導人的心思，因為很少人真正能讀中文資料——而且掌握其中許多關係重大的微言要義。

她回答說：「很單純呀！因為我奉指示不要翻譯民族主義色彩的東西。」

我大惑不解，再追問她：「為什麼？」

「總局的中國科告訴我，這只會激怒華府的保守派和左翼人權團體，傷害對中關係。」

即使當時，縱或稍有動搖，我對中國未來的信心仍未消退。儘管聽取白先生提供的情資，也讀到中共中央政治局祕密會議紀錄，我還是沒有懷疑中國。許多情報管道似乎都證明，這只是一時的現象，在這個階段，高瞻遠矚的美國政治家應該專注在中國無可避免的民主化之上。它的經濟荏弱，再加上強硬派全已是七、八十歲的老邁人物，只要華府有耐心，鷹派遲早都會被溫和的改革派替換掉。當時我們認為這麼多情報管道不可能都被中國情報機關玩弄於掌心之中。

當然，一路下來，我們的希望也因為一位高階間諜——綠小姐——提供我們的中國內幕情報而加強。她也一再向我們擔保，北京對美國不構成威脅，我們需要共產黨領導人牽制更激進、危險的中國政治人物。她與中國領導人的接觸與提供給美國的密報持續左右美國官員，直到聯邦調查局在二〇〇三年四月九日逮捕她。[31]中央情報局在中國的某個線民揭穿了她。她認罪，接受未申報從聯邦調查局收到的一百七十萬美元的罪名，也同意合作，說明她給了中國什麼機密。聯邦法官裁定，她有權傳喚聯邦調查局證人、替自己辯護，可是司法部限制她在調查局的聯絡人受傳喚，此舉侵犯了她的權利，因此本案不起訴處分。後來她又被起訴，因為同意合作，被判緩刑三年。[32]

聯邦調查局督察長有關本案的報告，建議要訂定制度，對中國線民的檔案要設置紅旗，以防他們提供假情報。聯邦調查局主管反情報作業的助理局長大衛·施札迪（David Szady）告訴一位記者，這個案子凸顯出聯邦調查局需要「妥為控制其線民，查驗他們提供的情資」。[33]聯邦調查局從來沒對綠小姐提供假情報一案的報告解密。在聯邦調查局報告發布前，美國民眾無法判斷哪個傷害較嚴重——是她提供給中國的機密，還是她向美方的擔保。忽視鷹派對赤壁之戰的現代詮釋的人，再度犯下大錯。

第五章

萬惡的美國
——中國歷史教科書中的美國

「無中生有。」——三十六計

雖然美國官員當時並不清楚，一九八九年六月四日卻是中國共產黨領導人向國內民眾如何描繪美國的一個轉折點。雖然中共黨內一直根深柢固有被西方欺負的意識，它卻因毛澤東的權力算計而有所緩和；毛澤東認為中國需要西方，才能發展成可與西方匹敵的超級大國。[1]投奔自由者日後透露，最高層級領導人曾經考量過真正的民主改革。即使詹姆斯·麥迪遜（James Madison）權力分立的主張也有人擁護。到了二〇〇一年，從中國偷渡出來的官方文件終於完整曝露鷹派是如何扭曲事實，讓鄧小平及元老心生恐慌而採取鎮壓行動。

本書的核心主旨是要證明，有愈來愈多的證據顯示，鷹派已成功地說服中國領導人把美國視為危險的、必須取而代之的霸權。這個觀點在一九八九年終於定於一尊，因此北京開始向中國人民有系統地妖魔化美國政府。黨營官方媒體對內所說的，和中國向美國人民所呈現的，截然不同。鷹派毫不遮掩他們的主張。他們認定美國霸權想要推翻中國政府，且早在一九八〇年代即已著手實行。中國鷹派鼓勵推行「愛國教育」和反美教學，因為美國仍然對他們的對手，即溫和派，很有吸引力。

的確，緊接在毛澤東邀請尼克森到訪之後那幾年，中國的大眾文化和國營媒體大多以正面角度描繪美國。天安門事件之後，鷹派認為此風不可長，他們很快就說服政治局領導人改弦更張。

美國當時可以抗議，但是美國情報分析人員和中國事務專家卻認為這只是短期現象，只要這些深信馬克思主義及中國注定要成為超級大國的強烈民族主義者一旦像恐龍般被自然淘汰，它就過去了。

天安門屠殺之後幾乎緊跟著就發生另一起地緣政治大地震。到了一九九一年，即毛澤東的鷹派元帥們建議他「聯吳制魏」之後二十年，蘇聯崩潰。柏林圍牆倒塌、東歐出現民主政府，以及蘇聯立刻瓦解，這些意味著美國在冷戰大勝，這讓北京慌了。它正好可以凸顯中國領導人反美的偏執狂，這在天安門事件之後日益高升。在他們眼裡，天安門事件是美國「在敵營播下不和種子」大攻勢的第一步。在這些激進的民族主義者看來，美國差一點成功整垮共產黨，若非最後一分鐘決定罷黜改革派的總書記趙紫陽和政府裡其他美國「盟友」，大勢就不妙了。

一九八〇年代影響力日益上升的親美改革派遭到整肅，使得中國知識界和分析圈出現空窗，不僅少有親美派留任實權位置，也阻止未來這類觀點提出的機會。中國鷹派的囈語原本被斥為「極端民族主義」的言論，成為黨的正式路線。

接下來，中國政府實質上創造出中美關係的「另類歷史」，把美國描繪成幾乎是真實美國的另一個邪惡的孿生兄弟，他傷害中國人民的紀錄罄竹難書，儘管事實上美國人努力要幫助中國。讓人更加摸不著頭緒的是，當中國領導人下令它的大眾文化展開反美攻勢，可是當著美國領導人的面又假裝很驚訝會有這種攻擊。許多外交官和美國人都聽過，我自己也聽過無數次，每當特別不符外交禮儀的反美言論傳到西方時，就有人跳出來說：這只是一小撮強硬路線保守派的觀點，他們不是共產黨領導階層的「主流」。

現在許多新世代中國人民對美國的認知完全不同於大多數美國人民——它說，過去一百七十年，美國試圖主宰中國。中國把美國的國家英雄，包括林肯、威爾遜、小羅斯福總統，描繪成「邪惡首腦」，處心積慮掌控中國官員及其他人，削弱中國。至少在某個程度上，這個歪曲的歷史觀扭曲了他們目前對中美「合作」的觀點，許多人認為這是美國打壓中國的遠程戰略當中的過渡階段。[2]

美帝惡行

從一九九〇年起，中國改編教科書把美國描繪為霸權，過去一百五十多年試圖抑制中國崛起、並且破壞中國文明的精神。它把這種再教育工作貼上看來中性的「全國愛國教育計劃」的標籤。[3]投奔自由者白先生已經預測這些課程會重啟自毛澤東政權最初時期——即比向美國示好更早以前——即已冬眠的對美歷史的扭曲觀點。有一個明顯的例子即是一九五一年由王春所寫的教科書《美國侵華史話》，它在二〇一二年發行新版，編者在網路上附加一段評語，宣稱這本書的教訓歷久彌新：「《美國侵華史話》這本書絕版已久，（我們重新付梓）……雖然年代久遠，書中的史實依然正確。它們不因時間變動而改變。」[4]這段話貼在應該算是溫和立場的中國社會科學院網頁上。[5]

當我二〇一三年秋天參觀中國國家博物館時，看到這一宣傳駭人的例子。中國共產黨鷹派和自由派改革分子長久以來即為他們歷史的事實和如何表述有爭議，因此自從毛澤東掌權以來，這個博物館關館的時間比開放的時間要長。博物館一九六一年成立，就在天安門廣場旁邊。一九六六年文化大革命一起，它就關館。鄧小平一九七九年開始開放中國的經濟，他重新開放這個國家歷史博物館。但是博物館在跨入新世紀後不久，又在二〇〇一年關館。花了十年時間、斥資四億美元整修，中國領導人才在二〇一一年讓它重新開放。他們希望達成兩個目標。第一，他們希望它是世界上最大的博物館，比羅浮宮、大英博物館和大都會美術館都大。地面層的入口大廳就有十層樓高，長度幾等於三座足球場。在它的二樓是三座巨鼎。（我可不像中國傳說中那位可憐的楚王，我沒有問鼎有多重。）

中國賦予這個博物館的第二個目標是，敘述「一個偉大的國家，其人民勤勞、勇敢、聰明和愛好和平，對人類文明進步做出不可磨滅的貢獻」的故事。當然，一個國家的歷史博物館會替自己的歷史文明說好話，這無可苛責。然而，讓我對中國這所博物館感到驚訝的是，它對中國與其他國家（包括美國）的關係的描述，以及刻意省略不描述的史實。

在命名「復興之路」的常設陳列室裡，博物館展示出執政黨對一八四〇年至今天的現代中國史的詮釋。歷史開始於「西方資本主義強國」「大規模對外擴張和殖民掠奪」，中國「淪為半殖民地半封建社會」。包括美國在內，這些「帝國主義列強」「蜂擁而至，掠奪財寶、屠殺人民」。它影射一九〇〇年的義和拳之亂[6]，說是「中國人民不屈不撓地抗擊外敵入侵」。最後，在第二次世界大戰的抗日戰爭中，「中國人民取得了近代以來反抗外敵入侵的第一次完全勝利」。中國面臨「向何處去的歷史性選擇」，而它捨棄「反動派」蔣介石的「獨裁」，選擇了毛主席「為爭取和平民主積極鬥爭」的中國共產黨。

藉由共產黨的領導，中國人民「自力更生、艱苦奮鬥，建立起獨立的比較完整的工業體系和國民經濟體系，為社會主義現代化建設奠定了重要的物質技術基礎」。拜黨的領導，「偉大的國家」打造「完善社會主義市場經濟體制」，現在享有「完全的開放」。未來，中國人應該「緊密團結在黨中央周圍」，「高舉中國特色社會主義偉大旗幟」。

它略而不提的是，中國在第二次世界大戰的得勝靠的是陳列室所說的惡棍——「西方資本主義強國」的軍事干預；美國投資和美國市場是中國突飛猛進的出口成長不可或缺的助力；中國的科技進步依賴的是與美國簽訂近百個科學交流協定。我只看到一張美國人的大照片，影中人在義和拳之亂時大刺刺坐在紫禁城皇帝龍椅上，對皇帝大不敬。展示沒有交代為什麼美國人來到中國，訪客離去時得到的印象是：美國人的首要目的是征服和羞辱中國。照片旁邊是一張軍用地圖，顯示拳亂之後，包含美國在內的八國聯軍屯駐在中國各地。

中國外交學院三名研究生應我之邀，陪我一起參觀博物館。他們接受培訓要當外交官，從中國共產黨政府的角度看，全都受了良好教育。可是，他們不知道義和團殺害十萬名中國老百姓；不知道美國人在二戰期間援助中國；也不知道從一九五九年至一九六二年，有兩千萬中國人死於毛澤東的政治運動和大饑荒；更不知道一九六六年至一九七六年的文革害死數百萬中國人民、關閉了大學、撕裂了中國。雖然他們聽說過天安門廣場抗議事件，他們曉得明哲保身之道是別去談論它。

這些研究生是鄧小平在天安門廣場屠殺後一項決定性的產品——屠殺就發生在對此事件隻字不提的博物館旁邊、僅有兩百公尺的廣場。[7]一九八九年後，鄧小平決定和李鵬及其他強硬派結盟，以鞏固黨的控制。中共領導人誓言絕不再容許中國學生樹立自由女神、引述美國《獨立宣言》，或崇拜美國價值，甚而把它們當作可以取代中國共產黨的信條。不到一年，教科書被改寫，美國人被描繪為欺凌中國的大惡棍，新的政策和規定確保只有這一個官方對美國的詮釋可以進入中國的教室和圖書館。

中國最新版的歷史課本中，第一個美國惡人是約翰．泰勒（John Tyler）總統。一八四四年簽署的中美《望廈條約》，毛澤東稱之為「美國侵略中國所簽下的第一個不平等條約」。[8]根據發給中國學童的這份教科書，望廈條約是美國操縱中國的跳板，它開啟美國「非法剝削中國」的門戶。泰勒和美國人選擇「以逸待勞」之計；他們還沒有實力主宰中國，但是美國願意等候時機成熟。實際上，泰勒只是美國歷史上一個意外繼任、幾乎讓人遺忘的總統，大部分美國民眾會記得他，都只是因為他的名字出現在美國歷史上第一個競選口號「蒂珀卡努和泰勒」（Tippecanoe and Tyler Too）的後半段上。*可是在中國鷹派眼裡，泰勒是個邪惡的天才，為美國完全霸持中國文明的大計劃鋪下基礎。

泰勒首當其衝之後，下一個被批為反中首腦的美國領袖是林肯。在美國，林肯當然受到後人緬懷追思，是個維繫住聯邦、解放黑奴、為原則而犧牲性命的英雄。可是在中國，他只是兇殘霸道的美帝打手。人民大學教授時殷弘認為林肯希望「中國在國際社會內受宰制、甚至受剝削」。[10]根據這個版本的歷史，因此林肯派外交官蒲安臣（Anson Burlingame）跨過太平洋，促成中國與西方世界關係正常化。根據北京外國語大學美國研究中心梅仁毅的說法，一八六八年的《蒲安臣條約》強迫中國「遵守西方文化規範」。[11]它打破中國固有儀式和禮節制度、換上西方外交傳統，一圓林肯的由美國控制太平洋之夢。**

十九、二十世紀之交，美國更展現其真面目。一九〇〇年義和拳之亂，美國參加八國聯軍，擊敗「扶清滅洋」的義和團愛國民眾。八國聯軍一路奸淫擄掠，迫使中國人民賠償六百一十億美元（換算成今天的幣值）。美國不但「趁火打劫」，還「借刀殺人」，誘使其他國家攻打中國。[12]

義和拳亂之後，中國可能國勢衰頽，但肯定還沒有出局。中國參加第一次世界大戰協助盟國，當美國總統伍德羅．威爾遜（Woodrow Wilson）承諾在凡爾賽要堅持人權與民族自決時，中國懷抱莫大的期望。根據中國版本的說法，威爾遜的自由之夢及全球軍事合作確保和平，是個狡猾的詭計，誘拐全世界支持美國的霸權侵略。根據鄧蜀生寫的教科書《美國歷史與美國人》，威爾遜要「把整個中國納入美國勢力範圍」。[13]因此，他把奪下來的德國殖民地山東半島交給日本，沒有返給正主中國。就像戰國時期口是心非的霸主，威爾遜祕密地顛覆一個弱國。很不幸地，一九一九年，遭美國「出賣」的新聞立刻掀起所謂的五四運動，它觸發現代中國民族主義，促成中國共產黨在一九二一年建黨。

根據中國分析家對第二次世界大戰的描述，日本一九三一年侵略滿洲以及一九三七年入侵中國本土，乃是美國要讓亞洲兩大國家陷入不斷爭戰的陰謀，才能阻止它們任一個崛起並威脅到美國在西太平洋的優勢。濟南大學歷史學者唐青（Tang Qing，音譯）說明富蘭克林．羅斯

* 譯注：約翰．泰勒於一八四〇年以副總統的身分參與總統選戰，總統參選人是哈里森（William Henry Harrison）。哈里森是第一位主動提出競選宣傳的總統，口號即「蒂珀卡努和泰勒」，其中蒂珀卡努指的是哈里森於一八一一年軍旅生涯中、在俄亥俄州擊潰印地安人的勝利。他們當選之後，哈里森於一八四一年去世，泰勒遂繼任為總統。

** 譯注：林肯總統一八六一年上任不久，即派蒲安臣為駐華公使。他在任六年，堅持不威脅中國的領土完整，也因此贏得清朝政府的信任。卸任之後，應恭親王奕訢的提議，滿清政府委派他為「辦理中外交涉事務大臣」，代表中國政府出使美、英、法、普、俄諸國，進行近代中國首次的外交活動。一八六八年，蒲安臣代表中國與美國國務卿西華德（William Henry Seward）在華府簽訂《中美天津條約續增條約》，即《蒲安臣條約》，它是晚清時期第一件相對平等的對外條約。

福（Franklin Roosevelt）總統如何「造成中國人民在抗戰時付出更大犧牲」，因為「讓中、日纏戰，以中國為抗日根據地，推動中、美戰時合作，有利於美國，美國日後才能完全主宰中國及全世界」。[14]鄧蜀生認為，羅斯福「要負最大的責任，把日本侵略者在中國餵大」。羅斯福就像戰國時期的霸主，「坐山觀虎鬥」，等待中、日兩國都大部分毀滅、無力抵抗美國的控制。[15]他「隔岸觀火」，然後「假途滅虢」。[16]

中國領導人到現在已經近乎無法無天，儘管尼克森對中國的開放根本是由北京發動且熱烈歡迎的，現在他們卻改口稱為是美國想要宰制中國的奸猾計劃的一步棋。北京新編撰的故事說，尼克森希望挑撥中國與蘇聯兩個共產主義大國爆發核子戰爭。尼克森就和羅斯福一樣也玩坐山觀虎鬥的伎倆，美國日後才好以全球救星之姿出現，成為碩果僅存的超級大國。在這個故事中，料事如神的毛澤東看穿美國的詭計，他讓尼克森訪問中國只是因為北京需要有個盟友對抗蘇聯，即使它日後會試圖出賣中國也不妨。以三國時期蜀能贏北魏為例，毛澤東的一名高級將領建議毛主席「聯吳制曹」。[17]

《較量無聲》

根據中國版的現代史，美國利用貿易、經濟合作、技術轉移、外交、文教交流，以及民主改革的壓力，從內部削弱蘇聯。用戰國時期的術語講，它以甜言蜜語引誘蘇聯青年和理想主義者，然後利用他們當「內奸，在敵營播下失和的種子」。

在中國戰略家看來，這是美方高明的算計，利用蘇聯的錯誤；中國人誓言絕不上美國人同樣手法的當。二〇一三年，相當於美國西點軍校的人民解放軍國防大學，製作九十分鐘的電影《較量無聲》，形容美國無所不用其極地滲透中國社會，「瓦解中國」、「洗腦政客」，再次企圖推翻共產黨執政。[18]美國的罪魁禍首包括傅爾布萊特獎學金（Fulbright Fellowship）、福特基金會（Ford Foundation）、卡特中心（Carter Center）、聯合軍事演習，和其他美、中菁英交流機制。中國唯有在「謹微慎小，建立強大的政治和意識型態防線」下，才能抵禦美國鬥垮蘇聯的「所謂的民主力量」。

中國人也改寫冷戰史，把數十年的衝突描述為美國要實現全球霸權的戰略計劃。中國電視經北京批准、二〇一三年十月播出迷你影集，把雷根時期蘇聯帝國的崩潰描述成美國要詭計的結果。蘇聯不是因為一般所認知的共產主義制度自己支撐不了而崩潰。它是上了美國的當才崩潰的。

中國共產黨官方版本的這部美、中關係史當然是子虛烏有。約翰·泰勒的《望廈條約》是親中國的條約，不僅與中國建立正式邦交，還給予中國港口最惠國待遇，廢除不准美國人學中文的禁令。亞伯拉罕·林肯根本沒有時間去想中國，他的特使蒲安臣所談判的條約對中方有利；它承認備受歐洲列強威脅的中國主權，訂立十九世紀相當於今天解決衝突的「熱線」之機制，以消弭侵略和誤會。義和拳亂時，美國帶頭限制外國士兵胡作妄為。伍德羅．威爾遜在凡爾賽當中，以把青島歸還中國當作談判的優先項目，雖然最後不幸失敗，但他已盡心盡力。根據西方學者的說法，威爾遜竭盡全力要歸還中國領土，甚至冒了日本退出和會的風險，並且他取得日本承諾歸還領土，只是日本後來失信。富蘭克林．羅斯福根本沒有要征服中國，他提供美援、介入太平洋事務，並與日本開戰救了中國。理查．尼克森從來沒有設想他交好中國會激發核子戰爭，而天安門廣場抗議事件是中國學生追求建設美好中國的結果，不是有哪個美國組織想要摧毀中國。

由於中國領導人整體而言沒有接觸到正確的美、中關係史，二〇一二年六月中國作家向我警告，說什麼歐巴馬的反中計劃北京老少皆知，我一點兒也不覺得訝異。

真正熟悉美國歷史的中國學者和官員，就不會鸚鵡學舌、複誦官方說詞。他們很少主動向美國訪客提到這些反美觀點。他們不是刻意不誠實，只是難為情需要教這樣的歷史。二〇一三年秋天訪問北京時，我試著直接請教一位教授他在課堂上使用的一些教科書。他所不知道的是，我已經取得他的教學大綱和課本。

我請教他：「我很好奇，我在您書中讀到有關泰勒、威爾遜和林肯的許多事蹟。說白了，你形容他們的中國政策是『邪惡的』。」

他臉色蒼白、舌頭打結地說：「喔，我們最近從美國檔案中得到微縮片文件……」

我答說：「我知道，我也看過這些文件。我只是在我們美國教科書中找不到任何地方有這些反華政策。事實上，我們當年似乎很支持中國。如果我沒記錯，美國開國先賢，尤其是班傑明．富蘭克林和湯瑪士．傑佛遜，非常敬佩中國的制度。」

他望向窗外，歎了一口氣，說明他的困難。「教科書材料不是我選的。所有的老師都是黨員，而中央保管我們的人事檔案。偏離核定的教材，我們的前途就完了。」

我露出同情的微笑：「你是說，這是上級做的決定囉？」

他答說：「是的。」

同一個星期，至少是我第十五次訪問頗負盛名的中國社科院美國研究所。由於它規模太大，在主建物裡容不下，因此搬出十五層樓高的中國社會科學院大樓，設在相距三英里外的另一地點。我和美國大使館的代表團一起到訪。

所方安排在五樓接待我們。不幸，電梯故障，我們必須從水泥樓梯拾級而上，我們團裡一些上了年歲的人走得很辛苦。到了五樓，我們成一排走過一道燈光閃爍不明的水泥廊道。我經過這個積灰、光線幽暗的走廊時，注意到每個單位門口掛著他們研究分組的招牌，如美國戰略、國內政治和外交政策。

進到會議室，所方安排十六位中國學者和我們座談，他們大多年紀四、五十歲；全都穿著當年在美國當研究生時所穿的美式穿著。

所長黃平是倫敦政經學院博士，致詞歡迎後展開座談。隔了二十分鐘左右，我提出幾個問題請教中方是如何描述美國。

各位先進，我費盡工夫搜尋，卻找不到一個例子可以告訴我有作者提到美國對中國發展有正面貢獻。近來我讀到一本歷史佳作，談論西方人對中國的貢獻，那是耶魯大學史景遷（Jonathan Spence）教授寫的《改變中國》（*To Change China*）。書裡頭提到傳教士協助中國、洛克斐勒基金會的捐獻，以及美國如何交還庚子賠款、以它建立中國的麻省理工學院——清華大學。在座二十位先進，有沒有哪篇文章表示感謝美國對中國的援助？有沒有任何教科書或論文宣稱美國在中國的百年羞辱期間協助過中國？有沒有人寫過，自從一九七八年以來，我們的專家認為中國一半的增長率是因為美國支持以中國為投資地而產生？有沒有文章或書籍談論美國如何降低關稅，並在銀行、科學和海洋發展方面提供指導？我一直沒辦法在任何一本中國教科書中找到承認的敘述。顯然我疏漏了。哪位先進可以舉個例子嗎？

這下子全場默不作聲，中方學者彼此尷尬面面相覷。

有位學者囁嚅地說：「我們在美國留學時讀過你們協助我們的這些故事，但是它們沒列在我們官方審訂的課綱。」

走出座談會場，我拿到一些書本和文章，它們敘述小布希和歐巴馬總統包圍和封鎖中國；掠奪其海洋資源；封鎖其海上航線；瓜分其領土；協助中國境內叛徒；煽動暴動、內戰和恐怖主義；從航空母艦攻打中國等等計劃。如果中國領導人是這樣看待歷史，他們對未來的觀點會讓人驚駭的不會是他們對美國的種種作為扯謊，讓人驚駭的是他們真正相信自己的宣傳。

起初，我根本無法相信在中國有頭腦會思想的人會相信，從泰勒到歐巴馬歷任美國總統會曉得戰國時期的戰略思想，並且決定運用這些玄妙莫測的概念來對付中國。但是後來我發現，中國有許多人認為這些戰略原則是普世真理。他們曉得美國是世界最強國家，他們以為美國會像戰國時期每個霸主一樣，自私、狡猾、冷酷。「美中經濟暨安全檢討委員會」（U.S.-China Economic and Security Review Commission）在二〇〇二年的報告裡說：「中國領導人不斷把美國定性為『霸權』，意即強大的勁敵和高傲的惡霸，是中國的主要競爭者。」[19]

美中經濟暨安全檢討委員會還說：

中國傳統上只會把與它保持高度敵對關係的外在勢力定義為霸權……中國領導人相信美國的根本動力是，透過肆無忌憚地追求「權力政治」以維持全球霸權，而且經常偽裝為追求民主化……它認為，美式民主自由主義和美軍在亞洲周邊的部署威脅到共產黨對政治權力的壟斷，這個觀點影響了它對美國國力的戰略評估，以及它在公共領域裡賦予美國的形象。[20]

中國以美國在海外幾乎每一樁干預作為例證，不問它們是否有利於對方。委員會提到：「北京把美國轟炸貝爾格勒中國大使館比擬為納粹德國；它把美國介入波士尼亞和科索沃貼上企圖維持美國在歐洲霸權的標籤；它把北約東擴定性為圍堵和包圍中國的野心；它又批評美國發展彈道飛彈防禦造成大規模毀滅性武器的擴散。」[21]

簡單講，中國領導人認為美國企圖主宰中國已經超過一百五十年之久，而中國的反制計劃是竭盡全力反過來主宰美國。中國領導人認為全球環境基本上是零和之局，他們認為從泰勒以降，「美帝」長期以來仇視中國，中國計劃以其人之道還治其人之身，毫不留情對付美國。

如果中國領導人不預備根據他們的錯誤觀念行動，中國怎麼看美國就不是一個大問題。固然乍看之下中國似乎沒有預備以美國為對手，鐵一般的事實是中國領導人認為美國是他們志在必得的全球鬥爭中的敵人。中國對中美關係的理解說明了為什麼它不斷地協助美國的敵人蠶食美國的力量，尤其是美國的反恐戰爭。例如，九一一事件後，中國政府製作一捲錄影帶《行動中的五角大樓》（*The Pentagon in Action*），根據美中經濟暨安全檢討委員會的報告，它把薩達姆・海珊（Saddam Hussein）描繪為明智的理性聲音，「賣力地把美國政府描述為受傷的惡霸，它的霸權力量和自我受到挑戰，因此執迷於魯莽的軍事報復。」[22]

中國鷹派建議鄧小平發動詆毀美國的運動，大體上已經成功。他接受了中國人對古代霸主普遍又深刻的認知。

鄧小平評估國內、國外的「勢」。他拋棄一九六九年至一九八九年已經二十年的對美修睦。不過他沒有大張旗鼓，以免驚動美國政府。他不再需要可以反制百萬蘇聯大軍兵臨城下的威脅。美國方面，很少有情報官員認為中國領導人真正相信他們對美國的評語。華府沒有人把這些反美言論認真當一回事看待。很少有西方領導人在公開場合提起它們；大多數人則根本沒注意到。因此這種誣指美國奸邪的言論從來沒遭到反駁。少數提起這個話題的人則被告知，中國只有少許不在核心的鷹派人物有這種觀點。

抹黑戰

數十年來，中國領導人試圖控制國內及國外對中國的政治討論。為推動這個目標，中國領導人建立一套編造輿論以影響外人對中國及其政府觀感的制度，它要誘使美國這個對手協助中國崛起、並且最終超越美國。從一九九五年以來，中國領導人曉得要贏得百年馬拉松，必須建立強大的宣傳體系，在外國媒體上潛移默化對中國的觀感。成本固然高昂，但攸關的利害實在重大。

中國領導人不僅不相信美國；它也不信任美國的媒體。在二〇一三年底，中國還在籌劃要把二十多個美國記者趕出中國。[23]許多記者並沒得罪中國政府，他們之所以受到制裁是因為中方認為他們的雇主《紐約時報》和彭博新聞社（Bloomberg News）其心可議。二〇一二年六月，彭博社發表一篇文章，揭露習近平的家屬聚斂財富。[24]同年十月，《紐約時報》報導在任總理溫家寶的萬貫家財；然後它又在《紐約時報》擁有的線上中文雜誌跟進一則類似故事，報導J·P·摩根公司付祕密顧問費給溫家寶的女兒。[25]中國封鎖其網民進入彭博社和《紐約時報》的網站。[26]中國政府把美國記者當成又是一夥想策反中國人民、阻止中國正當崛起的幫兇。

今天，這種思維在中國菁英圈中不僅司空見慣，還變本加厲。戴旭上校是個有影響力的軍事戰略家，也是中國國防大學教授，經常以指控美國策劃的陰謀而登上中國新聞頭版。如果不是中國政府默許，這是不可能的事。比如，他在二〇一三年指控美國在上海製造H7N9禽流感，發動「生物心理戰」。他經常提出警告，指稱美國企圖將全球人口降低百分之二十、祕密控制中國的工業，也想把中國分裂為好幾個國家。[27]

與此同時，美國政府並未察覺中國在今天、甚至在過去，都把美國當作惡人。美中經濟暨安全檢討委員會於二〇〇四年委託馬里蘭大學進行一項重要研究，「就中國長期以來報導美國的訊息和調性提供經驗證據」。[28]研究發現，「美國投入資源不足，未能蒐集、翻譯和分析中國的著作與文告。因此，它對中國領導人和中國人民對美國的觀感了解有限。」[29]

中國有影響力的鷹派或許從來沒看過美國電影《刺激驚爆點》（*The Usual Suspects*），其中凱文·史貝西（Kevin Spacey）飾演的邪惡天才，偽裝為說話溫柔、肢體殘障的傻子，騙倒眾人。他們肯定會喜歡這個大騙子的經典名句：「惡魔最高竿的詭計就是哄騙這個世界他並不存在。」[30]

他的意思是第一流的詐術隱匿了它的存在。中國的鷹派企圖隱匿中國統一指揮調度的抹黑動作。中國希望得到美國投資、貿易和教育的好處，以及華府善意寬容中國崛起。因此他們需要中國端出友善的面孔。

可是，中國鷹派另一個戰略目標似乎是妖魔化美國政府，破壞美國政府模式在下一代中國文武官員和政治領導人心目中的魅力。鷹派深怕若美國的自由市場經濟模式和選舉持續擴散，會引發民眾對北京政府的不滿。可是，到美國留學，研讀理工科學、企業管理和其他政治上安全的科目則不妨——今天中國在美留學生高達二十四萬人。

中國的鷹派認為他們已經找到方法降低美式政治模式在中國的吸引力：要求中國溫和派否認抹黑攻勢的存在，並期盼美國玩忽大意。

第六章

網路警察

——滴水不漏的言論統戰

「移花接木。」——三十六計

從句踐復國到中央統戰部

中國的馬拉松策略非常依賴其他國家、尤其是美國的善意。善意轉化為大量的外國投資、購買中國的商品、當政府或國有企業偷竊技術或違反世貿組織規定被抓到時予以寬容，以及對侵犯人權視若無睹。西方國家曲意容忍，主要是因為他們的領導人以為，中國整體正在走向更自由的市場、有建設性的國際合作，以及政治自由化的「正確」方向。

對中國有這個理解，或者更精確地說是誤解，不是意外也非天真無知的結果。過去幾年，我和其他專家從中國投奔自由人士和異議人士那裡獲悉，北京有一套細膩的系統能潛移默化外國人對中國情況的認知，以確保西方的偏見和一相情願的思想。主管這一系統的是中國高高在上的第三號領導人。[1]

部落格是中國民眾把真相揭露給西方記者的重要管道，異議人士、藝術家艾未未因洩露一項祕密打壓部落格的行動而被捕。[2]「無國界記者」組織詳細報導，艾未未「諷刺（他受到中國當局）監視，在自己的辦公室和臥房裝了四個網路錄像機，把他一舉一動二十四小時全都錄下。不到幾小時，他的網頁就被關掉。」[3]艾未未曉得當局玩什麼伎倆——中國政府最高層以假象爭取外國政府、決策者、學界、記者、企業領袖和分析家的好感。它的手法圓滑細膩，遠超過一般的公關宣傳。它是馬拉松不可或缺的一環，以哄騙霸主上當。他們這個祕密行動歷數十年之久，外界大多不知不覺，的確了不起。

自從一九六〇年代以來，美國決策者被誘導相信中國是個落後、沒有軍事野心的國家，而且鐵定不認為美國在軍事上構成其威脅。這是北京領導人傳遞給西方世界的訊息，且成效極好。一九九九年，《紐約時報》北京分社主任邰培德報導：「今天證據顯示中國雖努力想要在實驗室中取得尖端科技，它只有很少的專業知識和資源去建立成為現代軍事大國所需的工業基礎。」[4]

最早讓人意識到這一切恐怕不正確的是，同一年西方人士接觸到一本熱銷全中國的書《超限戰》。[5]這本書因用詞直率、大談美國弱點，在中國軍事圈造成轟動。作者建議不用採取直接軍事行動，可以透過以下非軍事手段擊敗強大的美國，例如法律戰（即利用國際法、國際機構和法庭，限制美國的行動自由和政策選擇）、經濟戰、生化戰、網路戰，甚至恐怖活動。這本書引人側目還有另一個原因：喬良和王湘穗這兩位作者是解放軍上校。

這本書出版的消息一傳到西方，北京很快就把書撤下書架。[6]中國政府極力澄清它不代表官方想法，[7]可是書是由解放軍出版社出版的，兩位作者在書出版後都獲得晉階。二〇〇一年九月十一日美國遭到恐怖攻擊後，中國網頁上報導，喬良說美國傷亡者是「美國政府政策的犧牲品」。[8]二〇〇四年，他與其他人合作又寫了一本暢銷書，討論今天的國際政治與戰國時期相似。[9]

有一群美國親中學者和企業領袖立刻跳出來替北京辯護——標準說法是兩位作者僅僅位在中

國思想界的「邊陲」，他們的主張不值一哂。美國政府的官方翻譯機關甚至不肯翻譯這本書，直到我在五角大廈任職的單位提出正式要求。甚且，美國官員還邀請本書作者在二〇〇五年（及二〇一三年）訪問華府，或許理由根據是：等到他們有機會見識到美國真相，他們會拋棄書中提到的觀點。可是，王湘穗又寫了一本書，討論戰國時代給予我們這一代的啟示。中國鷹派並不介意被認為是無足輕重人物；王湘穗親口告訴我，因為「我們有很大的影響力」。

中國政府的運作方式獨樹一格。它的領導人不會鋪紅地毯歡迎批評他們政府的學者和記者當座上賓。現在大家都知道，北京推動有助於其路線和長期策略的訊息、肅清不利他們的言論，而且手法強悍果決。和天安門事件後一樣，政府修正官方中國歷史，嚴懲不符路線要求的人士。假設美國決策者或一般大眾清清楚楚看到中國政府高階層內部充滿怨恨的反美思想，你不妨想像它對美中關係會有什麼影響。北京知道，這種事萬萬不容發生。因此，由北京高層領導人督導的一項天衣無縫、神鬼不知，且又極為大膽的輿論控制行動，迄今仍在進行。其實，這項行動美國情報官員許多年前即已知情。

我在二〇〇三年首次從一個中國投奔自由者——我稱之為「李小姐」——口裡聽到有這項行動。她在和一群美國官員談話時，舉戰國時代一則歷史故事做說明。西元前四九〇年至四七〇年時，吳王夫差和越王句踐就有如今天的美國和中國：夫差是現存霸主，句踐是挑戰者。夫差先把句踐俘虜。這位霸主的「鷹派」大臣伍子胥力諫夫差殺了句踐。伍子胥一向疑懼可能的威脅，亟欲杜絕後患。他提出警告說，句踐有一天會逃跑，恐怕會不利於吳國。其他大臣私底下勾結句踐，串連起來進讒言、抹黑伍子胥，搞得夫差決定伍子胥該死。經過一番政治鬥爭，夫差派人送一把劍給伍子胥自我了斷。這個故事被拍成電影，其中一段情節是，伍子胥留下一句名言，他日句踐進城滅了夫差時，可要把他的眼睛挖出來掛在城門，「目睹」夫差的下場。

句踐同時說服夫差，准許他擔任大王三年僕役以換取自由。句踐並立誓日後聽候吳王的差遣。當吳王生了怪病時，句踐還以嘗糞替他診治以示絕對效忠。

然而，句踐一獲自由就背棄承諾。果如伍子胥預料，句踐一心報仇雪恨。他賣種了也不會發芽的熟穀給吳國，因而造成吳國的大餓荒。然後他攻打吳國，擒拿夫差。夫差被俘後羞愧難當而自殺，句踐終於成就霸業。

李小姐告訴我們，這個故事是今天中國與西方交往時的戰略指南。她說，美國有如夫差，被周遭別有用心或愚蠢的大臣包圍，漠視忠臣對敵人意圖提出的警告。按照李小姐的說法，中共領導人就是現代版的句踐——卑躬屈膝地承諾和西方交好，以等候適當時機反撲。[10] 北京就像句踐，虛與委蛇而笑裡藏刀。[11] 同時中國領導人「蓄勢待發」，等候最適當時機出手，有如句踐堅忍守候吳國人困馬乏之時才一舉加以征服。[12]

後來我在二〇〇四年訪問中國時，向好幾位學者請教這則故事。他們對它都很清楚，並再三琢磨，甚至提點我去找些談這則故事的書本和文章好好讀一讀。有本書的作者說：「若志在天下，則更須藏拙守樸。別讓人知道你胸懷大志。如果鋒芒畢露，就會招致殺機……句踐的成功是個奇佳實例。」[13]有位解放軍作家評論句踐遵循的原則是：「按兵不動，創造有利的戰略條件。」[14]李小姐說，中國正是按照這個原則和西方打交道。

李小姐敘述中國領導高層有個祕密單位，負責仔細控制媒體，確保只有「正確」的訊息才能傳出中國。她說，關鍵就是藉由在國內管道散布訊息，打造傳出到外國（尤其是美國）的訊息。她曾經聽過美國人搞行銷說過的一個比方：啤酒賣得好，重點不在品質，而是經銷管道的數量多不多。她提供三個證據支持她的說法，不過沒有一個能百分之百證實她的主張。她的重點似乎不可置信：中國領導人花費極大時間和精力控制中國國內的資訊，以求它們直接影響外國人對中國的認知。美國政府利用外交和策略性溝通把它的形象彰顯出去。但是，試想一下，要控制美國每一媒體機構、每份地方報紙、每家電視台，以及每個部落格，以便影響外國人對美國的認知？這是不道德的，至少在美國是非法、不可能的。白宮幕僚和總統的民調顧問不能下令《紐約時報》和美聯社要刊登什麼消息。

她告訴我們，中國政府如何例行地監視批評政府的異議人士，有時甚至予以消音。她說，鷹派經常和溫和派為如何設計特定訊息而爭吵。這個說法吻合白先生提供的資訊；白先生曾透露，強硬派在一九八〇年代控制中國共產黨宣傳機器，和溫和派為如何向國內民眾妖魔化美國吵不停。他們從駐外使館、甚至中國情報機關收集反饋，因此可以適時調整訊息。

她透露這項行動的年度預算為一百二十億美元，主管機關是中共中央政治局常務委員會。政治局常委們每週開會一次，花很多時間編造訊息，然後交由控制全國報紙、電視節目、海外發行雜誌以及中國網際網路的宣傳系統去擴散。這項行動的另一個關鍵角色是中南海對街的一個祕密單位，它的總部有一千多名員工。它就是中共中央統戰部，下轄情報蒐集與分析部門。我曾在一九九九年拜訪過這個單位，但是它的負責人告訴我，統戰部的重點是「國內」議題。我們並不了解它的雙重意義。這些單位在中國領導人直接控制下，聯手確保唯有正確的訊息先傳播到國內，尤其是外國居民。這或許說明為什麼中國的對外宣傳帶有只有中國人才懂的成語和口號。

李小姐舉這項行動影響的第一個例證是，它要影響二〇〇〇年美國國會表決美中貿易正常化，以及中國加入世界貿易組織；這兩者都將帶給中國極大的經濟利益。這項行動的成功關鍵是得在中國國內及國外掩蓋中國政府堅決反對放棄社會主義經濟的消息，而要顯示中國溫和派改革人士希望走向自由市場，並且很可能會成功。北京需要以這套說詞爭取一般持懷疑態度的美國國會的支持。

她舉的第二個例子是，北京如何設計訊息來化解柯林頓總統逼中國談判讓達賴喇嘛回西藏的壓力。中方的目標是藉由誇大他的政治要求、妖魔化達賴喇嘛，污衊他是政客而非宗教領袖，是「披上僧袍的豺狼」，然後另外推崇其他西藏人領袖。[15]

她舉的第三個例證是北京如何破壞美國對中國人權運動者的支持，尤其是原本是中共高階幹部、而今流亡海外者。在她所舉的三個例證中，她說她覺得影響美國國會支持中國加入世貿組織一案最為成功。

雖然李小姐的指控讓我們許多人大為驚訝，美國政府內外已有些人懷疑中國已將黑手伸向國會和白宮。一九九六年，聯邦參議院在佛瑞德．湯普生（Fred Thompson）和約翰．葛林（John Glenn）兩位參議員提案下進行調查，發現中國企圖直接影響美國政治過程。中國的這項計劃，完全違反美國的競選經費法，試圖以現金直接資助國會「友好」議員的競選。[16] 二〇〇〇年三月，聯邦調查局和中央情報局呈交一份沒有列為機密的報告，提到北京「監測及影響……全世界對中國的觀感」。報告指出，中國的目標之一是蒐集「可能影響中國利益的各國關鍵人物及發展的情報。滲透美國情報圈是中方一項重要目標」。[17] 李小姐說，由於參議院的調查使得行動曝光，中國在二〇〇〇年已經停止直接捐獻給美國政治人物的作法。但是中國並未放棄干預美國的政治運作。它另尋合法手段以達成相同結果，如傳遞中國媒體和智庫的訊息給它在華府的盟友，以及從源頭控制國內媒體，不讓刺耳的消息打草驚蛇驚動霸主。李小姐的敘述透露出中國遠比我們想像厲害多了。

李小姐說明，多年來中國都將各國的決策人士分門別類，標準是他們有多配合北京傳播有利於中國的言論。中國駐外重要使館成立「友好委員會」追蹤這些人言行，評估關鍵政客、企業領袖和媒體人士，把他們依友善至敵對排出順序。中國把它認為對中友好的人士稱為「親密友人」。在美國，這些人包括車載斗量的學者和前任、現任政府官員，其中不乏來自兩黨的美國國家安全政策顧問。

前任參議院外交委員會專業顧問威廉．崔普烈（William C. Triplett II）是兩本有關中國書籍的共同作者。他創造「紅隊」這個名詞稱呼被視為親北京的美國專家，判斷的標準是他們大多不是看不透解放軍的真相，就是刻意避而不談。立場南轅北轍的一群中國事務專家則被崔普烈稱為「藍隊」，這群分析家自認和親中專家意識型態針鋒相對。很顯然，被貼上「紅隊」標籤的人很厭惡這個標籤，也否認受到中國愚弄。他們堅稱中國政府沒有騙他們、也沒騙任何人。

中國政府發給中國媒體人員的正式指示，強調中國必須支持「紅隊」成員——用中國政府的話說，這些「熟悉中國」的美國人可以是「中國公共關係的好幫手」。[18] 就這一點而言，北京在美國不乏「好幫手」。[19]「親密友人」受邀到中國參訪；可以接觸到各級領導人及學者；受到媒體讚揚；有時候還得到政府的委託計畫或投資機會。他們的中方對口單位能夠侃侃而談亞當．斯密

（Adam Smith）和湯瑪斯·傑佛遜（Thomas Jefferson），也警告說中國若被外國政府或國內異議人士逼得太緊或是批評過甚，恐怕無力推動改革。主調很清楚：中國不是威脅。美國應該協助中國和平崛起為大國。

北京官員很重視美國的某些中國事務專家可以作為重要喉舌，表達北京的觀點。我知道的，因為早在「紅隊」這個名詞出現前，我就是「紅隊」隊員。我們彼此都認識，統統湊起來大約可以裝進一座普通大小的演講廳。因此中國相當容易監視我們的討論和文章，以研判誰是他們同夥、誰又不是同夥。中國領導人明白，他們若能影響這夥學者中足夠人數，他們的觀點可以散播到其他作家、分析家、決策者，以及向專家請教北京的政策方向的新聞記者。

中國有許多方法將手伸進美國的學術和輿論中心。哈佛大學歷史學者譚若思（Ross Terrill）形容這個過程是，「從與中國的生意往來上撈到好處的美國商人或其他成功人士，與美國機構之間的共生關係。」[20]中國企業已經開始大量捐款給美國智庫與大學，贊助支持北京觀點的對中政策研究。這就是北京中共中央政治局指揮的親中大合唱，它是贏得馬拉松的關鍵戰術。

為了爭取更多盟友，中國在二〇〇四年發起一項極聰明的行動——在全球各地廣設孔子學院。北京政府有多麼重視孔子學院，從它派國務院副總理、也是第一個女性政治局委員劉延東主司其事，就可見一斑。孔子當然是傳遞中國親善形象的完美象徵。在西方，這個名字令人想到一個時常說出醒世名言的良師、愛好和平的哲學家。

就官方而言，孔子學院提供中國語文和文化課程給有志學習的外國人，通常與各地大學合辦。但是它們也漂白中國歷史，向外國人描繪中國是個愛好和平、快樂的國家，而孔子是了解中國文化唯一的典範。孔子學院鼓勵將《孫子兵法》重新詮釋為無關於暴力的智慧結晶。各國學生聽了許多儒家聖賢高風亮節、仁民愛物的故事。和平與真誠被譽為中國文化首要的美德。按照中國政府網站的說法，孔子學院是「強化中國與世界友好、合作的橋梁，在全球普受歡迎」。[21]

過去十年，全世界約三百五十所知名學府，如史丹福、哥倫比亞和賓州大學，都與中國合辦孔子學院。[22]中國多麼重視對美工作呢？全球五分之一的孔子學院設在美國。[23]那比其他任何國家都多四倍。[24]

《紐約時報》二〇一二年報導：「對於財政困難的大學校方而言，孔子學院猶如天上掉下來的禮物，不僅帶來北京培訓、付薪的語文老師和教科書，還支付院長薪水和一項公共事務計劃。」[25]學校還得到數十萬美元，另有機會為各種特別計畫爭取經費。這些錢全來自「漢辦」，有一份刊物形容它是「中國政府的一隻臂膀，由教育部長擔任主任」。[26]漢辦的主任是劉延東，由國務院十二個部委派高級官員組成。《國家》（*Nation*）雜誌有一篇長文介紹漢辦，它說：「漢辦是一個黨國工具，以向國際推廣教學的形式運作。」[27]

二〇一一年，北京政府的英文報《中國日報》在《紐約時報》刊登兩頁廣告，誇讚孔子學院的好處，聲稱它「全力以赴滿足外國學生的需求，對開發多元文化做出貢獻」。廣告又說，孔子學院「課程專注文化和溝通，避免意識型態內容」。[28]但事實不是如此。

曼荷蓮學院（Mount Holyoke College）中國文學教授強納生．李普曼（Jonathan Lipman）提出警告說：「孔子學院名義上投吾人所好，說是要推廣中文，實際上卻強渡關山，把中國政府帶進美國學府。」[29]邁阿密大學一位教授同樣也說，中國慷慨解囊是有條件的：「你被告知，不得討論達賴喇嘛，也不能邀請達賴喇嘛到學校來。西藏、台灣、中國建軍、中共黨內派系鬥爭等等話題都是禁忌。」[30]彭博新聞社報導：「當北京一個和中國政府有緊密關係的組織表示願意捐助史丹福大學四百萬美元，辦一所傳授中國語文文化的孔子學院，還負擔一位教授的薪水開銷時，它附帶一個但書：這位教授不能討論類似西藏這樣的敏感話題。」[31]澳大利亞知名學府雪梨大學因為怕傷害到學校與中國的關係，以及該校孔子學院的經費，取消已安排妥當的達賴喇嘛到訪行程，為此受到各界痛批。[32]

我參觀過華府地區一家孔子學院，驚訝地發現「五經」當中的第五部《春秋》也列在課程裡，其內容包括春秋五霸的歷史。加拿大教授泰利．羅素（Terry Russell）任教的大學拒絕接受中國經費在該校設立孔子學院，他說：「它們只不過是在大學正當化架構內的宣傳和公關活動罷了。」[33]

由於大多數談判是祕密進行，我們很難確實知道孔子學院對大學提出什麼要求。《國家》雜誌記者聲稱拿到一份協議，它載明：「締約雙方同意視此協議為保密文件，未經另一方書面同意，任何一方不得宣傳、透露或公開從另一方取得或獲悉的文件或資訊，除非宣傳、透露或公開是協議之一方依據協議履行其責任所必須。」[34]

批評者警告說，除了學術審查之外，孔子學院可能也提供掩護「從事工業和軍事間諜、監視海外華人和打壓台灣的勢力」。[35]瑞典方面，斯德哥爾摩大學幾位教職員要求校方切斷和北歐孔子學院（Nordic Confucius Institute）的關係，因為「中國駐斯德哥爾摩大使館利用孔子學院進行政治監視、祕密宣傳，並禁止對敏感領域如法輪功的研究」。[36]加拿大曼尼托巴大學（University of Manitoba）一位教授擔憂孔子學院雇用的中國老師「監視在本校唸書的中國留學生的活動」。[37]

孔子學院遍布各地令中國政府引以為傲，稱讚它是中國蓬勃發展、即將與美國旗鼓相當的指標。《人民日報》二〇一一年誇口說：「中國現在為什麼備受矚目？那是因為它國力蒸蒸日上……今天我們和西方有了不同的關係：我們不再需要他們憐憫。我們已逐漸崛起，能和他們平起平坐了。」[38]和中國領導人受到西方批評時的反應一樣，他們貶斥批評孔子學院的人是戰爭販子或食古不化。中國駐英國大使在二〇一二年說：「有人見到孔子學院快速發展，很不舒坦。他們死抱著過時的『冷戰』思維。」[39]

在大學校園成功之後，孔子學院現在乘勝追擊，伸入全球各地的中學及小學，且運作模式還是一樣。中方在澳大利亞提供各地學校二十多萬美元以促進中國「語言及文化」。附帶一個條件：「最好」不准學生討論天安門廣場屠殺或人權的議題。[40]實際上，學生只專注中國核准的觀點：中國是個和平的國家，積極努力與所有國家和諧相處。

懲罰批評中國的人士

光譜的另一端就是壞人，亦即被認為對中國猜忌懷疑、甚至公開敵視的西方人士。這份名單目前包含許多國會議員、左右兩翼的名嘴評論員、人權組織、工會等等。左翼有李察・基爾（Richard Gere）這類的人權分子，以及南西・裴洛西這類對中國採取強硬路線的國會議員。在右翼，美國國防的鷹派，以及唐納・川普（Donald Trump）這類的貿易保護主義者。這些人是中國政府試圖「凍結」、盡可能將他們邊緣化的人。有些人拿不到簽證進入美國。有些人接觸不了重要資訊或中國官員。北京鼓勵以中、英文文章和部落格，有時甚至蓄意杜撰假資訊來破壞他們的學術生涯或觀點。中國研究美國政治制度的專家經常告訴我，起初中國非常懼怕美國左、右兩翼敵視中國人士的「大結合」，後來他們發現這些團體彼此之間的矛盾，遠勝過他們對中國長期戰略的關心。

長期研究中國的學者都曉得，討論中國問題時最值得信賴的人是那些拿不到簽證進中國的學者、記者和作家。其他人例行地在有意識或下意識下做出妥協，以維持進出。他們會避免稱讚達賴喇嘛，以及其他可能觸怒北京的方式提到兩岸爭端。《華盛頓郵報》於二〇一三年報導：「由於中國從不說明拒絕的原因，或說明那種學術研究不夠格申請，結果造成一種自我檢查、縮小研究題目。」[41]

林培瑞（Perry Link）是美國最受尊敬的中國研究學者之一。他因為不肯屈服北京的說法，長達十八年進不了中國。林培瑞說：「美國民眾付出的代價十分嚴重，大家都不曉得……中國問題專家都以暗語和間接說法迴避觸怒北京，這種作法相當普遍，而且大家心照不宣。例如，一般都不用『台灣獨立』，改用『兩岸關係』。通常也不會提到被關押在牢裡的諾貝爾和平獎得主劉曉波……通常提到一九四九年也接受『解放』這個字詞。」[42]他說，學者了解這是暗語，「但是當學者向大眾撰文、演講時用這些暗語，一般人就會以為一九四九年真的是解放，而台灣獨立不是太大的問題，諾貝爾獎得主坐牢也不值得一提。」[43]

中國政府對付學者的胡蘿蔔和棍棒策略我有親身的體會。一九八〇年代及一九九〇年代，我極力主張對中國軍售，且被認為積極推動美中關係，因此在中國備受禮遇。我可以接觸到中國智庫、學者、軍官、政府官員等等人士。我拿到保留給學者專家的簽證，可以進出中國。二〇〇六年九月，情況變了。我在美國政府圈內愈來愈懷疑中國的所作所為，這使我成為《華爾街日報》一篇人物特寫中的主角。文章一開頭就定調：「頗有影響力的五角大廈顧問、原本親中的白邦瑞，認為絕大多數美國人對中國看走了眼。他們誤認為中國是個愛好和平、專注經濟發展的國家。他批評國務院與中央情報局的低階官員、大多數美國投資人及大多數美國的中國問題專家都一樣，都是『擁抱貓熊的人』。白邦瑞先生說，他的使命是確保國防部不會重蹈覆轍。」[44]

我在這篇文章中說：「北京認為它遲早要與美國對決，且正在擬訂對策。我們若不正視這個問題，就是怠忽職守。」我在其他地方也說：「至少，我們必須承認沒有準備好認真了解中國的想法，然後重新開始。下一步我們必須承認，我們面對的中國可能成為我國歷史上最大的挑戰。」[45]無庸贅言，這不是北京聽得進去的話。

幾乎是一夕之間，我失寵了。我本來可以接觸到中國將領和學者，現在全飛了。我後來獲悉，美國國內支持中國的人士，就是那些在《華爾街日報》報導中被我譏笑是「擁抱貓熊的人」，跑去找中方，建議他們切斷與我的聯繫。我過去為了例行公事申請訪問學人時，簽證都沒問題，現在卻拿不到。未來要入境中國，我需要美國政府正式發外交文件申請。我和中方人員的互動比過去受到更嚴密的監視。我在中國的一些「朋友」不再跟我交談。在美國，有人試圖「揭穿」我的學術成績，提醒別人我對中國不懷好意。

這種情況持續好多年。二〇一三年裡卻又發生預想不到的情況。我再次以學人簽證申請入境中國，起先並不預期會得到批准。可是，六年來第一次，中方竟然批准了。而且，還有好幾位解放軍將領邀請我共進午餐和晚餐。我受邀到北京共同主持南中國海如何雙贏的討論會。會中，許多多年不見的中國朋友刻意過來和我打招呼。兩位解放軍將領告訴我，我在一九七〇年代和一九八〇年代對中國有「大貢獻」，他們希望我日後繼續如此。

回到美國後我對一位投奔美國的中國朋友說：「我很驚訝。你認為這是什麼原因呢？」

他回答說：「我先問你一個問題。你有沒有在電子郵件上談到你的書〔指的是這本書〕呢？」

我茅塞頓開：「有啊！」

他說：「那就是囉！」

在中國人的宣傳工作中，沒有哪個老美是完全爭取不過來的。有足夠的壓力和誘惑，頑石也可以點頭。中方顯然要賭一把，假如對我好一點，讓我能進出中國，或許這本書就不會太苛責他們。

中國領導人顯示隨時可以動用更兇悍的方法來維護其形象。中國在西藏的暴行現在只有喇嘛能向外揭露，因此他們常態地受到中國官方監視，寺廟經常遭搜查。[46]北京同樣針對外國媒體員工下足功夫。有些分析家估計，目前有七百多個中國新聞記者在美國工作。其中許多人被認為是「宣傳人員」，散布中國喜愛的觀點，或者根本就是中國情報機關的特務，監視在美國的反中人士。[47]

國際媒體援助中心（Center for International Media Assistance）最近一項研究發現，「中國對媒體之限制已開始嚴重影響國際組織的報導與運作。」[48]這份研究報告提到中國利用下列四大策略來影響或操縱西方媒體。根據二〇一三年十一月五日《商業內幕》（*Business Insider*）的報導，它們是：

- 由中國國內、國外的外交官、地方官員、安全部隊和監理部門**直接行動**。這些措施包含阻礙蒐集新聞、防止負面內容刊載，並懲罰不服限令的海外媒體機構。
- **使用經濟胡蘿蔔和棍棒**，以誘使位於中國大陸之外的媒體高層及其分局自我檢查。
- 透過廣告主、衛星公司，或外國政府等代理人**間接施加壓力**，讓他們採取行動防範或懲罰刊載批評中國的內容。
- **進行網路攻擊和實體攻擊**，這萬萬不能讓人追蹤到是中國中央下的命令，但它們是吻合黨的意志。[49]

許多外國駐華記者都認為，他們說的話、寫的稿子，他們的電話、電子郵件，都受到中國當局監視。《紐約時報》、《華爾街日報》和有線電視新聞網CNN都曾因為報導內容惹火中國政府，遭到中國政府發動網路攻擊。二〇一三年二月，推特宣布大約二十五萬用戶受到來自中國的網路攻擊，情況類似《紐約時報》的際遇。[50]

二〇一三年，有百分之十的外國駐華記者表示很難取得採訪通行證，原因是他們本身或前任的報導觸怒當局。[51]中國在二〇〇九年拒發簽證給《華盛頓郵報》北京分社主任安德魯・希金斯（Andrew Higgins）。希金斯因為報導中國異議人士出名，一九九一年遭中國驅逐出境，此後再也不准他入境採訪。[52]《基督教科學箴言報》（*The Christian Science Monitor*）二〇一一年在所謂的茉莉花革命期間報導中國政府取締對動亂的報導：

> 中國政府聯繫外國記者，交代他們不要報導動亂。有幾個案例，公安真的到記者住處拜訪，親自面交禁令。如果記者執意報導，他們的簽證立刻註銷。記者保羅・莫尼（Paul Mooney）說，這是他唯一一次決定不報導這則新聞，因為它可能影響到他在中國的居留。[53]

保羅・莫尼採訪中國新聞已有十八年資歷，也曾經遭到拒發入境簽證。莫尼的報導專注貪腐、汙染和中國的癌症村、愛滋村的議題，肯定讓中國官員十分惱火。[54]莫尼、希金斯和陳嘉韻（Melissa Chan）等外國記者，都因為中國政府認為他們的報導不利，強迫他們離境或不准他們再入境。[55]陳嘉韻受雇於半島電視台（Al Jazeera）英文頻道，是中國十四年來首度再驅逐外籍記者出境的例子。《華盛頓郵報》指出，其他許多記者「遭到威脅要被驅逐出境，也有人苦候許久、得不到入境簽證」。[56]

彭博新聞社記者曾指控上司因為害怕遭到北京當局反彈，壓下有關中國的報導。[57]彭博社記者拿這個情況與「納粹時代的德國相比，當年新聞機構自行檢查，以維持入境採訪」。[58]中國封鎖網路的行為早已惡名昭彰。法新社（Agence France-Presse）指出，「中國共產黨有如在經營一個世界最大的數位帝國。」[59]由中國電信（China Telecom）、中國數位碼（China Unicom）和中國移動（China Mobile）所組成的網絡，全由國家控制。政府安裝工具以偵察互聯網的作法，被通稱為「中國防火長城」（Great Firewall of China）。[60]中國當局能夠封鎖中國公民的通訊以及任何加密的動作。「監視已深入到社群網路、線上聊天和網路電話。」[61]冒犯當局的部落格經常被騷擾、甚至遭到逮捕，因此剝奪了他們發送資訊和訊息給西方記者的機會。

中國也強迫西方公司協助他們進行檢查。二〇〇六年，由豐田汽車、蘋果電腦和諾基亞等兩百多家在中國營運的跨國公司組成的「優質品牌保護委員會」（Quality Brands Protection Committee），發電子郵件給全體會員，告訴他們中國當局關切各公司在華職員繞過「防火長城」和公司在境外其他部門通訊的行為，委員會警告大家，公安可能會上門拜訪。[62]

蘋果向中國政府退讓，同意移除可將用戶和某電視台及海外書店連結的應用軟體，因為它們含有反中的內容。蘋果嘗試多年想取得同意在中國移動可販售iPhone。法國衛星通訊商「歐洲通訊衛星公司」（Eutelstat）原本和反中的新唐人電視台（NTDTV）合作，二〇〇五年為爭取中國國企客戶，琵琶別抱。[63]紐約納斯達克（NASDAQ）也向中國壓力退讓。有一則報導揭露：

二〇〇七年一月，該公司美國籍的駐華代表被國家安全部找去問話，盤問為什麼新唐人電視台人員從納斯達克紐約辦公室報導。他在同一天即被請回，但顯然承受到壓力，「可能已向中國當局保證，納斯達克不會再允許」新唐人電視台從其交易本部報導。

從二〇〇七年二月起，新唐人電視台記者突然不准在那棟大樓報導，儘管過去一年多，它每天都在那裡報導。電視台懷疑中方施壓是突如其來變化的幕後黑手，但是箇中詳情不得而知，直到二〇一二年才流出電文。新唐人電視台被逐之後不久，納斯達克得到中國監理當局批准，在中國開辦正式代表辦事處。[64]

《華爾街日報》二〇一三年報導：「近來蘋果公司和福斯大眾汽車遇上的麻煩，代表跨國公司風險日益增大。他們愈是依賴中國蓬勃的經濟，就愈是曝露在中國風向改變的風險中。某些情況下，外資公司正受到國營媒體的攻擊。有時候也受到中國監理機關或政府政策的影響，比如反貪打腐運動嚴禁公司送禮。」[65]

博訊是一家受到歐盟支持的中國新聞網站，它經常報導中國人權遭受侵凌的新聞。博訊創辦人韋石（本名孟維參）說：「美國任何一家大公司都不會想（和我們）有瓜葛；即使在北京設有辦事處的基金會也不想（和我們有關係）。中國會追蹤誰捐錢（給海外不受歡迎的組織）。他們會接到電話。」[66]

所有這些伎倆——操縱輿論、獎賞甘美之辭、懲罰諤諤之音——全都源於戰國時代的戰略思想。謀臣策士在規劃扳倒舊霸主的過程中向國君所提的建言，通常也包含如何對付敵國的鷹派和鴿派的伎倆。當然這裡頭沒有一成不變的固定作法。首要目標是要擾亂敵人的計劃，蒙蔽對方對國際地緣局勢的掌握。如果他比你早看清「勢」，你在圍棋盤上就無法揮灑自如了。[67]

第七章

殺手鐧

——解放軍的祕密武器

「其疾如風，其徐如林，侵掠如火，不動如山，難知如陰，動如雷震。」

——《孫子兵法》

小不忍則亂大謀

一名水兵說：「部長先生，輪到您了。」身穿白色制伏的水兵，站在一幅亞太地區大地圖上方。這幅六邊形地圖占滿了黑白相間的一片大磁磚地板。眾人眼睛都聚焦在地圖上特定的一點——一個遭到中國入侵的國家的海岸，它有漫長的海岸線、也曾經破解美軍精心策劃的戰略。它就是越南。

一位海軍軍官說：「國防部長現在下令四個航空母艦戰鬥群全速馳赴南中國海。我們至少可以靠它守住夏威夷。」

想像中的這一年是二〇三〇年，扮演國防部長下達命令的這位軍官是在羅德島州新港海軍戰爭學院（Naval War College in Newport）參加兵棋推演。過去七十多年，類似的許多次戰略推演都在這個房間進行。有些是和平時期的競爭，測驗重點僅在於外交折衝能力。有些則模擬軍事入侵、海軍封鎖，以及全球規模的大戰。就在這間如今裝飾著考究的地磚和二戰紀念物的房間，日本進攻珍珠港的陰謀最早被揭露，可惜卻受到漠視。進到這裡，就好像進到希臘的德爾菲神廟（Delphi），神諭曾經建議雅典偉大的立法家梭倫（Solon）訂立全世界最早的其中一部憲法，也告訴亞歷山大大帝他是「戰無不勝」的勇將。

那一天，我不僅在場，也參加兵棋推演。我的「紅隊」代表中國。我受邀要以中國軍事領導人的立場思考，要發揮我過去的分析研究，把中國的不對稱戰法展現出來。我得運用它們來對抗海軍史上最強大的艦隊。

兵棋推演歷三小時結束，最後一步棋下了，地圖有如棋盤，顯示美方主帥陷入重圍、遭到「將軍」。美軍輸了，這是五角大廈核定的兵棋推演史上的第一次。我運用多年來我對中國戰略的了解來擬定對策，竟然出奇制勝。我使用的武器以及指導我制訂戰術的原則，全都來自中國，而它們的現代化身正是人民解放軍汲汲營營在鑽研的。它們號稱「殺手鐧」——古代中國傳說中用來給強敵致命一擊的武器。

往後幾年，五角大廈又進行了二十次類似的兵棋推演。只要中方使用傳統戰術和戰略，美國就贏，而且勢如破竹的大贏。然而，每次只要中方祭出殺手鐧，中國就能反敗為勝。[2] 從這些模擬演練得到的教訓，是歐巴馬政府採取「亞洲再平衡」戰略的主要因素。[3]

包含我自己在內的許多美國官員很慢才理解到，中國的戰略大多反映了它的恐懼，而我們遲遲都還搞不清楚狀況。更糟的是，我們對中國的恐懼竟然一知半解。愈來愈多重要證據累積起來，譬如李小姐提供的情報，幫助我們當中比較機警的人睜開眼看到自己錯得多離譜，儘管還有很多人尚未覺醒。

固然中國領導人有根深蒂固的危機感，甚至偏執地擔憂美國和西方國家要「包圍」它，倒沒有太多證據說中國想要刻意與美國掀起戰爭。事實上，對百年馬拉松戰略來說，為了短期利益爆發軍事衝突反而是一大敗筆，會傷害多年來謹小慎微、孜孜不倦將中國建設為經濟及地緣政治霸權的努力。中國領導人曉得，雖然解放軍兵員高達兩百三十萬人，早已超越美軍員額，但若要在近期內建設一支可與美軍傳統兵力匹敵的軍隊，它還得增添船艦、飛機、坦克和士兵。然而，這麼做一定會引起西方國家警惕，並且可能掀起軍備競賽。中國領導人著眼的是長期賽局，目標是悄悄建立嚇阻能力，再逐漸增進傳統戰力。

以小搏大

中國古代傳說中有位英雄遇上比他強大的敵人。敵人比巨人還強大，又有當時技術最先進的武器，人人都怕他。但是英雄並不退縮，勇敢地與強敵決一死戰，因為他握有祕密武器。他寬大的袍袖裡藏著一把短、輕的釘棍，它能夠輕易斬斷一把利劍或一顆腦袋。光看這把殺手鐧，它並不危險，但是到了英雄手裡，可用來一擊必殺。他早已苦練多年，手持這把利器，再加上突襲的效果，他的強敵勝算無幾。

這個傳說很像《聖經》故事裡的大衛和巨人歌利亞（Goliath），但是屈居下風的人不是被上帝所救，這位中國英雄是靠他的祕密殺手鐧致勝。

殺手鐧是確保勝過強敵的王牌。這個名詞至少可以追溯到戰國時期，中國古代治術典籍、武俠小說和今天的軍事報導多少都會提及。中國人在各種不同場景下都可以用上殺手鐧這個字詞。比如說，約會時男性可以贏得芳心的殺手鐧是優雅翩翩的風度。做生意時，握有殺手鐧的商人有絕招可以擊敗更大的競爭者。踢足球時，殺手鐧可能是個射門高手。

中國投下不相稱的大量資源開發不對稱武器，希望建立殺手鐧。一九九〇年代末期和二〇〇〇年代初期投奔美國的人士，提到解放軍正在開發的新軍事技術，可用在「台灣以外」，換句話說，美國戰略家所規劃及兵棋推演的一些劇本未必是最有可能的狀況。有位叛逃者在提到這些在科技上有重大突破的武器時，特別用「殺手鐧」這三個字來形容。最常討論的劇本還是集中在台灣身上，包括中國發展的反介入戰略，以確保一旦中國大陸要入侵台灣、而美國企圖保衛台灣時，可以成功阻擋美軍介入。[4]

殺手鐧技術在中國軍事圈內列在「以小搏大」的軍事理論中。這個理論若要成功，中國假定它起初要能誘敵驕矜自滿，或拐騙他為己所用。一絲不苟地掌握敵人的動態也屬關鍵，特別要能預判敵人行動、能夠蒙蔽他、擾亂其結盟、神不知鬼不覺地建立反制同盟，然後在適當時機出手，破敵之「勢」。這種評估就像針灸時要找到正確的穴位，一點即可癱瘓強敵。

我在一九九五年閱讀中國三位著名軍事戰略家寫的一篇論文〈海戰軍事革命〉時，首次接觸到「殺手鐧」這個名詞。作者們列舉可以有助於擊敗美國的新技術。他們認為在外太空取得軍事優勢攸關海戰勝負。「控制外太空將是海戰勝利的先決條件，以外太空作為海戰的制高點……掌握電磁作戰優勢的一方將全面運用殺手鐧武器贏得海上勝利。」他們呼籲中國全力開發「殺手鐧武器」，例如將「先用於反艦飛彈防禦系統」的戰術雷射武器，以及可用於海軍軍艦和巡弋飛彈的隱形技術。他們又說：「閃電攻擊和強大的第一擊也將大量運用。」[5] 此外，作者們也列出一些可用來對付美國這樣超級大國的戰術，比如以智慧型武器（smart weapons）攻打雷達和無線電台；透過電子戰灌爆敵人通訊設施；攻擊通訊中心、設施和指揮艦；以電磁脈衝武器摧毀電子系統；以電腦病毒破壞電腦軟體；以及導能武器（directed-engergy weapon）。

經過進一步研究，我發覺在軍事圈裡，殺手鐧指的是一套不對稱武器，讓弱國能夠打在敵人最脆弱的地方而擊敗強敵。我看到這個名詞一再出現，第一個反應是，這只是中方的夢想與期望而已。此外，這個名詞本身的意義也很含糊，可能讓人以為殺手鐧只是形容某一武器「很先進」或「超時代」罷了。但是我愈是搜查，也請美國情報分析專家翻尋文件，殺手鐧出現得相當頻繁。

美國只從軍事的稜鏡去看衝突，不像中國古代思想家孫子有宏觀的戰略規野，強調情報、經濟和法律等各個面向。喬良和王湘穗在他們一九九九年那本著作《超限戰》中寫說：「很顯然，正是戰爭手段的多樣化，擴大了戰爭的概念。戰場就在你身邊，敵人就在網路上。只是聞不到煙硝或血腥味而已……很顯然，戰爭已經不再只是士卒或將領的事務了，它愈來愈成為政客、科學家，甚至銀行家的工作。」九一一攻擊之後兩天，這兩位解放軍上校接受中國共產黨一份報紙訪問，談到攻擊「對中國有利」，也證明美國面對非傳統方式攻擊時非常脆弱。6

避重就輕

二〇〇〇年，我替中央情報局寫了一份殺手鐧研究報告。一年後，我接到中情局來電。副總統錢尼和他的幕僚長從總統的每日簡報——這是中情局分析師每天呈給總統及國安會人員的報告——中讀到殺手鐧。副總統希望了解殺手鐧的背景，也希望深入了解它代表的意義和影響。他的助理對我的報告感到驚訝。我預測中國會減少輸出危險武器，也認為殺手鐧概念只是一個概念，一個還無法實現的雛形。錢尼下令進一步蒐集情報，查明中國是否真的有反衛星計劃、反隱形計劃，或航母殺手飛彈。我們很快就得到答案。

我現在曉得殺手鐧是中國百年馬拉松戰略的關鍵軍事要素。建立此一技術不只是中國軍事領導人希望有朝一日能有資源去進行的幻想或願望。他們已經著手啟動了，投資數十億美元要在軍事能力上取得跨世代大躍進，俾便制伏西方大國的傳統兵力。他們要小規模地搞，以免驚動西方國家。

中國領導人希望透過取得高科技以增強中國相對實力的野心，不僅限於追求高科技武器系統。一九八六年三月啟動的「國家高技術研究發展計畫」（代號八六三計劃）是中國透過運用科技以克服國家安全缺陷的一項重要項目。八六三計劃包括發展軍、民兩用科技，如生物科技、雷射科技和先進材料等。這項計劃也替中國的「本土創新」策略奠定基礎；此一策略納入二〇〇六年「國家發展科技中長期計劃」中，該計劃著眼的是二〇〇五至二〇二〇年的科學與技術發展。中國的本土創新策略包括透過研發投資、技術轉移，以及海外公司和研究機構培訓中國工程與科學人才，以確認、了解、創新及運用某些軍、民兩用的科技能力。

近年來，中國領導人大幅增加八六三計劃的經費和範圍。二〇〇六年的中長期計劃可謂中國有史以來最有野心的全國科技發展計劃。中長期計劃中的十六個「國家大型項目」涉及到電信、太空和其他部門，被視為「優先中的優先」。不過，十六項中有三項列入機密，對外不公開。二〇〇六年中長期計劃和八六三計劃底下兼具軍、民兩用用途的開發，反映出中國長期軍事計劃愈來愈倚重中國的民用科技基礎。[7]

美國許多主張對中國採取鷹派立場的人士假定中國的建軍構成威脅，認為北京拓展藍海海軍、新式隱形戰鬥機、彈道飛彈系統等等都是隱憂。在他們的想法裡，和中國一戰已經迫在眉睫，而且將在空中和大洋交戰。[8]可是中國的行動常常讓這些鷹派的說法漏氣。他們預期中國將努力打造一支強大軍力，可以進行攻擊性的投射能力，來主宰其鄰國及廣大世界，有如希特勒或史達林。然而，這個想法卻似乎沒有依據。

美國兵力投射系統的元素包括前進部署的洲際彈道飛彈和軍事基地；空中加油能力；核武器

轟炸機；以及長程部隊運輸能力。中國並不想像蘇聯那樣複製美式的兵力投射系統，因為那會打草驚蛇、驚動霸主。中國領導人研究了美國如何警覺到蘇聯的擴大軍事力量，以及蘇聯的擴軍是如何刺激到美國人，導致美方結束和史達林的戰時合作並發動冷戰，以及美方對蘇聯展開大規模的貿易和投資抵制。北京誓言在這方面絕不重蹈莫斯科的覆轍。因為這麼做，等於宣告馬拉松的終結。

中國並未加強它的兵力投射能力來與美國競爭，它在幾種力量投射方法上面，例如長程轟炸機、大量的地面部隊和搭載核彈頭的洲際彈道飛彈，投資都很小或根本不投資。中國實際上還大幅削減它的力量投射能力。中國花在先進武器上面的軍事經費，在過去十年大幅增加。二〇〇二年，美國國防部對中國軍事費用的年度報告大膽指出：中國的國防預算實際上是中國政府公布的兩倍。

為什麼中國要把它實際軍事開銷短報到如此地步？毫無疑問，中國領導人如此短報，有他的戰略目的，靈感來自古代中國歷史。中國領導人深知要維持中國和平崛起的形象，它必須掩飾鉅額軍事開銷以及在最先進能力上的投資，以免讓區域鄰國和美國等西方國家的警覺，而引發軍備競賽。

根據蘭德公司替五角大廈進行的一項研究，從現在起到二〇三〇年，中國將有一兆美元以上可花在替海空軍採購新武器。[9]這一點，再加上美國的軍事投資正在遞減（例如，美國海軍到了二〇五〇年，軍艦數目將少於兩百五十艘，其中大多數是近海作戰的小船；美國空軍仍然依賴一九七〇年代發展的許多技術），意味著到了本世紀中葉，中國即使軍事上不占上風，也是將近平手。未來的軍事力量均勢慢慢在移動，從十比一的美軍優勢往平分秋色移動，然後終於中國會占上風。二〇一三年十二月，國會聽證會上的證詞透露，美國海軍造船預算在往後三十年可能每年只有一百五十億美元，可是每艘新軍艦的造價都將會攀升。[10]我們維持優勢的唯一機會將是開發優異技術和反制措施對付中方的殺手鐧，譬如國防部研擬的「海空一體戰」（AirSea Battle）新理論，它結合海、空軍資源，防衛意在阻撓航行自由的敵人。[11]

中國推動殺手鐧計劃大多依賴在美國布建間諜網、偷竊機密來進行。二〇〇五年，聯邦調查局跟監的嫌犯麥大泓夫妻搭乘國泰航空班機由洛杉磯飛往香港之前九天，聯邦調查局探員竊聽到麥大泓打電話給中國某個該局已確信的情報人員說，他和「北美紅花」在一起，這是中國情報機關的密語。聯邦調查局又在麥大泓的哥哥麥大志的垃圾中找到撕毀的文件。麥大志赫然就是紅花。紅花奉命蒐集美國海軍最先進技術的情報，如潛艇靜音推進系統、艦載通訊系統以及先進的驅逐艦能力。[12]如果麥大志得逞，對殺手鐧計劃助益極大。

美國過去也樂於協助中國發展軍事能力。我在一九八〇年代建議華府對中國進行軍售和技術轉移，它們在冷戰時代容或有道理，但許多計劃迄今仍在繼續中。

七大恐懼

除了示弱以避免驚醒美國之外，中國的戰略大致是針對中國領導人研判美國對中國構成的威脅做出回應。包含我自己在內的許多美國官員，很晚才體認到中國領導人對美國的「威脅」看得有多麼嚴重。種種證據累積起來，最後終於說服了我們之中的部分人士改變對中國人的認知的看法。中國根本對傳統武力的投射不感興趣，它只關心如何對付美國的威脅。殺手鐧就是關鍵的反制措施。

我奉五角大廈之命研究中國人對威脅的感受。我的許多發現，無論是當時還是現在，大家都不相信。可是中國人對威脅的這些感受（我稱之為中國的「七大恐懼」），反映出中國軍事和政治領導人的根本態度，特別是因為書寫、談論這些恐懼的人並沒打算以他們的作品影響民意塑造。七大恐懼完全出自中國國內軍方人士；它們不是想要影響群眾輿論而搞出來的宣傳。

中國領導人認為，美國至少打從林肯總統時期就想宰制中國。我請教我接觸的中國人，請他們提出證據證明美國有這個宏圖大計。幾位中國軍方及民間作者交給我一些書籍和文章。從這些材料，以及二〇〇一年至二〇一二年期間六度訪問中國我所進行的訪談，我得出結論，中國領導人是以戰國時代的霸主為模型，來認知與預測美國的行為。起先，我覺得不合邏輯，甚至大惑不解，中國領導人竟然會一口咬定從泰勒直到柯林頓，歷任美國總統會多少了解戰國時期的治術，還運用這些詭詐的思想來遏止中國的增長。這簡直是子虛烏有啊！事實上，美國竭盡全力支持中國的主權、促進中國經濟發展，也讓中國在國際社會享有優勢的地位。[13]

我很驚訝我自己的報告證實了我和別人早先已經拋棄、認為不足採信的一項發現，即使它是由官階最高的中國叛逃人士之一陳有為所提供。陳有為原本是中國外交部駐外高階幹部，他舉出北京決策上的幾個病態：總把敵人的動機往最壞處去想、頑固的意識型態，以及脫離現實。[14]可怪的是，中國人認定中國是美國戰爭計劃的核心對手。

中國的七大恐懼分述如下：

第一，美國的作戰計劃是封鎖中國。大多數戰略行為者的行為是受到他們的心理特性，如情緒、文化和恐懼等因素的影響。中國似乎很害怕它漫長的海岸遭到封鎖，在它海岸外的一串島嶼使其領導人覺得益加薄弱。[15]因為從日本延伸到菲律賓的第一島鏈的地理形勢，中國軍方許多人擔心中國很容易遭到外國封鎖。[16]這些島嶼被視為天然的地理障礙，擋住中國進入大洋。[17]日本海上自衛隊前任參謀長即誇口，中國潛水艇無法在不被美國和日本反潛部隊偵知下，穿過琉球島鏈、台灣之南或北，或是巴士（呂宋）海峽，進入太平洋深洋。[18]中國軍事作家經常討論需要訓練演習和軍事作戰計劃，以突破島鏈封鎖。[19]有一項作戰研究分析形容敵方有七道防線，是中國艦艇必須克服才能突破封鎖。[20]在他們的估計中，美國應已建立一套包含反潛網、水聲系統、水雷、水面艦艇、反潛飛機、潛水艇和偵察衛星等等的封鎖系統。[21]

第二，美國支持他國劫掠中國的海上資源。中國作者聲稱，由於中國海軍太弱，中國領海疆域內寶貴資源會遭到列強侵奪，因而威脅到國家未來的發展。中方提出許多改革方案。中國國家安全部智庫前任研究員張文木曾說：「海軍關係到中國的海權，而海權又關係到中國的未來發展。我認為，一個國家若無海權，它的發展就沒有前途。[22]中國軍方刊物《軍事經濟研究》二〇〇五年有一篇文章說，中國面向外國的經濟、對外貿易和海外市場，全都需要有一支強大的兵力做靠山。[23]

第三，美國可能扼殺中國的海上交通線。中國有許多著作探討中國海上交通線的罩門，尤其是穿過麻六甲海峽的石油命脈。擁護中國發展藍海海軍的人士會舉中國能源進口不安全為理由。[24]中國有位觀察家說，美國、日本和印度的艦隊總合起來，「對中國的石油供應構成壓倒性的壓力」，[25]不過另一項研究說，「只有美國有實力和膽氣封鎖中國的石油運輸路線」。[26]同樣地，中國國防大學學者二〇〇二年寫的教科書《戰役理論學習指南》提出幾個海上交通線封鎖和防衛的可能劇本。[27]國防大學出版的另一本重要教科書《戰役學》二〇〇六年版討論如何防衛海上交通線。[28]有些作者表示情勢緊迫：「關於海上封鎖或石油線被切斷的問題……中國必須『未雨綢繆』。」[29]這些擁護者似乎想要把解放軍海軍建軍重心從以潛水艇為主改為以航空母艦為主。

第四，美國圖謀中國領土之瓜分。中國已在一份限定「軍內發行」的訓練手冊中，列舉針對各種侵略劇本的作戰計劃。[30]中國國防大學、軍事科學院及其他高階戰略智庫二〇〇五年進行一項重要研究，它評估中國七大軍區每個的弱點、檢討敵軍入侵可能走的各個不同路線。[31]他們利用每個軍區的軍事地理學，以及歷史上外國軍隊入侵的頻率，預估未來遭到陸地攻擊的罩門，甚至推定哪個鄰國可能是入侵者。解放軍近年結構改革顯然是為了改進中國抵抗陸地入侵的能力。[32]

第五，美國可能援助中國國內叛軍。根據二〇〇五年的研究《中國戰區軍事地理》，北京軍區等三個北方沿俄羅斯邊界的軍區，最經不起坦克進攻和空降登陸。[33]二〇〇五年在內蒙古舉行的「北劍演習」涉及到兩個裝甲師，兩千八百輛坦克和其他輜重車輛演出中國最大規模的野戰演習，出動裝甲部隊及兩千公里的空運作業，模擬針對得到外國軍事援助的恐怖份子發動攻擊。中國發言人聲稱演習劇本是外國援助國內恐怖分子，並沒有明白提到美國。[34]

第六，美國可能煽動中國國內暴動、內戰或恐怖主義。中國三申五令反對外國支持台灣、西藏和新疆的「分裂分子」，現在大家都知道這中國政府一貫的說辭了，但是這些聲明反映出北京十分關切中國領土的完整。[35]中共中央對外聯絡部一名研究人員把國內分裂分子與法輪功並列，它們與美國對中國構成的威脅是相等的。[36]

第七，美國威脅要以航空母艦攻擊中國。在過去十多年中，中國軍事專家已經著手研究來自美國航母的威脅，以及研擬如何反制。[37]作戰研究分析已建議應如何運用中國兵力以對付美國航母的弱點，[38]其他研究也列舉中國應發展某些特定武器系統。[39]中國反航母飛彈即是一例。

我在檢視解放軍資訊與文獻時還發現另一個重大差異，那就是中國準備使用它所謂的「警告打擊」來增添聲勢。中國軍事教科書中出現「打擊增勢」這個詞語，軍事圈內也在討論。中國歷史上雖然不用武力征服領土，它卻基於政治動機發動武力：達成心理震撼、扭轉危機情勢，或建立既成事實。[40]中國在一九五〇年出乎眾人意料在朝鮮介入，對抗美國及聯合國部隊；[41]在一九六二年攻打印度；一九六九年與蘇聯動武；一九七九年發動懲越作戰；因為中國軍事領導人認為先發制人可以產生奇襲效果，有利於戰局，也可以在更高層的政治談判上先聲奪人。中國在一九五〇年介入韓戰，一點道理都沒有，因為美國在軍事上占極大優勢——美國壟斷核子武器、十萬雄師可能北上跨鴨綠江入侵東北，航空母艦又部署在近處可以出動攻擊。但是在一九五〇年的中國領導人心目中，算盤不僅只在傳統的軍事平衡上。今天，美中之間最有可能爆發軍事對抗的局面，可能也是出於相似的誤解，以及中國領導人估計它若發動震撼打擊不至於導致衝突升高。

雖然大家很少公開談，大多數處理中國問題的美國決策者和國防專家都有一個共識：中國領導人根深柢固的猜疑可能會引發一場中美都不樂見的戰爭。一九九七年至二〇〇〇年擔任國務院東亞及太平洋事務副助理國務卿的謝淑麗（Susan Shirk）曾經警告說：「我們與中國非常有可能發生衝突，避免的可能性很低」，因為「國家愈是開發與繁榮，他們就覺得愈不安全、受到威脅。」[42]她認為，美國處理中國崛起的方式，「不是增強它的責任感，就是撩起它的情緒。」[43]其他中國問題專家也呼應這個觀點。長期在中央情報局負責分析工作的蘇葆立（Robert

Suettinger），認為中國高階政治決策系統「不透明、不溝通、不信任、僵化官僚作風、傾向於迎合上意說話，並且戰略上太教條化」。[44]

若要執行警告打擊，解放軍需要殺手鐧。中國官員非常不願意和美國人談論他們軍方在研究殺手鐧。當我向一位中國軍方資深戰略家提到它時，他正色告訴我，這個名詞絕對不能討論。然而，在讀完中國現代軍事戰略家寫的、都提到殺手鐧的三本軍事書籍和二十多篇論文之後，我終於拼湊起中國正在討論、也正在興建的這種武器的圖象。

殺手鐧武器比起它們要摧毀的武器，成本低廉太多。它們的開發過程總是嚴格保密。它們要用在戰爭的決定時刻，要在敵人有時間準備之前動手。對敵人要造成混淆、震撼、驚駭和感到被制伏的效應。二〇〇二年美國國防部呈報給國會的中國軍力報告指出，中國的戰略強調「癱瘓具備高科技武器的敵人之能力的作戰行動，包括在其發動時阻擾及拖延敵人行動之作戰，以及集中全力偵察敵軍威脅性最高的高科技武器之種類與地點的作戰行動。」[45]

雖然傳說中殺手鐧只是單一一個武器，今天的殺手鐧則是多種的不對稱武器。中國空軍大校楊志波（音譯）寫說：「要打造殺手鐧，中國必須先完成開發計劃。這是一個艱鉅、系統化的過程，不只是一、兩種先進武器。這是所有軍種都要用上的武器。它是全軍、全地點，涉及陸、海、空系統。」[46]

前任國家主席江澤民強烈支持殺手鐧計劃，在他指示下，中國於一九九〇年代展開計劃。一九九九年，他告訴軍方領導人：「必須儘快掌握保衛國家主權與安全所需要的新殺手鐧。」[47]同年稍後，他又重申中國應該「儘快掌握幾種新殺手鐧，以保衛國家主權與安全」。[48]二〇〇〇年，他說：「作為一個大國，在對抗全球霸主的鬥爭中，中國應該採購一些殺手鐧武器。」[49]同年，討論到可能因台灣發生衝突時，他說：「必須要積極發展一些殺手鐧武器和設備。」[50]次年他又要求：「需要新的殺手鐧來保衛我們國家的主權和安全。」[51]有位美國專家研判，北京一定設立一個正式的專案辦公室主管這件事。

接下來的問題是：江澤民認為中國需要針對誰來保衛其主權？從他提到「對抗全球霸主的鬥爭」，答案呼之欲出，就是美國。從現代軍事脈絡看，整個殺手鐧概念環繞著如何找出方法利用美國弱點、削弱美國的實力。這正是為什麼中國國防大學外國軍事研究主任李志雲（音譯）編著一本書，羅列六十四位軍中作家文章，詳列美軍種種弱點。[52]這本書要闡述的主旨是美國不足畏，用殺手鐧戰略就可以擊敗它。

美國的阿基里斯之腱

中方認定的美國一大弱點就是它依賴高科技資訊系統。全世界沒有一個國家像中國這樣積極研究美國重要的軍事、經濟、情報及基礎設施的電腦系統防護與罩門。伍澤爾是美中經濟暨安全檢討委員會委員，他說：「已出現強烈證據顯示，中國正指示和執行針對美國的大規模網路間諜活動。」[53]雖然中國一再否認這類攻擊，解放軍有十六個單位「專注網路滲透、網路間諜和電子作戰」。[54]

二十一世紀頭幾年已顯示中國其他網軍以及這些間諜單位本事相當大。美國空軍少將威廉・羅德（William Lord）把中國的行動定性為「國家級威脅」，指出中國已從五角大廈電腦網路「下載十至二十兆位元的資料」。[55]《華盛頓郵報》二〇一三年報導，美國國防科學委員會（Defense Science Board）的機密研究顯示，網路入侵者已取得二十四種以上的美國武器設計資料，它們包括「愛國者飛彈系統、神盾飛彈防禦系統、F/A-18戰鬥機、V-22魚鷹（Osprey）傾轉旋翼機，以及濱海作戰船艦（Littoral Combat Ship）」。[56]《華盛頓郵報》又說：「熟悉內情的資深軍方及業界人士說，大多數是中國針對美國國防承包商及政府機構展開間諜行動的結果。」[57]

最肆無忌憚的一系列網路攻擊發生在二〇〇三年至二〇〇五年，對象是美國軍方、政府和政府承包商的網址。它們攻擊數以百計的政府電腦，美方將之統稱為「驟雨」（Titan Rain）。《時代》雜誌報導，網路入侵源自連結到廣東省三個路由器的電腦系統，不過美國官員對此以及其他有關這一攻擊的報導，仍不做詳盡評論。[58]

根據伍澤爾的說法，驟雨計劃之後，解放軍的一個單位——六一三九八單位——「就至少侵入一百四十一個組織的網路，包括企業公司、政府組織以及外國政府」。[59]此外，一群號稱「隱形山貓」（Hidden Lynx）的中國駭客，也捲進源自中國的著名網路攻擊行動。隱形山貓駭客攻擊Google和Adobe等科技公司、金融服務公司、國防承包商和政府機構。[60]美國一家網路資安公司說，這群駭客「有情報獵人的堅持和耐心」，是「水坑式攻擊（watering hole）技術的先驅」，可以「針對對象的供應商電腦下毒，然後等候中毒的電腦被安裝，開始送回情報」。[61]根據前任美國資深資安官員保羅・史特拉斯曼（Paul Strassmann）的說法，有七十三萬台美國電腦遭到中國「殭屍」感染。所謂殭屍是一種植入電腦的惡意軟體，駭客利用它可把電腦化為「奴隸」，在網路攻擊時啟動它，利用巨量資訊傾倒擊垮一個網路或網址。[62]

中國軍事科學院孫柏林少將寫說，美國太依賴「資訊高速公路」，而它們容易遭到「電子隔離系統」（electronic incapacitation system）攻擊，電子系統、民航系統、交通網、海港、電視台、電信系統、電腦中心、工廠和企業都會受到阻擾或摧毀。[63]北京系統工程研究所前任資深工程師張夢雄（Chang Menxiong，音譯）在《二十一世紀武器和軍隊展望》中寫說：太空衛星、空中預警暨電子作戰飛機，以及地面指揮所的攻防，將成為重要的作戰形式。」[64]

中國發展殺手鐧先從能夠癱瘓偵察系統、陸基電子基礎設施或美國航母的武器開始。它們包括電磁脈衝武器（electromagnetic pulse），可以複製核子彈爆炸的電磁效應，搗毀所有的電子儀器。近年來，中國已在老鼠、兔子、狗和猴子身上測試電磁脈衝。它也在研究高功率的微波武器，張夢雄說是要「摧毀敵人電子設備」。[65]不妨想像一下，電腦病毒和釋放電磁脈衝的武器把美國的電腦、手機和國內空中交通指揮中心，以及戰場上的戰鬥機和精靈炸彈的指揮控制機制統統破壞掉後，第三次世界大戰要怎麼打？

請看解放軍官方報紙下面這段話：

> 有人或許認為信息時代不會再發生類似「珍珠港事變」的事情。可是，若是藉由……電磁脈衝武器對敵之指揮控制和通訊重要信息發動奇襲，就可視為二十一世紀的「珍珠港事變」……即使像美國這樣的超級大國，擁有核子飛彈和強大軍力，也不能保證免疫……用他們自己的話說，像美國這樣高度電腦化的開放社會極端脆弱，易受來自各方的電子攻擊。這是因為美國經濟，從銀行到電話系統、從發電廠到鋼鐵廠，全都依賴電腦網路……一個國家經濟上和科技上愈來愈強大時……它將愈來愈依賴現代信息系統……美國比世界上其他國家更經不起攻擊。[66]

中方認為美國另一個嚴重弱點是它依賴太空衛星。衛星有一部分依靠空中拍攝敵軍陣地和監聽無線電和電話通話來蒐集情報。它們也被用來指引無人飛機、巡弋飛彈和其他導引武器。這就是為什麼負責美軍在中東軍事行動的中央指揮部，可以設在佛羅里達州譚帕（Tampa）的原因，也是檀香山的美軍太平洋指揮部，可以與跨一億五百萬平方英里海域的艦隊及其他部隊通訊聯繫的原因。二〇〇四年，美國把十二個航母戰鬥群當中的七個派到中國附近海域，展現壯盛軍威，但是若非頭頂上太空中的通訊和情報衛星，每個戰鬥群不能相互通訊。

過去二十年，中國已打造一些殺手鐧武器摧毀或使這些衛星失效，包括一種陸基雷射，可把美國衛星弄瞎或炸掉。它也開始建造「寄生微型衛星」（parasitic microsatellites）。顧名思義，這種小型設施可以攀附在美國衛星身上，或是癱瘓美國衛星，或是劫持它蒐集的情資。中國其他微型衛星也可以透過電子干擾、啟動電磁脈衝，或把衛星擠出軌道等方式做掉美國的衛星。[67]

中國另外研發陸基反衛星飛彈，直接把衛星從天空中擊毀。二〇〇七年，中國測試成功，用這種武器摧毀一枚中國已失去作用的氣象衛星。五角大廈一份報告說：「這項測試引起許多國家關切，它造成的廢棄物雲使所有太空國家的資產陷入危險，也對載人太空飛行構成危險。」[68]美國海軍戰爭學院瓊安·詹森—佛利斯（Joan Johnson-Freese）注意到，中國的測試「因動能衝擊（kinetic impact）產生了三千多塊廢棄物，它們將在未來數十年內在相當擁擠的地球低軌軌道飄浮、飛行。這是不負責的行為。」[69]

中國反衛星測試還有令人困擾的另一面，就是它不透明。美國國家安全會議發言人在中方測試後表示：「中國並未解釋這項武器測試的意向，它也沒有表明未來是否還計劃測試。」他又說：中國並沒有說明這項測試「如何吻合它反對太空軍事化的公開立場」。[70]

這次測試最令人不安的或許是美國情報機關事先完全不知情。五角大廈在前三年呈給國會的中國軍力報告中，國防部長年年都報告說，解放軍「唯有」以「核武器」才能打下美國衛星。[71]《華盛頓時報》報導，這次測試「觸響警報」，曝露「重大戰略罩門」，而且某些美國國防官員「說美國情報出現重大疏漏，不知道中國已有或正在發展其他可以癱瘓美國衛星的太空武器和能力；而美國的衛星處理約百分之九十的軍方通訊，以及情報和飛彈導引」。[72]

中國繼二〇〇七年測試後又進行後續測試，包括二〇一三年測試陸地發射的反衛星飛彈，美方官員指它偽裝為太空探勘的火箭。[73]同年稍後，中國軍方又發射三枚可攻擊美國衛星的衛星，美方官員形容它是中國「星際作戰」計劃的一部分，值得「美國國防嚴重關切」。[74]解放軍也發展一堆其他武器和干擾器，可擾亂或消滅衛星的通訊能力，它們可能包括雷射、微波武器、粒子束武器（particle beam weapons）和電磁脈衝武器。[75]

除了依賴衛星，美國軍方另一個弱點是依賴漫長的補給線供應彈藥、燃料和其他基本作戰物資。第一次波斯灣戰爭，美國海軍每天要用一千九百萬加侖的汽油，所用彈藥是韓戰的二十倍。若無開放的海上航線，這是不可能的；可是海上航線極易遭受潛水艇、水雷、魚雷和航母殺手飛彈等不對稱武器攻擊，而這些武器中國全都有了。或許是因為它能夠威脅美國的海上航線，中國的海軍研究院（China's Navy Research Institute）認為潛水艇是二十一世紀最重要的軍艦。

中國也在研發殺手鐧以對付美國的空中優勢。美國軍機配掛的AGM-88高速反輻射飛彈（HARM），是用來保護這些軍機的。美軍在地對空飛彈把他們擊落以前，利用HARM

飛彈追蹤來襲的地對空飛彈的導引雷達並把防空飛彈陣地給摧毀。美軍的空軍優勢十分仰賴HARM，但是中方已經製造裝了數千個微型發射器的黑盒子，它可以在HARM使用的頻道上發出一萬個訊號，以偵測地對空飛彈。中國或許還未完善它的技術，但它若是成功了，黑盒子可讓HARM以為有一萬零一枚飛彈朝它而來、而需要鎖定它們——有一萬個假訊號蜂擁而來，幾乎不可能找到真的那顆。

台灣一旦發生海上衝突，殺手鐧將扮演重要角色，因為它們是中國用來挑戰美國更大、科技更先進的海軍最好用的手段。為了擊敗美國艦隊，中國已建造岸基飛彈和飛機，根據《海軍戰爭學院評論》（*Naval War College Review*）的一篇文章，它們「被認為是技術有限的開發中國家，可用不對稱手段來克服它在傳統作戰能力上的劣勢的一種方法」。中國的東風—21型（CSS-5）彈道飛彈可以打到離其海岸一千五百英里以上的航空母艦，中國的超音速、精準導引巡弋飛彈可以命中一百八十英里以外的目標。《海軍戰爭學院評論》報導：「它們可以裝上傳統、反輻射、熱壓彈（thermobaric）或電磁脈衝彈頭，或甚至核彈頭」，而美國的神盾飛彈防禦系統「無法有效對付這些超音速巡弋飛彈。」[76] 五角大廈報告，中國「已長足提升它愈來愈精確和致命的彈道飛彈和長程攻擊飛機的力量」，而且它目前已有足夠的飛彈可以消滅美國海軍每一支航空母艦戰鬥群。[77]

中國其他殺手鐧武器包括針對航空母艦的火箭推進水雷；它還有數千架老舊噴射戰鬥機，可以改裝為無人駕駛、遙控、神風特攻隊式的炸彈，而且配載更多油箱和炸藥。北京也正在研發它號稱的「神奇武器」，如戰術雷射武器，它可以癱瘓反艦飛彈防禦系統。中國日益增多的潛水艇也在配備蘇聯製的颱風（Shkval）火箭魚雷。暴風火箭魚雷射程七千五百碼，快如閃電，時速兩百三十英里，可以擊沉戰鬥群。美國目前還無具體方法可防禦這種魚雷。[78]中國軍方刊物《軍事文摘》二〇〇一年有一篇文章討論「海上布雷、及時干擾和電子混淆、潛艇伏襲、以導引飛彈集中突襲，以及其他出其不意的奇襲」如何可以摧毀美軍艦隊。[79]

簡而言之，不論是和敵人陸、海、空哪個軍種作戰，五角大廈說，中國的「作戰理論」是「摧毀敵人指揮系統；癱瘓敵人信息系統；摧毀敵人最先進的武器系統；癱瘓敵人支援（後勤）系統；不使敵人從技術優勢增長其綜合效能（synergies）」。[80]用中國人的比喻來說，北京的戰略就像武俠高手以點穴法擊倒強敵。美國人比較熟悉的希臘神話也有類似的故事，即蓋世英雄也有不堪一擊的弱點。過去二十年，中國已在打造強弩，要找出美國的阿基里斯之腱。

二〇一三年某些鷹派在北京告訴我，他們沒辦法清楚估量美國對歐巴馬總統所謂的「亞太再平衡」或「重返亞洲」戰略究竟多麼嚴肅看待。[81]他們似乎擔心中國是否可能誤判，以及美國是否會對殺手鐧計劃反應過度，而建造更強大的軍隊來對付中國。中方人士說，美國如果按照目前計劃繼續裁減國防經費，要在未來十年削減一兆美元，它就不會有錢搞「再平衡」。我坦白告訴他們，美國是否會增加國防預算以對付中國，是很難預料的。

第八章

資本主義迷霧
——陽奉陰違的經濟戰略

「順手牽羊。」——三十六計

早期美國的經濟戰略

二〇〇五年，一名中國投奔自由者，我姑且稱她為「唐小姐」，為我們證實了中國馬拉松策略的經濟部分：與美國競爭、並超越美國成為領先全世界的經濟大國。中國共產黨高級幹部（至少是副部級以上）要到北京市區的中央黨校接受戰略訓練。這群人包括未來的軍方將領，完成課程是升遷所必要求的條件。課程包括研究古代歷史教訓。更重要的是，唐小姐敘述，老師採用至少六本有關美國如何在短短兩百年內成為世界最大經濟體的專書之中文譯本，學員要研究中國如何效法美國，而且步伐要更快。[1]

她說，核心的思想來自於達爾文，尤其是有關美國政府以什麼方法在一八四〇年至第一次世界大戰期間支援企業，以超越德國和英國。課程告訴學員說，這是美國成就霸業的重要關鍵——中國若要超越美國，就必須善加學習。她說，這門課程檢討了約二十個案例，它們討論中國領導人如何學習及運用美國不同產業許多公司的歷史教訓，尤其著重美國政府扮演的戰略角色。

課堂上研究的美國戰略包括保護國內市場、財務補助國內公司，與鼓勵出口。課堂檢討美國執行反托辣斯措施以增強競爭的作法，這也是中國模仿美國的另一個例子。美國證券管理制度吸引許多投資人注入資金，使美國成為世界最大、最有效率的市場之所在。她又說，最大的教訓就是政府扶植的產業擴大了美國市場的整體規模。十九世紀和二十世紀初，美國一部分透過補貼促進大企業增加市場。中國共產黨幹部學到美國偷竊自動化、漸進式的碾磨技術，一車又一車的小麥和燕麥經過此加工，製成麵粉和麥片。她邊笑邊看著我，第一家採用從歐洲偷來的技術生產麵粉之美國公司，就是我的本家成立的皮爾斯布雷公司（Pillsbury Company）。[2]美國政府也協助安海瑟・布敘（Anheuser-Busch）啤酒公司以及可口可樂等公司在國外設廠。我曉得她說的有部分是事實。

課堂上教說，美國政府在一九〇〇年促成合併後，美國藉由新技術在造紙業上趕過德國，成為全球第一。同樣的，在鋼鐵業方面，美國政府也在一八七九年協助安德魯・卡內基（Andrew Carnegie）成為鋼鐵業第一個霸主。接下來，美國人又透過取得歐洲技術控制銅和鋁的生產。一八八〇年代，美國更主宰了橡膠和石油業。[3]固特異（B. F. Goodrich）在美國政府協助下成為輪胎業大王。

第一次世界大戰之前，美國人幾乎完成他們從歐洲奪取世界領導地位的戰略目標。奇異公司（General Electric）在一八九〇年代中期成立，就是這個故事的一部分，它也是美國政府培植來搶奪德國西門子（Siemens）、德國電器（Allgemeine Elektricitäts-Gesellschaft，即 General electricity company，簡稱AEG）等公司地位。奇異公司從西門子和德國電器剽竊點子，成立融資公司，接受它提供設備的電力公司以股份清償債務。

故事的第二階段，也就是她所謂的第二波，從一九一四年至一九五〇年，美國人主宰了汽車、電子和製藥等新產業。美國政府對通用汽車特別親善，協助它發展柴油火車頭，使得歐洲所用的蒸汽火車頭過時。她也說，美國政府支持五家美國石油公司贏過英國石油（British Petroleum）和荷蘭皇家殼牌（Royal Dutch Shell）取得外國石油蘊藏。她說，中國共產黨領導人學到美國人是如何利用德國製藥公司的專利技術生產阿斯匹靈、抗生素和麻醉藥諾佛卡因（Novocain）。

第二次世界大戰之後，美國政府對其大型企業援助的「第三波」集中在主宰航太工業和石化工業上。杜邦公司（DuPont）可能透過恫嚇手法，從英國帝國化學公司（British Imperial Chemical Industries）取得聚合物的專利權。[4]唐小姐也談到美國政府在培植新製藥產品的角色，例如，默克公司（Merck）在一九四二年首度行銷量產的青黴素（即盤尼西林）。

我請問她，課堂上是否用過「馬拉松」這個字眼。她說是的，而且我應該在中央黨校書店找到《創新馬拉松：從高科技公司學到的教訓》（*Innovation Marathon: Lessons from High-Technology Firms*）的翻譯本。果然是有，英文原版書在一九九〇年由牛津大學出版社出版，作者為瑪麗安妮・吉利梅克（Marianne Glimek）和克勞蒂雅・博德・舒諾佛（Claudia Bird Schoonover）。她說，另一本談論馬拉松概念的書，是《電腦戰爭：西方如何在後IBM世界得勝》（*Computer Wars: How the West Can Win in a Post-IBM World*），作者是查爾斯・莫理斯（Charles R. Morris）和查爾斯・佛格森（Charles H. Ferguson）。[5]

我再問，那麼美國是否可以作為拯救蘇聯式國有企業的樣板呢？她連聲說不。除了田納西流域管理局（Tennessee Valley Authority）*以外，美國並沒有這類型的公司。她說，中國這方面策略的點子全都來自世界銀行。我們的簡短對話竟然談了一個多小時。我筆記本寫得密密麻麻。現在該去拜訪世界銀行北京辦事處其他經濟學家了。

從「打麻雀運動」到「四個現代化」

中國領導人在過去三十年讓全世界相信，中國走向經濟自由的道路，充滿了私有財產權和自由市場。《時代》雜誌和《新聞周刊》的封面誇讚中國「走資本主義道路」，西方式的民主即將開花結果。中國自從一九七八年以來積極追求現代化，在世界銀行及西方其他機構協助下，取得輝煌的成績。中國一連三十多年經濟幾乎持續不斷增長。儘管這段期間中偶有小起伏，中國經濟增長率約為全球平均值的三倍。自從二〇〇一年以來，中國年度增長率平均為百分之十・一。一

* 譯注：田納西流域管理局是美國聯邦政府於一九三三年成立的公司，由聯邦政府所有，旨在為受到經濟大蕭條衝擊慘重的田納西流域地區提供航行、洪水控制、發電、灌溉、經濟發展的服務，利用聯邦的專家與電力以刺激當地的經濟發展。

九八〇年，中國的名目GDP約七百億美元。到了二〇一一年，它已增加到超過七兆美元。[6]一九八〇年經濟仍落後的中國，現在號稱全球第二大經濟體，僅次於美國。九十五家中國公司名列二〇一四年《財星雜誌》全球五百大企業榜單。[7]其中五家更躋身前五十名。[8]而二〇〇〇年時，一家也沒有。中國現在是全世界最大的汽車製造國、最大的能源使用國，二氧化碳排放量也是世界第一。[9]儘管努力抑制人口增長，它仍然是世界人口最多的國家，有十三億五千萬人。[10]

說它是經濟奇蹟絕不為過。包括美國在內的西方國家厥功甚偉。媒體和政治評論員稱讚中國朝向資本主義、自由市場經濟邁進，但其實事實遠非如此。到二〇一四年，中國仍有約一半經濟掌握在政府手中，距資本主義已經在中國落地生根的神話，已經過了數十年。

根據絕大多數西方專家的說法，這要歸因於溫和的改革，以及願意人為壓抑人民幣幣值，才能保持低廉勞動力、低廉製造成本，以及削價與西方競爭。[11]可是，加速中國增長最重要的因素根本不是改革，而是政府決心補貼國有企業——國有企業仍占中國GDP的百分之四十。[12]這些國有企業——北京政府機關通常稱之為「國家冠軍」——是百年馬拉松的重要功臣。儘管它們效率不彰，它們卻成功地削價對付西方競爭者，有助於促進中國經濟崛起。[13]對強悍的重商主義如此支持，可以追溯到中國古代，戰國時期各國亦以國家控制的經濟做為戰爭的延續。

中國的經濟仍然很費解。世界著名的經濟學家也承認搞不清中國的經濟制度究竟是怎麼運作的，這也是為什麼中國能夠宣稱他們正往經濟自由化邁進，卻沒有受人細加檢查或反彈的原因。

諾貝爾經濟學獎得主羅納德・科斯（Ronald Coase）和他的學生王寧在二〇一三年提出警告：「我們對中國的市場改造還有很多不明白的地方。甚至，有許多報導根本與事實不符。」[14]他們引述一些令人驚訝的例子，指出中國領導人隱瞞他們的策略，欺騙外國領導人他們正在追求更私有化的自由市場。[15]其他學者也指出中國持續編造中國「朝向資本主義前進」的策略，意在助長西方一相情願的想法。

中國在一九九〇年代初期內部評估，發現其GDP將在二〇二〇年左右超過美國之後，趕緊在其他會議刻意淡化它的增長前景。為什麼中國要隱瞞它三十年經濟增長成就的戰略元素呢？為什麼要誇大朝向自由市場進展呢？答案很簡單，以史為鑑的北京領導人深深知道，他們得藉由散播令人安心的訊息，並且隱瞞會啟人疑竇的訊息，來消除對手的敵意。如果中國將內部評估二〇二〇年將會超過美國的消息敲鑼打鼓地宣布，可能讓霸主警覺而企圖圍堵。因此，面對外國人時，中國必須一口咬定它前途多舛、顛簸難行。

近年來，少數西方分析家已挑戰中國領導人大力宣傳的這個形象。[16]他們看到中國採取赤裸裸的重商主義策略、補貼關鍵產業，並由政府指導收購外國天然資源和能源儲藏的所有權，這是出於深怕全球石油及天然氣的生產即將達到頂峰的恐懼心理。在他們想法裡，在未來數十年無可避免，必會因天然資源而爆發戰爭。因此中國必須向海外購買資源、儲存在國內，並且阻礙他國取得稀有資源。[17]

許多中國戰略家遵奉石油生產已達頂峰的理論：也就是能源供應很快就會下降，價格因而會飛漲。根據這個角度，世界就像圍棋棋盤，必須力爭銅礦、石油和鋰等資源，而且不能讓競爭對手搶到。中國社會科學院一位分析家的說法，反映出對中國地緣戰略挑戰的許多分析常見的焦慮。他寫說：「面對全球能源供應短缺的挑戰，未來中美之間無法避免意見不一致和衝突（尤其是在石油問題方面）。」[18]王祥林（Wang Xianglin，音譯）寫說：「專家分析指出，中國將在二〇一五年面臨石油巔峰：也就是石油生產將由盛而衰。過了石油巔峰後，中國將面臨一個巨大問題：石油、天然氣的短缺加劇；石油消耗將愈來愈仰賴進口。」[19]

外界還未因中國的積非成是而亮起警號，中國的假說法反而大多被接受。許多人認為毛澤東下令殺死所有麻雀的荒謬決策模式已經改弦更張，現在已被用來命令擁抱自由企業以及遵守國際規則的貿易政策。中國領導人曉得當年他們一自吹自擂就令蘇聯起了警惕之心而與中國疏遠，導致莫斯科切斷給中國的一切援助。他們要避免重蹈覆轍、冒犯西方，因為他們學到了教訓，不能再犯殺光麻雀的運動。他們要設法讓西方領導人相信，中國現在要像西方一樣。

麻雀和老鼠、蒼蠅、蚊子並列「四大害」，毛澤東認為它們對中國的衛生以及經濟發展構成威脅。一九五八年的麻雀戰役是大躍進運動的一部分，源自於毛澤東拚命想讓中國的農村經濟提升到二十世紀的水準。毛澤東和他的高級顧問認為，麻雀吃掉太多可以用來餵飽老百姓、促進人民公社和群眾工業化的穀物，而它們正是提振中國經濟、趕上西方水平所必需的東西。全國農民分散到各地搗毀雀巢、打破鳥蛋，敲鑼打鼓驅趕麻雀。這項戰役十分成功。到了一九五九年，麻雀在中國幾近絕跡。

中國當局沒有料想到的是，除了穀物，麻雀也吃各種昆蟲。往後幾年，少了麻雀吃蟲，換成大量的蝗蟲侵襲作物，再加上嚴重乾旱，災情一發不可收拾。一九五八年至一九六一年期間，三千多萬中國人死於饑荒。共產中國要提振經濟以與西方匹敵的第一次重大實驗，以慘敗收場。

鄧小平於一九七八年成為中國「最高領導人」，想到中國在毛澤東治下的經濟落後，他決心要走不同的經濟路線。[20]鄧小平認為，沒有強勁有力的民間部門，中國絕不能成為有高度競爭力的全球大國。他開始推動重大改革，逐步脫離傳統的馬列主義。這些改革歸納為「四個現代化」，專注在農業、工業、國防和科技四大領域的革新。最重要的就是結合國家計劃和市場力量，為「有中國特色的社會主義」服務。

今天，大多數外國人認為，毛澤東時代的專政體制已經改頭換面，成為遵守國際規範的自由企業和貿易政策。由於許多國際金融家、學者和智庫專家輕易信以為真，「中國將會愈來愈像西方」的說法就此流傳。但是，如何仔細檢視中國的經濟，我們就能察覺另有玄機。

世界銀行與鄧小平的密謀

二〇〇一年十月，五角大廈准許我兼差；我加入新成立的美中國會委員會（U.S.-China Congressional Commission），擔任它的第一任「資深研究顧問」。委員會成立的宗旨是，要在聯邦參議院爭取更多議員支持允許中國加入世界貿易組織的法案。我們的使命明訂在成立此一委員會的法案中，它說：我們要設法確知中國的經濟政策對美國國家安全有何影響。民主黨議員特別懷疑中國加入世界貿易組織的用意，以及主張自由市場人士經常說的「貿易必然會促使中國民主化」的說法。

委員會主席和我都聽取中央情報局的簡報，簡報強調兩點，不幸事後證明都大謬不然：第一，中國正朝自由市場經濟前進，將會脫售所有的大型國有企業；第二，中國沒有機會在經濟上超越美國，即使真的超越──就說在二一〇〇年超越好了──屆時中國也將是自由市場、愛好和平的民主國家──至少按照《紐約時報》專欄作家湯馬斯．佛里曼（Thomas Friedman）所鼓吹、當時頗流行的「防止衝突的黃金弧形理論」（Golden Arches Theory of Conflict Prevention）確實會這樣。佛里曼在他的著作《凌志汽車和橄欖樹》（*The Lexus and the Olive Tree*）提出這個理論，聲稱「國內都有麥當勞的兩個國家，相互不會打仗，因為它們都有麥當勞。」[21]

接下來我們要飛到北京，訪問中國官員。

我們搭乘的波音七四七民航機幾乎是空的，空中小姐神色也很緊張——這是九一一恐怖攻擊事件後還不到一個月的時候。美國人擔心害怕是對的，但是他們擔心的對象卻錯了。他們應該更擔心我們正要飛去參訪的國家。

中國在一九五〇年代是全世界最貧窮的國家之一。它當時的人均GDP還不如歐洲和美國在一八二〇年代的水平，當時歐、美還處於工業化的初期階段。即使到了一九七五年，中國的人均所得還排在全世界最貧窮之列。[22]然而，短短幾十年之內，中國的經濟狀況巨幅改善。中國的增長很快就爆增為美國的五倍。

二〇〇一年，各方普遍認為中國經濟兩位數的增長率無法持續下去。我們收到的中央情報局機密簡報，反映絕大多數經濟學家所做的評估。美國對中國經濟的評估幾乎全都悲觀。大家都說，中國的勞動力既貧窮、教育程度又低。相對於它的人口規模，中國的本土天然資源不多。它依然深陷於過時、破產的馬列主義意識型態當中。數十年來，共產中國沒有幾個創業家。政治官僚根本不懂現代商業行為或堅實的經濟管理知識。一般認為百分之十以上的增長率不可能持續數十年之久。西方沒有任何大國有過如此高的增長率，即使處於工業化巔峰的美國也不曾有過。一般認為更遲緩的年度增長率無可避免。中央情報局某位經濟學者後來向我道歉：「我們的模型錯了。」

今天，對於中國崛起的假設已經完全反轉。沒有一家嚴肅的金融機構會相信中國將長期小於美國的規模。根據許多著作的流行說法，中國的增長是經由「摸著石頭過河」達成的；這是鄧小平經常對外國訪客講的一句中國俗諺。[23]這句話的意思是，中國並沒有一套全面的戰略計劃，只是邊做邊試驗，幸運找到可行的方法。中國領導人經常用這句俗諺解釋中國近乎神蹟的經濟崛起。[24]

然而，這種見招拆招、隨機應變的理論只是部分真相。事實上，它巧妙地化解掉批評，保護中國發展策略真正起源和目標之機密。

談到達成全球經濟霸權，鄧小平借重道家哲學的「無為」精神，也就是「借力使力」。鄧小平務實地體會到，在一九四四年布瑞登森林（Bretton Wood）所訂定的二戰之後全球經濟秩序中，光靠馬列主義教條是不夠的。要趕上美國及其他高度開發國家，中國需要加入世界貿易組織，並從國際貨幣基金和世界銀行取得貸款。中國的這些企圖，西方各國政治、政府和企業領袖無不全力配合。

中國這樣一個共產主義國家會願意接受加入世界貿易組織的條件嗎？美國政府許多人不無疑慮。因此，中國申請加入世界貿易組織足足花了十五年的工夫，而且它簽訂的新會員入會協定規範最為詳盡——比如，與前幾年印度的入會協定相比形成強烈對比，後者沒那麼多嚴格要求。中國知道，「入世」可以帶來極大好處。但是美國人會讓它加入嗎？中國在二〇〇一年「入世」時，同意接受世界貿易組織的規定：會員國政府不得以直接或間接方式影響其國有企業。[25]

可是，中國並沒有遵守承諾。中國所有的國企都為國家目標效力，而非反映市場力量；而且共產黨也肆無忌憚指示國企做投資。假如某家中國礦業公司奉命在阿富汗或安哥拉開礦，以擴張中國的政治足跡，它即使虧本賠錢也必須全力以赴。[26]

我稱之為李小姐的中國投奔自由人士，從她接觸的祕密會議蒐集到一些詳盡的實例，告訴我們從一九九五年至二〇〇〇年，中國是如何造假以說服美國國會賦予中國永久正常貿易關係的地位，為它加入世界貿易組織鋪了路。李小姐揭露，中國領導人的策略是不怕一萬只怕萬一，盡全力協助支持中方的人士，並掩蓋洩露他們有重商主義經濟策略的訊息。他們推理，如果美國國會發覺在可預見的將來——即使不是永久——休想有自由市場，就不會獲得表決支持。他們發動一項宣傳和間諜戰，其精細程度沒引起美國情報圈任何人懷疑。她詳細說明中國如何研究美國的政治斷層線，善加利用美國外交政策圈內的派系分歧，利用毛澤東在一九三〇年代一篇分析政治歧異的舊文章做為參考指南。[27]中國當時發出來的關鍵訊息是，逐步淘汰國有企業、陸續推出自由市場政策、不會操縱人民幣匯率、不會累積巨大的貿易順差，美國的創新和智慧財產當然會受到尊重。以上全是世界貿易組織要求會員國必須遵守的規定。另外，在辯論中國加入世界貿易組織的過程中，「中國倡議」（China Initiative）未能說服柯林頓總統在交涉中附加條件，以影響兩、三千名中國政治犯的命運。

最終，美國眾議院在二〇〇〇年五月二十四日，以二三七票贊成、一九七票反對，表決通過美中貿易正常化。[28]參議院在九月十九日跟進，以八十三票對十五票通過。[29]

中國施展無為與借力使力最典型的例子就是，中國向西方借技術開發股票和債券資本市場、共同基金產業、年金、主權基金、貨幣市場、引進外資、國際主義的中央銀行、房屋貸款和信用卡，以及剛萌芽的汽車工業，這些全都得到世界銀行等國際組織和高盛（Goldman Sachs）等民營公司的積極參與指導。同時，共產黨若沒有故意視若無睹，也會公然批准和鼓勵目無法紀的祕密活動去竊取技術和西方的智慧財產。仿冒成為占中國GDP百分之八的重要經濟活動。[30]

林毅夫是中國高階經濟顧問，二〇〇八年出任世界銀行首席經濟學家。透過他的作品和演講（有許多是英文），我們可以了解中國經濟戰略的出發點。[31]他的可信度無懈可擊。我一九七一年在國立台灣大學研讀兩年時就聽過他的大名，當時他當選學生代聯會主席。十年後，他叛逃到中國大陸，進入北京大學取得政治經濟學碩士，再到芝加哥大學深造並取得經濟學博士學位。林博士回中國後，是中國如何改造其蘇聯式國有企業的重要顧問。[32]

林毅夫對中國經濟崛起的描述十分驚人：鄧小平說市場經濟是中國競爭力計劃的核心，這個說法長久以來過度簡化中國繁複龐雜的戰略。林毅夫就中國經濟戰略寫了三本相當坦誠的專書，聲稱這些戰略有兩個主要來源：一是中國古代歷史，一是世界銀行。[33]這些論點至少得到其他一位叛逃者的證實。這位人士對世界銀行的角色提供更多的細節，也說明美國的自由市場派人士如何弔詭地提供借鏡，而中國利用它們來鞏固其重商主義作法。林毅夫的觀點，即中國是有大戰略，和中國最權威的美國問題專家王緝思的觀點南轅北轍。王緝思是牛津大學博士、某間位於北京、聲譽卓著的研究機構的負責人。他和鄧小平一樣，經常主張中國沒有大戰略，過去三十年就這麼跌跌撞撞地走過來。王緝思於二〇一一年在《外交事務》雜誌上發表專文〈中國追尋大戰略〉（China's Search for a Grand Strategy），主張任何人堅稱中國有戰略就錯了，有可能是他們別有用心的反華動機的產物。[34]同樣地，鄧小平直到一九九七年過世之前對還對訪客說，中國沒有通盤的經濟戰略。[35]

一九八三年，世界銀行總裁克勞森（A. W. Clausen）訪問中國、拜會鄧小平。他們兩人祕密協商好，世界銀行將派一組經濟學家研究中國經濟，前瞻未來二十年，建議中國如何追上美國經濟的方案。在這段期間裡，世界銀行對外發布少數報告，含糊的提到中國需要走上自由市場經濟。[36]私底下，世界銀行經濟學家卻提出不同的建議方案，它們說明中國如何能夠超越美國。很顯然，世界銀行並沒有建議隱瞞意圖並假裝中國要走資本主義道路。它是中國自己決定的欺敵戰略。

一九八五年，世銀專隊祕密地指出，中國可在二〇五〇年以前追上已開發國家。要達成此一目標，中國需要維持每年至少百分之五．五的高度增長率。過去只有日本曾經像中國一樣經濟落後、卻急起直追趕上美國及其他開發國家的實例。世銀建議，中國若採行某種策略，或許可以追上。沒有其他國家嘗試過，但有些國家試行過一部分辦法。[37]

世界銀行指出，中國的儲蓄率非常高，中國若能做到生產力提升——特別是透過研發科技——再加上抑制人口成長，這個大膽的目標可以達成。世銀私底下提出六點建議，但它沒有向外界公布，這是因為銀行做了政治上相當敏感的決定，支持中國的社會主義方法，而非誠心支持真正的市場經濟。第一個建議是，在一九八五年之後二十年，中國需要改變其出口組成，逐漸增加工業產品的比例，尤其是高科技產品。第二，世銀警告中國領導人不要過度向外舉債。第三，世銀經濟學家警告說，中國應該鼓勵外人直接投資僅限於高科技和現代管理技術領域。第四，把外資和合資企業從經濟特區推廣到更多地方。第五，分期淘汰外貿公司，讓每一家國企自設外貿部門。第六，應該定期制訂全國經濟的長期架構。[38]

到了一九九〇年，世銀派駐在外最大的參謀團隊就在北京。中國沒有對外透露世銀的幕後角色，但是對這個國際機構的建議幾乎是言聽計從、照單全收。彼得・哈洛德（Peter Harrold）是世銀駐北京首席經濟學家，參與一九八四年研究甚深的華而誠是他的助手。多年後有位中國副部長告訴我，華而誠是中國經濟奠基祖師之一，可是在中國經濟學圈子外名氣不大。我所認識的人，沒有一個聽過華而誠這號人物。*

蘇聯崩潰之後，中國經濟學家辯論是否該仿效俄羅斯和東歐的例子，把國有企業快速私有化、解除物價管制。雖然美國官員當時不知道，有些具改革意識的中國官員想遵循俄羅斯的私有化模式。中國再度站在一個十字路口上。美國的中國問題專家在天安門事件之前已錯失辯論，坐視中共兩位領導人因改革派主張遭到罷黜。然後，美國決定不支持流亡巴黎的中國異議人士。柯林頓總統顯然根本不知道有這個辯論的存在：中國究竟該走向自由市場和私有財產，還是成立許多政府控制的公司，讓它們從事偷竊技術、仿冒和蒐集情報，以便勝過美國？

如果我們早知道，明智的話就該支持那些要走真正自由化道路的人士，但是比較強硬路線的聲音，如日後出任中國人民銀行行長的周小川，這一派勝出。周小川早早就與世界銀行結盟，對中國的馬拉松戰略貢獻很大。我們後來才知道，一九九一年蘇聯崩潰後，有些有影響力的中國政治人物想走俄羅斯的改革模式。我們當時可以支持這一派人士，而反對周小川這一派。但是我們當時並不知道有此一祕密辯論。

周小川不打算進行私有化和政治改革。他和他在世界銀行經濟學家中的盟友建議維持黨對增進國企獲利策略的控制。周小川替世界銀行寫了一份機密文件，詳述他摒棄西式市場導向經濟及俄國、東歐改革正面經驗教訓的計劃。周小川和世銀中國部門負責人哈洛德聯手設計一套新策略，以改革中國低效率、組織混亂、經營散漫的國有企業。它們虧損累累，得靠政府控制的銀行

* 譯注：華而誠，台大經濟系畢業，美國康乃爾大學經濟學博士，曾任職國際貨幣基金及世界銀行。在世銀任職期間，自一九九二年至一九九七年擔任世銀駐中國代表處首席經濟學家，協助中國推動經濟改革計劃。二〇〇二年至二〇〇六年在台灣世新大學客座，兼任經濟系主任。

體系直接融資而存活。[39]他們的整個構想就是保住恐龍，把它們改造為「國家冠軍」，這是前人從來沒試過的事。

經過仔細研究後，中方和世銀經濟學家決定不搞私有化和政治改革。他們共同決定，最穩定的經濟成長道路是維持社會主義經濟政策及中國共產黨對政治的壟斷。他們摒棄私有化有一部分理由是，他們估計中國工業國企總值為人民幣兩兆元，而全國人民總儲蓄估計僅有一兆元，因此中國人民根本不可能投資、成為國企所有權人。中國因此不採取將蘇聯式國企私有化的道路。農村也不會有私有財產。即使到了二〇一四年，中國六億農民也未擁有自己的土地。

茅于軾二〇一三年獲得美國卡圖研究中心（Cato Institute）頒予二〇一二年米爾頓．傅利曼促進自由獎（Milton Friedman Prize for Advancing Liberty）時，揭露這段辯論的部分內情。[40]如果美國官員早知道溫和的自由市場派和鷹派之間有這番衝突，或許華府會有不同的政策決定。

國營企業的成與敗

一九九〇年代初期從事金融業的西方人士或許只能舉出青島啤酒是一家中國知名公司。今天，不少世界著名公司是中國公司，而且還是國有企業，譬如中國石油化工、中國銀行、中國電信、中國移動以及華為。雖然許多國家都有國企，它們通常設計來動員經濟資源提供給攸關國家經濟福祉的產業，因為他們認為自由市場不能確實提供這些福祉。

中國把這個概念發揮得更極致，以南韓和日本的財團模式擴大組建國企。按照中國的國企模式，共產黨設立國企並訂定它的戰略宗旨。其目標為促進國家利益，標準作法是為四個現代化之一服務。中共中央選派國企所有的主要經理人，許久經理人來自情報機關或解放軍。隨著國企向前發展，這種關係持續延伸。中國的國有銀行偏愛國企，不太理睬私營企業。這些「國家冠軍」有了雄厚的資金注入，被鼓勵到海外購買技術及取得原料。種種的政府補貼固然造成效率不彰、滋長貪腐，卻讓中國公司面對西方對手時有極大的競爭優勢。[41]財星全球五百大企業英雄榜上將近一百家中國公司，幾乎全都是國有企業。

世界銀行和國際貨幣基金這兩個通常支持民間部門的國際機構，在面對中國時竟然完全改頭換面，承認中國官方要求國企保護中國政府利益的規定。這已違反中國當初的承諾。世界銀行甚至還在一九九三年發出一封密函警告說，如果國企不能改善、並轉虧為盈，中國其他改革將付諸流水。[42]世銀的想法是將它們「法人化」，意即放鬆國家控制，讓一些體質差的國企倒閉或解散，其他則可以藉由整併許多小型、虧損公司而成為少數幾個大型、有盈餘的公司。這是十年之後所謂「國家冠軍」體系的開端。

世界銀行建議中國進一步加深改革，中國也從善如流。世銀建議成立類似自由市場中的共同基金的投資組合控股公司（portfolio holding companies）。所有建議當中最令人震撼的一項是，應該成立證券交易所來出售國企的股份。(股市是民間公司交易的場所，不是政府機關套現的所在。)這項安排美其名為部分私有化。中國再度遵循躲在幕後的世銀的藍圖。雖然美國、歐洲和日本在天安門事件後都對中國實施經濟制裁，世銀卻悄悄地協助中國。中國另外亦接受世銀建議，建立相等於美國聯邦準備理事會的制度。[43]

從二〇〇三年起，中國官員開始討論建立「國家冠軍」。他們擬訂一個祕密計劃，要補貼五十家公司，期望它們在二〇一〇年以前能躋身財星雜誌全球五百大企業之列。他們達成了這個目標。在軍火、發電、能源、資訊科技、民航和船運等戰略產業的「國家冠軍」得到中國共產黨撥用土地、補貼能源、稅負優待，以及以低於市場的利率得到國有銀行融資(甚至不期望它們會還錢)的支持。[44]

今天，國有企業或國家控制的部門占中國經濟的份額十分巨大。資料顯示，國有企業及由國企直接控制的實體占中國非農業GDP的四成以上。若再加上間接控制實體、城市集體和公眾的城鄉企業的貢獻，公有及控制的中國GDP分額大約占全國經濟的五成以上。如果想要說服舊霸主讓他相信你要走向資本主義、你的中產階級即將要求民主，這還真不是容易解釋的一件事。

中國最大的五家銀行掌握全國老百姓一半的存款。人口十三億五千萬的中國，全國只有二十九家中央及地方政府擁有的銀行、三十四家設在特別行政區的銀行，以及兩家私有銀行，總共就是寥寥可數的六十五家。[45]相形之下，美國約有九千家民間銀行。[46]到二〇一三年底為止，中國的中央銀行已累積約三兆六千六百億美元的外匯存底。[47]這筆巨大的數額約是中國整個GDP的百分之四十。[48]

國企的表現從長期來看有褒有貶。[49]大多數經濟學者都認為，國企傾向於聽從政治命令，不太看重市場需求。要他們隨產品及服務需求有變而做調整，很難；而且相對於民間的競爭者，效率低落。他們經常搞裙帶關係。他們的公司治理制度罕有透明化。

國家的干預造成國企營運效率不彰。若非西方協助，國企就會凋萎，甚至在競爭中輸給中國民間創業家。[50]國企仍然欣欣向榮是因為西方人救了它們。高盛、摩根史坦利等西方公司協助國企改造、教導它們的經營主管如何遵循國際金融和會計準則。[51]因此之故，國企能夠透過公開發行上市，股票放到倫敦、紐約等全球證券交易所交易，另外也在上海、深圳和香港的交易所掛牌交易。

中國某些最著名的國有企業是西方投資銀行家創立的。比如，中國移動即是將好幾家經營不善的省級電信公司整併成功、再賣給國際基金經理人的一個案例。一九九七年上市，集到四十五億美元以上，[52]成就今天這家全球最大行動電話公司。這家公司之大，蘋果宣布將透過中國移動銷售iPhone那一天，股價竟然上漲近百分之四。[53]

西方人也在中國企業家、投資者的教育工作上扮演啟蒙角色。比如，中國挖角美、歐著名商學院負責人協助他們開發中國的企管碩士（MBA）課程。倫敦商學院和鹿特丹管理學院的前任院長現在任教於中歐國際工商學院（China Europe International Business School）；而杜克、哈佛的商學院跑到中國開班，招收企業領袖當學生。[54]中國留學生到史丹福和華頓商學院拿到企管碩士學位後，進入美國創投基金或私募基金公司上班，不旋踵就被派回中國尋覓投資機會。

中國領導人雖然明白西方對國企的批評，但是至少在可預見的將來仍要繼續依賴國企，有以下幾個理由。第一、截至目前為止，國企在經濟上相當成功；中國只花了一個世代時間就從菜籃子經濟一躍為經濟巨人。第二、中國的國企提供中國共產黨持續主宰政治的正當性；黨靠著「有中國特色的社會主義」大旗可以號召群眾。第三、中國領導人認為攸關中國經濟及國家安全的重要工業，唯有在受到政府完全或大半掌控下才會走在正確的方向上；國家必須透過過半數股權保持發言權。第四、國企是維持黨控制國家的重要機制，因為它們可以分配利益、庇蔭追隨者，確保正當性。第五、國企鼓勵在中國本土創新，因此降低對外國技術的依賴，這是國家另一個目標。第六、中國領導人或許希望動作慢一點，以避免重蹈後蘇聯時期俄羅斯的慘痛經驗——把國家資產賤賣給政治扈從者，造就一小撮富可敵國的寡頭，經營著腐朽而毫無國際競爭力的的公司。

中國最近的「五年規劃」包括一套發展重要戰略性、高科技、新興產業的「國家冠軍」策略。[55]中國已經開始藉由銷售精密、中國設計的技術，進入國際市場。它所引起的驚懼更大於對國企經濟勢力的憂慮。例如，華為科技公司是全世界最大的電信公司之一，可能還和中國情報機關保持密切關係。[56]長此以往，許多遍及全球的電信連結（包括連結美國公司、政府機構和軍事部門的網路），可能都會用到華為的網路。在愈來愈全球化的世界，箇中可能的威脅十分明顯。中國間諜機關能夠監聽或把某些電信線路轉移（reroute）嗎？他們能利用這些網絡竊取資訊嗎？他們能在未來緊急狀況下、製造「殺手按鈕」，封鎖關係重大的國際網路交通嗎？基於這些原因，美、英等國政府不准華為產品進入他們國內。

中國也把資金部署到海外，以擴張它的國企。中國人甚至替企業之國際化取了一個名字：走出去。中國鼓吹人民幣國際化，以取代美元作為全球準備貨幣。[58]作為中國「走出去」策略的一部分，中國企業發起所謂「海外抄底」，以低價收購外國公司。[59]既然背後有國有銀行供應資金，又不需考量投資報酬率，國企有很大的機會買下它們的競爭對手。

位居中國經濟決策核心是一個超級大機構「國務院發展及改革委員會」（簡稱發改委）。它決定國家戰略產業的政策、核定重大投資，以及國企的併購。發改委有決定所有消費者商品價格的大權，從威士忌到汽油，統統管得到。發改委是中國經濟戰略的神經中樞。[60]

中國向國際市場大肆擴張之際，中國的競爭者有一件事十拿九穩不會錯：那就是中國絕對不會照規則玩。根據美國政府最近一份報告，中國繼續豎立許多非關稅壁壘，以保護其產業不受外國競爭。這些壁壘包括：「國家交易、過度的國內補貼和囤積商品、歧視性課稅、不合理的反傾銷關稅，以及拖延批准美國穀物的生物技研運用。」[61]這一切統統違反世界貿易組織的條約。

雞鳴狗盜

中國占盡不守規矩的便宜。有一項研究指出，中國在鋼鐵、汽車零件、玻璃、造紙等四大重要工業，藉由增加補貼、提供稅負優待、廉價土地和技術，很快就擴大其全球市場占有率——而這四大工業中國原先根本沒有重大競爭優勢，連勞動力都沒有比較低廉。[62]根據古典的自由市場經濟學，這些作為都被認為是不合理、無效率，和高成本的。可是，結果卻恰恰相反。中國在十年內超越了美國，成為世界最大造紙國家。中國玻璃生產量占全球生產量百分之三十以上，且出口更超過國內生產。中國在二〇〇〇年從鋼鐵淨輸入國搖身一變為世界最大的生產國和輸出國，全球市占率有四成。二〇〇一年之後，中國成為汽車零件最大的生產國和輸出國之一。這不是勞動力低廉的緣故，因為在所有這些產業中，勞動力占成本不到一成；這也不是刻意壓低人民幣幣值的緣故。用不著多說，中國如此漂亮地征服市占率，並沒有引起注意，它也沒有對外公開說明。

中國也大規模仿冒非中國製造的商品。這包括並未取得授權、或未得到允許就逕自生產、配銷或使用的商品及其設計或關鍵技術。二〇〇二年，美國廣播公司新聞網（ABC News）估計，外國公司因中國的仿冒，每年損失高達二百億美元。[63]有人認為數字還要更高。[64]美國駐北京大使館前任公使銜參事湯瑪斯・波姆（Thomas Boam）最近在美國全國製造業公會（National Association of Manufacturers）演講，他聲稱中國的GDP有一到三成是靠盜版或仿冒產品來的。[65]其他的估計也說，依據西方產品仿製的山寨商品現在占中國零售業業績的百分之十五至二十之間。在某些地方市場上，仿冒品高達九成。

美國政府的全國反情報執行處（Office of National Counterintelligence Executive）最近的一份報告形容中國是「世界最猖獗、頑強的經濟間諜」。[66]中國蒐集敏感的經濟訊息（包括商業機密、有專利權的製程、商業計劃、尖端技術，以及受到出口管制的商品），以支持其國內產業。它使用傳統方法蒐集資訊，也透過網路蒐集資訊。中國利用後者恐怕堪稱全球第一。

由於網路愈來愈重要，自從二〇〇〇年以來中國使用的方法也精益求精。中國人非常擅長利用網路科技支援國內產業，利用網路從企業、政府、學術機關、研究單位及其他鎖定的組織，竊取敏感的經濟資訊。為了躲避偵測，他們利用快速演進的種種工具，如惡意軟體、網路工具分享、駭客代理伺服器，透過第三或第四國傳輸網路作業等等。

美國企業界及資安專家曾經舉報，有一堆網路入侵源自中國。不幸的是，在許多個案上，美國情報界無法證明誰是禍首。[67]針對這種攻擊造成多大損失的估算通常都不可靠，但是多少還是可以對網路攻擊的損失規模有個譜。鍾東蕃是個工程師，他任職的美國公司涉及到B-1轟炸機、太空梭和其他計劃。他在二〇一〇年以替中國航空工業從事經濟間諜活動罪名遭到判刑。當他被捕時，家裡搜出約二十五萬頁敏感文件。他在一九七九年至二〇〇六年期間傳遞多少資訊給中國官員，無從查考。但是那二十五萬頁文件所含的全部資料，可以儲存在不到一美元就買得到的一片ＣＤ裡。[68]

二〇〇五年，兩名投奔美國者揭露中國馬拉松戰略的經濟部分。和白先生、綠小姐不一樣的是，他們兩人說法一致。中國大部分戰略是拼湊混合，不是純粹自由市場或資本主義戰略，而是綜合世界銀行北京辦事處人員的設計和對美國經濟史扭曲的認識所出來的東西。這些規劃人員與反自由市場的中國領導人結盟，擊敗主張市場導向經濟政策改革的人士。他們旋即設計出混合的、重商主義戰略，基本上將它掩飾了三十年之久。鷹派又贏了。我們沒有機會影響辯論，因為我們連對手是誰都不知道。

第九章

二〇四九年，當中國統治世界

「反客為主。」——三十六計

有二十多年之久，美國是世界唯一超級大國。美國的軍事力量，無人能望其項背，它的經濟也遙遙領先群倫——到目前仍如此。全世界都在用美國電腦、唱美國流行歌、喝美國可樂、上美國連鎖餐廳吃東西、到美國大學唸書，還追蹤關心美國總統大選。全球七十億人口大多無法想像一個不被美國的文化、軍事和經濟影響生活上的各個層面的世界。同樣的，絕大多數美國人也不曉得，如果美國不再是領頭的世界大國，這個世界會是什麼面貌。

現在該是想一想的時候了。到了二〇五〇年，中國經濟將比美國大很多——根據某些預估，或許有三倍大[1]——當時的世界有可能是單極世界，中國一枝獨秀，是全球領袖。其他劇本預測中國會和美國平起平坐，並列超級大國，[2]還有人預測會是三極世界——中國、印度和美國三足鼎立。[3]

所有這些劇本中都有一個共同因素：中國將是經濟最強大的國家。美元將不再是頭號貨幣，會讓步給美元、歐元和人民幣合組的多元貨幣制度。[4]中國的軍事費用將超越美國。它將對其鄰國及盟國享有美國數十年來習以為常的強勁影響力。而且，至少在某個程度上，中國將可以隨自己的意向打造世界。

這個世界的形貌會是如何？受壓迫的人民會更容易、還是更困難推翻專制獨裁？我們呼吸的空氣會更乾淨、還是會含更多二氧化碳？保護貿易、促進和平的體制會變強，還是會變弱？

當然，有些問題無從回答。可是有一件事卻很肯定：假設中國政府仍然延續它目前的政策傾向，繼續推動相同的策略，堅守自毛澤東以來的價值觀，那麼依照中國形象所打造的世界，將和我們今天所認識的世界大不相同。

二〇四九年中國帶頭的世界，若是由鷹派決定中國的政策，將會更糟。如果溫和派和真正的改革派當家，在西方協助下，稱霸的中國就不會那麼窮凶極惡。我們如何能夠影響中國在鷹派和溫和派之間做抉擇，將在最後一章討論。如果我們不能強化真正的改革派，恐怕就會出現下述狀況的世界。

一、中國價值將取代美國價值

美國社會高度推崇個人主義。我們美國是由湯瑪士・傑佛遜和班哲明・富蘭克林等個人主義者，以及拒絕作為大英帝國一部分的一群起義志士所締造。他們是我們的英雄。我們的《人權法案》保護所有的美國人說出他們要講的話、信仰他們選擇的宗教，以及住家不受執法當局無理的搜索。所有的美國人都有權決定自己的命運方向，這是神聖不可侵犯的權利。

然而，在中國，那裡根本不存在美國式的個人權利。哥倫比亞大學東亞系教授劉禾指出，美國傳教士丁韙良（William Alexander Parsons Martin）於一八六〇年代要把第一部國際法譯成中文時，發覺中文並沒有right這個字詞，因此他必須結合「權力」（power）和「利益」（benefit）兩個字，創造一個新詞「權利」，使用到今天。[5]中國共產黨所協助打造的社會是集體主義的社會，與一九四九年之前的文化沒有太大的差別。兩位對中國有深入研究的國際企業策略專家說：「在中國，做為一個人，就是做為更大的人類的附屬品。」[6]雖然中國憲法有多次提到言論自由、結社自由和宗教自由，實際上這些權利很少受到保障。[7]

數十年來，中國政府不讓自己的人民享有個人權利。國家一強，它甚至開始干預在國境之外中國公民的權利。紐約的中國人權運動人士溫雲超在聯合國總部演講後，他的手機、電郵和推特都遭到駭客侵襲，這顯然是中國政府指使調度的攻擊。[8]美國國會聽證會上，施洛德·布朗（Sherrod Brown）參議員問溫雲超，為什麼他沒像其他的中國抗議者被抓去坐牢，他回答說那是因為他人不在中國。[9]此外，中國在二〇〇九年編列六十五億八千萬美元預算，展開「外宣工作」，即對海外進行宣傳。[10]它的目標是建立一個駐外新聞網，向各國宣傳介紹中國的正面形象。

對外國人權團體的攻擊稀鬆平常。[11]美國國家民主基金會（National Endowment for Democracy）副會長路薏莎·葛瑞薇（Louisa Greve）作證說，中國「一再駭進人權團體和非政府組織的電腦系統。[12]這些攻擊的目的是要「破壞異議人士彼此的互信……提升成本、製造恐懼」。[13]葛瑞薇認為這是「專制國家搞壓迫手法延伸到國境之外的例子」。[14]

問題在於這些壓迫手法是否只是個案，還是中國將變本加厲把它變成常態。一旦中國在經濟上和軍事上強大到可以不甩美國及其盟國，中國官員就會利用網路攻擊以騷擾言論不合北京胃口的任何人；中國境外的許多人，從亞洲到北美洲，都必須關注他們說了什麼、以及他們是否將受到懲罰。

二、中國將「和諧化」網路上的異議人士

中國對付言論自由的一項武器就是對互聯網進行內容檢查。中國政府雇了一百多萬人從事網路內容檢查工作。[15]全世界極大多數互聯網網民是中國人，但是因為中國官員監視及封鎖對人權團體、外國傳媒，以及其他許多政治、文化團體網站的連結，中國人民不能像自由世界網民那樣接觸到同樣的互聯網。「和諧化」其實就是遭到新聞檢查的潛台詞。[16]

中國費盡心思要抹煞掉對天安門廣場屠殺的記憶。二〇一二年六月，軍事鎮壓二十三周年時，中國檢查人員把中國境內互聯網封鎖，完全看不到有關六四事件的隻字片語。三個活動分子申請准予舉行紀念遊行時，立刻遭到逮捕。[17]網民貼出那張一名學生擋住坦克車隊的經典照片，*

* 譯注：據傳這位阻擋坦克車的人士叫做王維林，然而確切身分不明，且下落不詳。

但為了躲開檢查，在照片上罩上黃色小鴨作為掩護，結果中國政府把「黃色小鴨」這個關鍵詞也封殺了。[18]中國檢查大軍無所不在，六月四日被謔稱為「互聯網維修日」——當天肯定會當機。[19]除了壓制資訊，中國政府雇用親政府的「博客大軍」歌頌官方觀點、抹黑異議人士和散布假消息。[20]他們能以假亂真，搞得互聯網網民難以分辨真相新聞或政府宣傳。[21]

千百年來，種種高壓政權都會濫用他們對資訊的掌控。過去在國內實施新聞檢查，和二〇五〇年時中國有能力在全球實施檢查，兩者之間的主要區別在於，中國愈來愈有能力，不僅檢查它的公民看得到的內容，也能檢查其他許多國家公民看得見的內容。中國掠奪性的互聯網作法過去局限在國內，但是這些伎倆愈來愈散布到國際上。中國控制互聯網的創新手法，至少已有十一個國家效法。[22]

當然，中國或許絕不能制止《紐約時報》和《華爾街日報》報導中國的真實新聞。但是，和中國合作、以制止其人民接觸到這類網站的國家，很可能會隨著中國的實力及影響力上升而增多。例如，華為和中興通訊股份有限公司（ZTE）這兩家中國大公司，是供應互聯網和電信硬體給中亞、東南亞、東歐和非洲許多國家的重量級廠商。[23]這些國家和顧客——包括哈薩克、越南、白俄羅斯、衣索比亞和尚比亞——可能奉中國對互聯網實施緊密的政治和技術控制為模範，並且也向中國購買這種技術。[24]

三、中國將繼續反對民主化

中國官員當然喜歡世界上多點專制國家、少些民主國家。自從一九五五年以來中國就高唱「和平共處五項原則」，禁止各國干預其他國家內政。只要中國實力持續增長，它保護獨裁專制、親善中國的政府，以及顛覆代議政府的能力，可能都會大幅增長。中國為推展其百年馬拉松策略，也積極展開操縱新聞與資訊的工作。它那六十五億八千萬美元的「外宣工作」計劃有一部分即明白支持專制形態的政府。[25]北京已經多次正式支持辛巴威總統羅伯特．穆加比（Robert Mugabe），也不避諱公然支持蘇丹總統奧瑪．阿巴希爾（Omar al-Bashir）——後者已經遭海牙國際法庭以戰犯罪名起訴，他根本不敢出國旅行，深怕被引渡到海牙送審。

中國支撐專制國家的另一個方法就是提供戰略貸款和投資。[26]中國提供給開發中國家公司和政府的貸款，還超過世界銀行。[27]中國利用這種經濟力量來推動它的全球政治訴求。它目前花費兩兆美元的主權財富基金在非洲透過無條件貸款援助，以推動反西方的議程。[28]根據「自由之家」（Freedom House）的報告，「這種無條件的援助——沒有附加人權條款和財務擔保……使得一大片開發中國家的天平倒向無可問責、更加貪腐的治理。」[29]

以劍橋大學教授斯蒂芬．哈爾珀（Stefan Halper）的話來說，辛巴威是中國在非洲的影響「最鮮明、最著名的例子之一」。[30]中國是穆加比對辛巴威維持鐵腕控制的關鍵後台，先提供武器給他，後又送給他互聯網監視硬體及其他技術，幫助他掌控人民。聯合國表決是否制裁穆加比時，中國予以否決。[31]

中國的一項策略就是根據不干預內政原則，與非洲政府洽定「互惠協定」。中國政府對中國的商業夥伴虐待非洲人民視而不見，以前任國家主席胡錦濤的話來說，就是「只談生意、不涉政治」。[32]因為不理睬國際標準，[33]中國在非洲可能進一步弱化民主、助紂為虐。

中國把辛巴威模式套用到亞洲、非洲和南美洲。它支持敘利亞、烏茲別克、安哥拉、中非共和國、柬埔寨、蘇丹、緬甸、委內瑞拉和伊朗的獨裁政府。[34]中國的經濟規模一旦成為美國的三倍大，它破壞解決衝突、促進穩健治理的行動一定更有影響力。[35]

當然，從現在到二〇四九年之間，中國也有可能在國內外都捨專制而擁民主。但是我們可以樂觀的理由實在不多。數十年來，西方許多學者曾預測中國走在接近自由民主的道路上：這些學者有不少人因為他們如此樂觀的預測感到慚愧，不過仍有少許人不顧證據固執己見，堅持民主即將來到中國。畢竟一相情願的想法，一向都很難打碎。

四、中國將與美國的敵人組成同盟

有一個很艱鉅的事實，就是中國領導人視美國為全球鬥爭中的對手——他們決心一定要贏的對手。中國對兩國關係持這種看法，說明了為什麼中國一再協助美國的敵人削弱美國的實力，尤其是美國用在反恐戰爭的力量。二〇〇一年，美國情報機關發現中華人民共和國正在協助塔利班／神學士，而塔利班庇護賓拉登屬下的恐怖分子。說明白點，中國兩家主要的電信公司協助塔利班在喀布爾建立電話系統，此舉在九一一事件後還在持續。[36]

被追問這項在阿富汗興建電話系統的新聞時，中國又玩每個教唆專制政府的人被逮到時的手法：它假裝對報導所說的這兩家所謂的民營公司的活動並不知情。但是這兩家公司根本不是民營公司，北京也不是毫不知情。其中一家公司的創辦人當中至少有一人是解放軍軍官，而它幫中國軍方建立通訊網路。[37]

中國和塔利班的關係絕不只是興建電話系統那麼簡單。一九九八年，塔利班得到中國政府其他援助，或許是因為塔利班把柯林頓時代為摧毀阿富汗境內蓋達組織恐怖分子營地所發射卻未爆的「戰斧」（Tomahawk）巡弋飛彈祕密送給北京的緣故。對中國而言，這是天上掉下來的情報至寶。三年之後，九一一恐怖攻擊當天，一群中國官員在喀布爾與塔利班簽署另一項經濟與技術援助協定。這只是中國與塔利班達成的許多協定中的兩項。

中國與蓋達組織恐怖分子的合作並非完全間接。五角大廈在二〇〇一年十二月所取得的情報報告就透露，九一一攻擊之後，中國供應武器給蓋達組織。塔利班和藏身其間的蓋達戰士就在恐怖攻擊後一個星期，收到一批中國製的地對空飛彈。美軍特種部隊在二〇〇二年五月發現其中三十枚飛彈。難怪一位塔利班司令公開讚揚中國的援助，他對巴基斯坦一份烏爾都（Urdu）語文報紙說：「中國對塔利班伸出援助與合作之手。」[38]

中國也支持伊拉克的薩達姆．海珊政權。替塔利班效力的中國電信公司之一也涉及到違反聯合國對伊拉克的制裁。一九九九年五月，透過聯合國「石油換糧食」方案，它要求聯合國准予出售光纖通訊系統給伊拉克。聯合國兩度否決中方申請之後，該公司不理會聯合國，逕自就交運器材設備。[39]

第二次伊拉克戰爭期間，我在五角大廈任職。當時美國一位資深國防官員向我證實，中方曾協助伊拉克建設一個光纖連接網絡，改進伊拉克空防系統的整合。這些光纖纜線大多埋在地下，可以不受天候或盟軍空中襲擊的傷害。[40]當此一軍事援助的消息傳出時，小布希總統承認這則報導很令人不安。他告訴記者說：「我們關切中國在伊拉克的行蹤，我的政府正向中方發出適當的反應。是的，他們涉及到協助伊拉克發展會危及我方飛行員的系統，是讓人很困擾的一件事。」[41]

中方的回應是一概否認這些指控。中國駐聯合國副代表沈國放說：「這是謠言，是美、英轟炸伊拉克的藉口。中國沒有任何軍人或平民在伊拉克工作。」[42]事實上，這家中國公司在伊拉克設置辦公室，伊拉克官員也到它們華南的公司拜訪。伊拉克從二〇〇〇年至二〇〇一年下了訂單，而二〇〇二年伊拉克提交給聯合國一萬兩千頁有關其受禁的武器計劃的檔案，證實此一不法關係。三家中國公司供應光纖和通訊總機設備給伊拉克防空網。

二〇〇三年底，伊拉克陸軍某防空單位前任司令官承認，不僅中國電信專家、還有中國軍官扮演重要角色，在同年三月美軍入侵之前幾個月，支援伊拉克軍事部隊。他說：「他們在二〇〇二年春天到達。他們受到海珊親自歡迎。其中有些人蓄鬍子、戴阿拉伯式頭巾，以便外表長相更像我們。」根據這名伊拉克前任軍官的說法，中國人開發一套高科技誘餌器，使美國及盟軍戰機投下的導引炸彈轉向，經常打不中目標。他說：「中國製的器材每個只要二十五美元，非常有效。」[43]

中國還有一個流氓國家的好朋友，那就是國營的軍火製造商中國「北方工業公司」（North Industries Corporation，簡稱NORINCO）。二〇〇二年，北方工業公司被逮到銷售特製鋼材供應伊朗的飛彈計劃，次年遭到經濟制裁。主司審查、履約及執行事務的助理國務卿寶拉・狄舒特（Paula DeSutter）在「中國聯合安全評估委員會」（China Joint Security Review Commission）作證時說：「中國政府沒有採取行動制止北方工業公司的擴散行為。」她說：「中國政府雖聲稱它反對飛彈擴散，它也禁止中國公司及企業從事違反它對美國承諾的移轉，不幸，事實卻相當不一樣。」她又列舉中國保證不出口飛彈和危險物品給巴基斯坦等國家，可是每一次美國政府都證明中方耍詐。[44]

狄舒特也作證說，中國不負責任地出售建造大規模毀滅性武器的技術。即使中國簽署好幾個核子不擴散協定，她說：「很明顯，中國繼續對巴基斯坦和伊朗的核計劃做出貢獻。」此外，中國對伊朗等流氓國家的毒氣瓦斯和化學武器計劃也有所貢獻。根據狄舒特的說法，「儘管是生物武器公約簽署國，中國保有（生物武器）計劃，違反這些義務」。中國就其政府的計劃向全世界信誓旦旦，它聲稱絕未研究、製造或擁有生物武器，「根本不是事實」。[45]

五、中國將出口空氣汙染末日

二〇一三年一月，一股「臭霧霾」籠罩北京。被謔稱為「空氣汙染末日」（Airpocalypse）的霧霾持續好幾個星期，在這段期間，北京市民和訪客「能聞到、嘗到汙染，嚴重到甚至無法呼吸」。[46]中國今天的崛起就像是服了類固醇的工業革命，只不過這一次中國人有能力可以毀掉大半個地球。事實上，他們已經開始這麼做。

一般預測，不僅中國的GDP很快就是美國的兩倍，到了二〇一五年，它所排放的危險廢氣也將是美國的兩倍。[47]根據《經濟學人》周刊的一項研究，「從一九九〇年至二〇五〇年之間，（中國）從能源累積的排放量將達到約五千億噸——大約等於全世界從工業革命開始至一九七〇年的總排放量。」[48]這種汙染的結果每年將奪走數以千計的性命。經濟合作暨發展組織預測：「鑑於交通及工業的空氣排放上升，每年全球（因空氣汙染而）早死的人估計將倍增為三百六十萬人，大多數將發生在中國和印度。」[49]從中國的霧霾汙染已籠罩日本部分地區多日。汙染甚至跨越太平洋，占加州微粒子汙染的百分之二十九。[50]當然，全球暖化是不受國界限制的。

中國排放量大的主因是它非常倚重煤，這是全世界最糟糕的汙染源之一。美國能源資訊局報導，中國燒的煤接近於全世界其他所有國家加總起來的數量。[51]即使中國已宣布措施以改善其環境足跡，它的紀錄顯示問題恐將繼續惡化。中國仍是補貼用煤的少數國家之一。石化燃料占中國商用主要能源總耗量的百分之七十五，在可預見的未來，它仍將是中國主要的燃料。[52]中國二〇一一年的煤耗用量增加百分之九之多，占全球煤耗量增加總值的百分之八十七。[53]

中國持續成長下去，汙染問題只會更加惡化。若要減緩排放量，中國勢必要嚴重犧牲其經濟增長率，可是就其他所有政策目標而言，經濟增長是神聖不可侵犯的東西。這一來，到了二〇四九年，「中國的成功」將會是全世界都能「聞到、嘗到，且因此窒息的」。

六、中國的增長策略將帶來重大汙染

若要保住執政權位，中國領導人曉得它需要快速增長。如果我們把目前的僵局往前推估三十年，前景堪憂。自從一九八〇年代以來，中國在長江沿岸興建一萬座石化工廠，在黃河沿岸也興建了四千座石化工廠。[54]由於這些工廠的存在，以及中國選擇發展重於環保的政策，中國四成的河川已嚴重汙染，而且兩成的河川其水質已經毒到不能碰觸，喝就更不用說了。[55]中國至少百分之五十五的地面水——中國的地面水原本就不多——是不能喝的。事實上，中國工廠把廢水直接排入河川，每年造成約六萬人早死。[56]當然，由於國家控制住資訊，加上新聞檢查鋪天蓋地，許多中國人甚至還不知道他們的飲用水可能害他們丟了性命。[57]

中國的鄰國已經感受到它不負責任、一味追求發展所造成的溢出效應。由於中國的水汙染，中國極大比例的漁業已轉向東海、南海和太平洋等主權有爭端的海域。[58]光是二〇一一年，南韓海巡局就驅退非法進入南韓水域作業的四百七十艘中國漁船。[59]中國和越南、菲律賓、日本之間也經常發生類似的糾紛。這些爭端極有可能導致武裝衝突。

中國的鄰國也有理由擔心中國一窩蜂搶建水壩。中國計劃在二〇二〇年之前將水力發電量擴增為三倍，這將使得中國許多河川化為細流。由於中國不承認共有水權，也不與鄰國分享其水源運用的資訊，中國的鄰國若不接受他們的水資源耗盡，就得和中國抗爭，這一來恐怕會非常危險，會造成局勢動盪不安。[60]

中國如何管理它的水資源，不僅將會影響亞洲，也會影響全世界。科學家預測，到了二〇五〇年，全世界人口將增加到超過九十億人，而全球將近七成人口將住在城鎮地區。對於廢棄物和水的管理將會產生嚴重後果。[61]聽起來這像是純粹的中國內政事務，其實不然。當中國成為美國三倍強的時候，這會是全球關切的問題。今天，有許多人呼籲中國境內應推行更大的環境保護運動。但是，它還未出現。

七、癌症村

中國空氣和水源的汙染所造成的人命代價，在工廠附近出現的癌症村是血淋淋的見證。這些工廠把廢棄物、有毒化學品和其他有問題的物質倒進河川，戕害野生動物，汙染水質，造成畸形嬰兒，甚至毒死人。大部分是因為農村的標準非常不幸地落後於工業化國家的標準——中國只有百分之四十的法規跟得上國際標準[62]——中國在短短幾十年內所產生的癌症集中地已超過世界其他地區的總和。[63]

傷害不僅只限於中國沿河農村，癌症現在是北京老百姓第一名死亡原因。[64]中國人罹癌率仍低於美國，但是中國若持續目前的路，這個排名不會持續太久。

中國一再提出，已開發國家在工業化過程也出現汙染問題。但至少有兩件事使中國與眾不同。第一，中國的工業革命規模非常大，因此實際與潛在的傷害都空前無比。中國很快就將成為世界最大經濟體，它對石化燃料、有毒化學品和其他汙染物的需求也將奇大無比。

第二，中國缺乏強大的公民社會可代表曝露在因中國快速發展所造成的致癌物及其他毒素下的人民。有個婦人住在癌症村，丈夫和兒子都被癌症奪走性命。她說：「我所要的只是呼吸新鮮空氣、喝乾淨的水、種無汙染的土地……但是我猜想這是奢望。」[65]施洛德·布朗參議員說：「那裡沒有享有言論自由的媒體能夠揭露問題」，甚至真相曝露後，「也沒有自由的公民社會推動長期的改革」。[66]

隨著中國的國際貿易增長，它的耕作及食品加工作法也在國際上產生極大負面影響。中國更可惡的作法包括使用危險或已禁用的殺蟲劑增加作物產量、以不安全的抗生素和荷爾蒙促進家禽和魚類生長，以及利用非法的防腐劑美化半加工品的賣相。[67]這些作法已導致東亞、歐盟、日本和美國到處禁止中國食品輸入。[68]

八、誠信崩壞，詭詐當道

談到貿易和經濟增長，美國輸給中國，原因很簡單：中國耍詐。它偷竊技術、暗助中國壟斷，並且不公平地保護其國有企業不受外國競爭。數十年來，它打破現代國家處理跨國貿易、及對待國內外資的規則。中國照自己的遊戲規則玩。當它力量愈大時，更多國家將被迫也照它的規則玩。

中國之增長策略能成功仰賴一個核心元素，就是它經常以不法手段取得外國的科技。中國有許多仿冒品工廠，員工動輒一萬至一萬五千人。[69]中國的國家工業政策目標造成鼓勵竊取智慧財產的效應，相當多的中國企業和政府單位都這麼做。[70]剽竊智慧財產權在中國的猖獗程度駭人聽聞，有家軟體公司在中國才賣出一套程式，竟接到三千萬個更新要求。

中國駭客是剽竊的翹楚，他們經常入侵外國公司的電腦系統，把它們的智慧結晶轉交中國業者，使中國成為全世界最大的智慧財產掠奪者。[71]中國人因此在技術階梯上節節攀高。[72]如此肆無忌憚的剽竊智慧財產權，光是美國每年營業損失就高達一千零七十億美元，[73]就業機會減少兩百一十萬個。[74]未來，中國的經濟更大，它的同盟分布愈廣，就更難鼓勵創新發明家進行投資研發，因為它的價值很容易就被無所不在的海盜給打垮。

除了強迫技術轉移，中國還偏袒國有企業。[75]它們掌控無數的經濟部門，在下列七大重要策略工業更是主要角色：國防、發電、石油和天然氣、電信、煤礦、航空及航運。[76]

中國領導人可以從龐大的外匯存底中撥款補助國企，下令指揮，因此鎖定外國市場將是稀鬆平常的事。從一九八五年至二〇〇五年，中國投入三千億美元以支援國內最大的一些國有企業。[77]這些國企能得到廉價資金，這是它們的國際競爭對手休想企及的優勢，[78]而它們也愈加積極增加對外投資。它們四處攻城掠地擴大市場、開發天然資源，及創造更先進的技術。[79]

中國最善於創造不對稱優勢，提高進入市場的門檻。[80]經濟合作暨發展組織認定，中國的外人投資法令是世界前二十大經濟體中限制最嚴的。[81]中國的反托辣斯政策就是最明顯的例子。中國在二〇〇七年制訂反壟斷法，但是中國國企免受本法規範。[82]這套法令主要針對試圖購併中國本土企業的外資公司。[83]再者，中國在反壟斷法規定的「調查」過程採用許多有問題的伎倆，如警告公司不得聘請律師，以及施壓他們，逼他們承認從事反競爭作法、違反了反壟斷法。

中國政府用來阻撓公司進入市場的另一工具是新頒訂的「自貿區外資國家安全審查辦法」。和美國「外人投資委員會」的作法不同，中國法令加上「經濟安全」和「社會安定」作為審查項目，可用來阻擋外資進入市場。[84]外國公司在中國面臨的困難不勝枚舉，如明目張膽的禁止、外國所有權上限、雇用人數限制、一再重複要求檢驗以及政府審批許可時間拖得很久等等。[85]因此，北京把外資公司凍結在即將成為世界第二大經濟體的中國國門之外，即使它繼續享有世界貿易組織所有會員國賦予它的最惠國待遇。

九、中國將日益破壞聯合國及世界貿易組織

聯合國一點也不完美，但本質上它是全世界唯一一個會籍最普及的政治組織。它也是全世界唯一一個論壇，任何國家都能來向其他全體國家提案討論，讓各國就衛生、勞動、電信、金融、安全和貿易等議題協商合作。這個合作網絡支持我們的國際政治秩序，但是多國參與這個聯合國的主要優點，在中國主導的世界可能存活不下去。

二〇〇一年，中國偕同幾個亞洲國家成立一個希望能制衡北約組織的國際組織——上海合作組織（Shanghai Cooperation Organization）。上海合作組織會員為中國、哈薩克、吉爾吉斯、俄羅斯、塔吉克和烏茲別克。[86]它和北約組織都有簽署的公約、選派常務秘書長、依據議題在區

域首府設置中心，並且每年定期召開高峰會議。不過，上海合作組織超越北約組織，它不僅只談安全合作，也有貿易、金融及法律事務合作的機制。

上海合作組織和北約組織最大的不同在於其會員國的性質不同。北約組織是二十八個民主國家的同盟。上海合作組織本質上是專制國家的組合。雖然上海合作組織的觀察員——例如，民主的印度——有朝一日或許可正式成為會員國，把民主價值帶進上海合作組織，但是由中國主導的另一未來似乎比較可能出現，因為中國將是經濟與軍事皆首屈一指的世界大國。

北京已在上海合作組織中擴大它的角色，比如掏錢幫助其他會員國。中國透過上海合作組織的商業理事會（Business Council）和開發基金（Development Fund）提供數十億美元的貸款融資給其他會員國。[87]上海合作組織也成立一個國際銀行協會（International Bank Association），及一個學界顧問論壇，可檢討教育、衛生、文化、司法及立法的議題。中國外交部形容上海合作組織是「北京『新安全觀念』成功的典範」。[88]上海合作組織會員國定期舉行一系列聯合軍事演習，中國的官方傳媒經常予以大篇幅報導。

到了二〇五〇年，如果印度從觀察員升格為正式會員，上海合作組織的會員裡將有世界最大的三個經濟體。它的會員將握有破壞任何全球體系的經濟影響力，它只要拒不參加、或不遵守其決定就行了。在這種情況下，沒有上海合作組織會員支持的聯合國就像沒有美國的國際聯盟一樣，因為中國及其上海合作組織盟國占世界GDP的比重極大。某些專家甚至建議上海合作組織成立一個貿易體系，並只用其會員國的貨幣交易。[89]

和聯合國一樣，世界貿易組織也有地位不如從前之虞。原本是制訂規則以推動自由貿易和開放市場的這個機構，現在卻陷入新興市場的泥淖裡。中國在加入世界貿易組織時有許多承諾，現在都刻意拖延兌現，而且遲遲不加強市場開放，這一來傷害了世界貿易組織。儘管耍這些伎倆，中國仍然在貿易談判中要求已開發國家給予更多讓步。

再過短短幾十年，美國和其他西方大國將不再具有身為最大經濟體的優勢，這是他們可以推動標準及自由貿易原則之憑據。除非西方國家趕快說服中國接受這些原則，權力一轉移恐怕就會造成開放市場和自由貿易的大倒退，這將傷害世界貿易組織和促進多邊貿易的類似努力。

如果中國成功地削弱了聯合國和世界貿易組織，這將吻合它先將舊世界秩序「去正當化」、再建立新世界秩序的目標。中國戰國時代的故事顯示，挑戰者往往先指控舊霸主不尊重王室。它要呼籲其他國家捨棄舊霸主、支持挑戰者，因為霸主不尊重王室，已失去號令天下的正當性。這不是一個一時三刻可以完成的工程。今天，崛起的挑戰者必須先瓦解霸主的全球權威的正當性，才能成功。這表示中國必須先去除西方所建立的機構，如聯合國及世界貿易組織的正當性。透過宣傳當前的世界秩序已經逐漸崩壞的印象，挑戰者才能扭轉制度，以吻合它的修正主義模式。[90]

十、中國將為牟利擴散武器

多年來，中國出售飛彈技術給流氓國家，這些流氓國家則開發大規模毀滅性武器、侵略鄰國、武裝恐怖分子，以及壓榨本國人民。中國的顧客包括伊朗、利比亞和敘利亞。「飛彈技術管制機制」（Missile Technology Control Regime）是國際間為防止這類國家取得與飛彈有關之出口，而成立的出口管控協定。

一九九八年，美國預備向中國提出一筆祕密交易，我相信它會樂於接受。（當時我和其他同事都很天真。）為了交換對飛彈出口實施有效的管控，美國將「與中國擴大商業及科學的太空合作」，發給「全面暫停天安門廣場事件禁運的總統令，涵蓋未來所有的商用衛星之發射」，[91]並且增加可由中國火箭代為發射的美國衛星之數量。[92]

美國的提議很聰明，有些胡蘿蔔，但也暗藏機鋒。由葛瑞・沙莫爾（Gary Samore）執筆的一份國安會備忘錄外洩出來，那當中提到，藉由成為飛彈技術管制機制會員，中國可以取得「政治聲望，有能力影響未來飛彈技術管制機制的決定，具體獲得保障日後不會受到美國的飛彈制裁，以及〔身為會員〕可加速飛彈技術管制機制所管控的美國軍品輸往中國之審批」。至於棍棒方面，同一份備忘錄提到，美國將「向中方表明，若是飛彈議題上沒有進展，我們將不會增加發射配額，甚至危及到既有的〔人造衛星發射〕配額」。[93]

中國對這項提案的反應，明白透露它的優先目標和意向：它謝絕美國的提議。中國對技術合作和政治聲望沒有興趣，它只在乎出口武器給流氓國家。

中國的回應也讓我們看清楚中國帶頭的世界會是什麼模樣。大規模毀滅性武器休想要遲緩擴散，愈來愈強大的中國將會加速它們的擴散。孤立流氓國家的大夢也可以醒了，中國將增強它們的力量。中國也不會與美國及其盟國合作，它一有機會就會破壞與削弱他們，尤其是涉及到中國本身國家安全時。

即使中國加入飛彈技術管制機制，也有理由懷疑它是否會遵守管制機制的規定。傑西・赫姆斯（Jesse Helms）參議員對中國在武器上的口是心非提出一份嚴正報告，它指出：「過去二十年，中華人民共和國就不擴散做出十五次正式承諾：七次有關核技術擴散、六次有關飛彈技術之轉移，以及一九九七年中國加入生物武器公約時的兩次承諾。」赫姆斯的助理製作一份圖表，列舉中國違背承諾、損害到美國國家利益的歷次時間。這些違犯事項包括出售核武器零組件給巴基斯坦和伊朗，以及將彈道飛彈移轉給巴基斯坦、伊拉克、敘利亞、伊朗、利比亞和北朝鮮。[94]

二〇〇三年十一月，中國與相當廣大的武器擴散網有牽扯的鐵證浮出檯面。利比亞政府交給西方官員一大堆文件，其中有詳盡的中文使用手冊，載明如何以傳統炸藥包上的可裂變材料，製作一顆一千磅、可製造核子爆炸的炸彈。媒體報導聲稱，這些文件顯示，在初步提供設計資訊給巴基斯坦和利比亞之後，一連多年，中國核武器專家仍與巴基斯坦核子科學家密切合作。[95]

為什麼北京不停止將其武器和飛彈出口給流氓國家呢？助理國務卿寶拉．狄舒特在二〇〇六年說，這反映中國政府若不是「沒有能力」對付擴散，就是它根本「不願」做。[96]後者顯然比較正確。中國的目標有一部分即是把武器擴散到專制、且經常反西方的政府，以減低美國這類大國的影響力。

小結

中國迄今並未就它企望的世界秩序提出宣言，但過去十年，兩任國家主席都暗示過中國的意圖。二〇〇五年九月，國家主席胡錦濤在聯合國大會發表重要講話，題目是〈努力建設持久和平、共同繁榮的和諧世界〉。[97]他揭櫫「和諧世界」的概念，[98]提到「讓我們攜手建設和平共榮的和諧世界」。[99]八年之後，繼任的習近平在他的演講中只用五個字提供世界未來的線索——「發展最重要」，後來又說：「我們必須持續鞏固物質與文化基礎以實現中國夢」。（註100）習近平定下根據中國價值和諧化世界的目標。

不擺在正確的前後脈絡裡，胡錦濤和習近平的話看來都沒有害處。但是，本書第一章已經說明，中國的「和諧」概念擺在地緣政治裡指的是單極稱霸，本書第二章也已經說明，「中國夢」是中國成為世界唯一超級大國——經濟、軍事和文化皆獨霸。

總結來講，如果中國夢在二〇四九年成為事實，以中國為中心的世界將滋養專制政府；許多網站將充斥改寫的歷史，以汙蔑西方、頌揚中國為能事；更多國家空氣汙染惡化，因為開發中國家將採取中國「先增長、後環保」的模式，罔顧食品安全和環境標準。環境惡化擴大下，物種將消失，海洋水面將上升，癌症也將會擴散。某些國際組織將不再如今天這般有效率地介入，因為它們將被邊緣化。中國國有壟斷企業和中國控制的經濟同盟將主宰全球市場，而北京恐怕也將控制一個世界最強大的軍事同盟，它可以在軍事研究、部隊員額和武器系統上都比美國投入更多經費。

這不是一個值得盼望的未來。可是實際上，中國的長期戰略實踐的結果就是朝向這樣的世界。偏偏許多人還渾然不覺。向中國施壓、要它改變，已經愈來愈不可行。不幸的是，儘管少數人開始大夢初醒，可是我們的籌碼已經衰退。我們所看到的在二十一世紀中葉一個沒有改革的中國稱霸會帶來許多這些潛在「夢魘」，都還沒有考量未來軍事力量的均勢。戰國時期的故事中，威脅舊霸主的新興大國要到故事末尾才著手建軍、擴充武備。中國若是持續以史為鑑，就不會貿然擴充軍備。在少數殺手鐧計劃之外進一步擴充，或是真正在全球發動挑戰美國軍力，短期內都不可能。建設藍海海軍、建立海外基地、部署強大的空軍，太早有這些動作都是問鼎的動作。這是前蘇聯犯的致命錯誤。即使北京的計程車司機也曉得這個故事。

第十章

警鐘響起

「百聞不如一見。」——中國諺語

從《地心引力》談起

二〇一三年有一部電影《地心引力》（Gravity），在其一開頭珊卓・布拉克（Sandra Bullock）和喬治・克隆尼（George Clooney）所飾演的太空人收到休士頓任務控制中心傳來的噩訊。俄國人已朝他們失去作用的衛星飛射飛彈，爆炸已產生可能致命的碎片之連鎖反應，它們正朝著美國人要展開的太空漫步衝過來。原本是修復哈伯太空望遠鏡的例行任務，現在變成為九死一生的掙扎。最後的結局，布拉克所扮演的女主角在人員已撤離的中國太空站找到一艘小太空船，平安返回地球。

後來有人批評片中有太多不實之處。評論說，由於表面張力，影片中布拉克的眼淚不會飄離她的臉。她從哈伯太空望遠鏡前往中國太空站，中間在國際太空站小停，這段旅程是不可能的，因為這三套系統分別位於不同的軌道。而且事實上，布拉克應該穿戴成人尿片、不是機能內衣——這一點最多人評論。

但是這部電影還有其他議題值得斟酌。它們和劇情效果關係不大，卻與百年馬拉松卻頗有關聯。

第一，女主角絕對不會被允許進入，更不用說操作，中國的太空站。中國工程師設計他們的系統時，就刻意打造成不能與美國太空站結合。[1]他們不要美、中在太空合作。

第二，俄國人從來不曾如同這部電影所述，朝自己的衛星發射飛彈。而中國人二〇〇七年倒真的摧毀了自家的一顆衛星。中國利用陸基反衛星武器，將一顆已失去作用的氣象衛星炸出太空軌道（有朝一日，他們可以拿它來對付美國的衛星）。根據五角大廈的報告，中國的試射「引起許多國家關切，產生的碎片可使所有太空國家的資產陷入險境，並且對人類太空飛行構成危險」。[2]美國情報官員事先毫無警訊，不知道中方要發射飛彈，事實上美方也不斷得到中方保證，宣稱中國政府沒有反衛星計劃。中國現在不顧後果創造了太空史上迄今最大、最危險的太空廢棄物。可是電影中的罪魁禍首卻是俄國人。

劇中胡亂指鹿為馬的實際效果是，中國人在《地心引力》這部電影中是英雄，而俄國人像是惡棍。《地心引力》的編劇努力扭曲太空史。可是，我們也不必那麼驚訝：中國廣大的人口是美國電影最大的潛在市場——好萊塢製片業的賺錢對象，中國人當然在電影裡必須是正派角色。否則電影在中國肯定是禁演。[3]

由於短視或是自私自利，西方菁英和意見塑造者再次為中國擦脂抹粉，提供觀眾光明的角度來看中國。當然，這正中中國人的下懷。

天秤已經傾斜？

中國在二〇〇七年摧毀自己一顆氣象衛星，是一連串警訊的第一槍——刻意挑釁和敵意似乎意在測試美國及盟國的決心，以及國際規範能接受的範圍——可是世界各國大多忽視、漠視或替它說情開脫。自從二〇〇七年以來，各種事件層出不窮、且益形囂張。因此，東亞局勢緊張升至第二次世界大戰以來的最高點。

緊跟著反衛星測試之後，中國對美國及新上任的總統歐巴馬的口氣有了顯著改變。二〇〇九年十二月，歐巴馬總統親赴丹麥首都哥本哈根，全球一百九十二個國家在此集會，研訂全球應付氣候變遷的新政策。這次峰會顯示中國官員公開的論調出現顯著變化。他們展現出不必要的不禮貌，數度打斷西方外交官的發言，對討論沒有提供建設性的意見。[4]溫家寶總理已經冷落其他政府首長，拒絕出席大多數的談判。中國讓觀察家大為意外，竟然與其他開發中國家另行訂定協議，把原本盼望的承諾封殺、無法列入氣候變遷協定草案，等於朝大會目標開了一槍。[5]根據一位美國政府高階官員的說法，中國在大會閉幕前刻意安排一項會議，不邀歐巴馬總統出席，以便封殺美國的倡議。歐巴馬總統和希拉蕊．柯林頓國務卿聞訊，做了不速之客，逕自闖入會場。[6]

台灣長久以來即是美國和中國爭執的重心之一，但是中國突然十分強硬在二〇一〇年一月抗議行之多年的對台軍售——歐巴馬政府核准六十四億美元的對台軍售案——引起對美、台關係的全面重新檢討，也對未來軍售投入疑雲。中國認為這項軍售案「明顯干預中國內政」，可謂是比北京過去的作法更強悍的反應。接下來，中國暫時停止和美國的軍事互動，也對銷售物資給台灣的幾家美國公司實施制裁。[7]美國政府向這個壓力低頭，決定壓下出售先進的F-16戰鬥機給台灣的計劃，此舉招致國會議員的批評，議員指控政府是軟腳蝦、頂不住中方壓力。[8]後來，歐巴馬政府又擴大美、中之間的軍事交流。[9]

中國之所以態度轉為強悍，是因為中國領導人意識到「勢」已決定性地轉為對中國有利，而美國的相對衰落卻快得超乎他們原先預期。中國會有這種認知，有一部分原因是中國使用比較全面的尺度來衡量綜合國力。[10]二〇〇八年和二〇〇九年的全球金融危機源自華爾街，北京認為這是一個先兆。中國評論員認為美國的經濟將會復原，但絕不會與原來一樣。在未來的時代，全球經濟領導權勢必更加分散，減少依附美元。[11]中國等到「勢」轉為有利才在國外強悍表現，這也反映中國遵守欲速則不達的戰略要素，即使必須等上幾十年也行。

二〇一〇年出現中國重新評估的跡象。中共中央委員會一名外交事務專家向中國領導人提出四頁的祕密報告。這份簡報旨在回答「我國未來十年面對的最重要外交政策挑戰是什麼？」這個問題。根據美國政府取得的筆記，這位專家的回答是「如何管理美國衰落」。他提到幾個戰術可用來達成此一目標。如果正確的話，他的報告暗示中國可望在十年內經濟超越美國。

認定美國衰落的另一個證據，在二〇一二年出現：二〇一一年美國國防大學出版一本權威專書《權力的弔詭：在弱勢時代的中、美戰略節制》（*The Paradox of Power: Sino-American Strategic Restraint in an Age of Vulnerability*），作者為龔培德（David C. Gompert）和菲力浦・桑德斯（Phillip C. Saunders）。這份美國政府的研究聲稱，軍事平衡已偏向中國。中方的反應很有意思。中方翻譯並發行這本書，向外國訪客表示，他們不會接受政策節制的提議，但是欽佩這本書坦白承認美國軍力相對衰退，而中國在核力量、網路攻擊和太空武器上實力增長。[12]中國官員告訴我，它的結論洩露天機。他們說，這本書顯示美國政府已認知到中國在改變區域軍事平衡上的成功，因而對中國的利益有利。許多中國政治和軍事人物其實很訝異，美國竟然評估中國已經變得這麼強。根據我二〇一二年和二〇一三年在北京聽到的評論，我的結論是這份研究無意間提供證據給中國軍官，他們原本已在辯論時機是否已經成熟，可以利用軍事均勢對中傾斜的有利條件。

我聽說，中國政府和軍方許多人不相信這本書的主張——「美國沒有胃口想要挫折中國崛起、以盟國和軍力包圍它，或啟動中美冷戰」。[13]他們認為這種話怎麼能相信，它倒像是刻意要誘騙中國大意輕敵。可是他們很欣賞兩位作者評估軍事均勢已傾向中國。他們也很困惑，為什麼美國政府自曝其短，發布美國衰退的證據，究竟是什麼使得美國對「勢」做出悲觀的評估。我認為兩位作者的說法只代表他們個人主張，他們不肯採信。

在幾次會議中，我表示這本書只是兩位作者個人的建言，不是美國政府官方政策的聲明，卻招致中國軍官和學者的訕笑。他們笑說，他們知道其中一位作者是歐巴馬總統國安會中國事務重要幕僚麥艾文（Evan Medeiros）的好朋友，兩人經常聯名發表文章。在中國眼裡，另一位作者也非同小可：他曾經是美國全國情報總監丹尼斯．布萊爾（Dennis Blair）的副手；而布萊爾曾任美軍太平洋總部總司令。中方深信這是一個訊息，代表權力平衡已向中國傾斜，「勢」已經在變化。他們同意書中一個論點——在中國增進其核子報復能力之後，美國升高核戰以嚇阻中國進攻台灣的威脅「已經輕微、也將降低」。[14]但是他們還是不解，美國為什麼要公布如此負面的發現。

我們可以理解，美國和中國對如何解讀權力平衡會有不同看法。畢竟兩國是在不同的戰略環境中運作，面對的威脅並不相同；因此他們在評估國力時不可能強調相同的因素。[15]五角大廈淨評估室主任安德魯．馬歇爾一九八二年撰文談到美、蘇兩國對超強之間戰略平衡的評估不同時，他說：

> 正確評估的戰略平衡必須建立在一個重要項目之上，即我們對蘇聯人自己評估的戰略平衡的最佳概算。但這不能只是美國式的標準估算然後再假設上略做調整而已……相反的，它應該是盡可能地以蘇聯式的規劃去規劃，再來進行評估，採用他們認為最有可能發生的劇本，以及他們衡量結果的判準和方法……蘇式評估很可能對劇本和目標有不同的假設，重

點放在不同變數上……進行不同的估算、採用不同的效率尺標，並且或許採用不同的評估過程和方法。結果是蘇式評估可能和美式評估大不相同。[16]

其次，除了大半出自主觀解讀得到結論之外，不同國家在權力平衡關係中的相對地位，可能只有在事後這些國家回頭評估時才能完全理解。英國大政治家博林布魯克勛爵（Lord Bolingbroke）曾經說過：

權力天秤轉變的確切點……靠一般觀察是感受不到的……位於天秤上升的一方不會立刻感覺到他們的實力，也不會有成功經驗在日後給予他們的那份信心。那些對權力平衡變化念茲在茲的人，經常會從同樣的偏見做出誤判。他們繼續害怕一個已經傷害不了他們的大國，或是繼續低估一個已經躍升的強權。[17]

某些美國學者果真反映了權力平衡評估的主觀性，他們否認均勢已經傾斜或是在未來可能向中國傾斜的說法。塔虎脫大學麥可．貝克萊（Michael Beckley）在二〇一一年主張：「美國並未衰退；事實上比起一九九一年，它現在更富裕、更創新，軍力更強過中國。」[18]他說：「中國正在崛起，但還未趕上。」[19]當然，這兩種考量都關係到中、美雙方對本身以及對對方實力的評估。[20]

甚且，由於不同的國家對權力平衡有不同的評估，北京可能開始認為它早在美國承認之前就已經大幅領先了。在馬拉松競賽的最後幾十年裡，這可能造成相互的錯誤認知，很可能就導致戰爭。[21]

中國與鄰國的緊張關係

眼看著馬拉松勝利在望，中國人現在覺得比起以前更有空間耀武揚威，雖然同時也對他們的宏圖大計保持節制。他們在國境四周還有更緊迫的當務之急。中國周圍海域已經出現緊張局勢，南與越南、菲律賓、馬來西亞和汶萊有領土糾紛，東與日本也不平靖。

自從二〇一〇年以來，中國翻出塵封幾百年的地圖，想證明中國與東海、南海一些島礁有歷史淵源，因而提出領土主張。南海成為「熱點」，二〇一〇年五月與美國的高峰會議上，中國堅持對南沙群島的權利主張，把富含能源和漁業資源的數萬平方英里海洋納入其專屬經濟區，並把領海推進到靠近越南和菲律賓海岸地區。[22]

希拉蕊·柯林頓國務卿表示美國願意調停中國及其南方鄰國之間的爭端，這惹來中國憤怒反應。接下來幾個月，中方不時騷擾越南和菲律賓船隻。[23]菲律賓總統艾奎諾三世（Benigno S. Aquino III）把局勢比擬為一九三八年捷克面臨的危機：「什麼時候你該說：『夠了就是夠了』？

世界必須說話了。大家必然記得，捷克割讓蘇台德地區（Sudetenland）是想要平息希特勒以防止第二次世界大戰。」[24]中國反駁艾奎諾的說法「暴露業餘政客本色」。[25]

但是，中、日之間的緊張程度最高。某些中國作家認為日本人是「雜種民族」、是美國在亞洲的代理人。第二次世界大戰期間日本殘暴占領中國留下的仇恨，迄今猶未緩解。在東海，由日本群島往西延伸的一系列島礁成為小衝突的場所，很有可能演化為全面海戰。

二〇一〇年九月七日，中國一艘漁船在釣魚台／尖閣群島這個主權有爭議的海域，和日本巡邏船發生衝撞。中國船長和船員被日本海上警視廳扣押，不顧中國政府強力反對，帶回日本。[26]中方阻擋一些稀土出口到日本以示不滿，並且以涉嫌擅闖中國軍事禁區之罪名，逮捕四名日本僑民。[27]

兩年後，我很驚訝聽到六艘中國海監部隊船隻、分為兩隊，克服日本攔阻，闖進釣魚台海域。[28]在此之前，中方宣稱其領海包括此一地區。[29]我之所以驚訝是因為自此之後一連好幾個月，中國海監船增加在釣魚台／尖閣群島附近的巡邏，有時候中國漁船在本地區作業長達數星期，而且經常靠近到離釣魚台／尖閣群島十四英里以內。[30]同時，當日本政府將釣魚台／尖閣群島地區幾個私人所有的島礁買下之後，中國各地爆發反日抗議。[31]數千名抗議者包圍北京日本大使館，其餘團體則在數十個中國城市抗議、示威。[32]中國政府鼓勵示威，廣播稱，「日本已侵犯中國權利，表達你的觀點是很自然的事。」[33]

二〇一三年十一月二十三日，中國國防部宣布在東海設置防空識別區，逼使我們必須有所行動。固然日本、美國等國家過去都曾經宣布他們的防空識別區，中國不尋常的嚴格要求卻很突兀，因為它要求進入識別區的飛機不僅要表明身分，提供飛行計劃，還要與中國的防空識別區管理單位保持無線電聯絡。[34] 北京宣布後不久，我很高興美國國防部長查克・海格（Chuck Hagel）批准兩架B-52飛越防空識別區，以示美國不承認北京的要求。我向他建言，中方不會有反應的。

針對日本的抗議，中國外交部聲明：「日方無權做不負責任的評論，以及對中國惡意指控。我們呼籲日方停止傷害中國領土主權的所有行動。」[35] 日本首相安倍晉三在二〇一四年一月在瑞士達沃斯的世界經濟論壇引起爭議，因為他把中、日之間在東海的爭議，拿來和第一次世界大戰之前的德、英關係做比擬。大家都曉得，儘管德、英兩國經濟關係密切，猶如今天的中、日兩國，可是卻在一九一四年爆發戰爭。[36]

日本會如何回應中國在其西邊水域日益上升的侵略性行為，將會是其馬拉松戰略的重要試金石。至少在過去二十年，北京將戰國列強削弱敵國之鷹派的作法，施用在日本之上。中國在亞洲各地發動反日的妖魔化運動，包括針對日本國內民眾宣傳。它的宗旨始終一致：日本的鷹派陰謀策劃恢復日本在一九三〇年代的軍國主義，因此必須把他們揪出來，不能讓他們在政治上得勢。

為了妖魔化日本，中國發出的訊息是，它認為日本的財富，以及日本身為美國在亞洲主要盟國的地位，是從二戰不當得利的結果。倫敦政經學院教授文安立（Odd Arne Westad）稱這個現象是「有毒的、新形式的國家批准的反日民族主義」。[37]「儒家文明圈」的國家應該接受中國天經地義的領導地位，不應該企圖復活舊帝國，或與美國這樣的外來霸權結盟。[38]二〇一三年八月，針對中、日兩國國民對彼此觀感的一項調查，有助於我們了解這些爭議。[39]這項調查由中國的《中國日報》和日本的智庫《言論NPO》共同進行，向一千八百零五個日本人及一千五百四十個中國人調查他們對另一國家的觀點。調查發現，九成以上的中國受訪者對日本沒有好感，相較於一年前的調查結果（百分之六十二）出奇的高。同樣地，九成的日本受訪者對中國沒有好感，而一年前只有百分之八十四．三。這是過去九年來每年調查敵意最高的一次。被問到為什麼整體中、日敵意如此顯著上升時，許多受訪者表示，尖閣群島／釣魚台爭端是原因：百分之七十七．六的中方受訪者和百分之五三．二的日本受訪者認為島嶼爭端是他們相互仇視的主要原因。

其次一個最重要因素是歷史恩怨：百分之六三．八的中方受訪人認為「日本對於侵華歷史缺乏適切的道歉和懺悔」是他們對日本有負面觀點的原因之一。或許最不祥的發現是，有百分之五二．七的中國受訪者和百分之二三．七的日本受訪者認為，他們相信中、日之間將來還會爆發軍事衝突。

中國對日本日益強悍，頗有可能對中國想贏得馬拉松的長期戰略有反效果——步步為營、謀定而後動的中國領導人若還忌憚美國霸權的話，應該不太可能挑釁美國在東亞最親近的盟友。中國若是與日本開戰，也可做為對抗美國的祕密鬥爭中的一場代理人戰爭——中國若能打擊日本，將進一步削弱已經衰落的霸主。

二〇一三年，有一部分是針對中國在東亞日益蠻橫之反應，美國和日本同意擴大他們的安全同盟，以便展現美國決心仍在本地區扮演主要角色。這項協議包括美國將派偵察機前往日本，預料將會在釣魚台／尖閣群島四周及整個繫爭島礁地區海域巡邏。美國國務卿約翰·凱瑞（John Kerry）和國防部長查克·海格親自前往東京簽署這項協定。固然美國拒絕在爭端中選邊，海格重申歐巴馬政府的保證：根據《美日安保條約》的規定，日本若遭到攻擊，美國有義務協助日本自衛，而它將包括釣魚台／尖閣群島。

日本領導人已公開討論修訂日本的和平主義憲法——禁止採用武力解決國際爭端，只准維持自衛所需的低度兵力。通常日本人迴避不談它，但是現在卻坦率談論和中國的戰略競爭，以及中國在亞洲持續強悍的危險。中國對日本擴軍的可能性，以及第一次世界大戰前英、德海軍軍備競賽情勢再現的可能性，反應非常激烈。值得一提的是，中國對日本建設軍事力量並不是一直持負面觀點。一九七〇年代中國鼓勵日本將防衛費用從GDP的百分之一提升到百分之三。一九七八年，鄧小平告訴日本訪問團，他「贊成日本自衛隊強化」。[40]中國當時要拉攏一個新盟友對抗蘇聯。[41]然而，十年之後，中國對「勢」的評估變了，一九八八年，鄧小平的國家安全顧問宦鄉強烈批評日本。[42]

中國對日本民主政治的穩定性有根深柢固的懷疑。許多中國學者認為，今天日本許多右派人士「想要修憲以恢復舊帝國制度」。中國分析家經常批評日本政客到靖國神社參拜；靖國神社是日本神道廟殿，供奉一八六七年至一九五一年的日本陣亡英靈，其中包括二戰期間的日本戰犯。這些分析家寫說，日本政客以參拜做為「精神動員，以便在中國進一步侵略擴張」。[43]許多中國戰略學者相信，日本軍事力量增長必將成為「無法控制」。[44]

日本軍國主義在未來可能復活，令中國憂慮。何新或許是中國最著名的極端民族主義作家、也是李鵬總理的顧問。他在一九八八年預測，日本對資源掠奪性的需求，將會使它企圖「殖民」中國。他說：「自從十九世紀以來，日本從來不曾放棄它長期以來的全球戰略目標……同時，就整體戰略布局而言，日本將完全瓜分及孤立中國。」[45]

接下來，中國在一九九五年呼籲美國關閉琉球（沖繩）的美軍基地，並且質疑在後冷戰的世界哪裡還需要《美日安保條約》。[46]中國國防大學戰略研究所研究員盧廣業（Lu Guangye，音譯）甚至警告說：「北約集團和日美軍事同盟已經成為助紂為虐的兩隻黑手。」[47]

中共智庫中國現代國際關係研究所副所長陸忠偉指出：「在亞洲外交史上，從來沒有過強大的中國和強大的日本並存的先例。」[48]中國社會科學院高恆也認為，美國的占領並沒有消除日本的軍國主義。他認為，甚至因為美國在占領期間希望利用日本對抗蘇聯、北朝鮮和中國，「它維持日本的整個國家機器和戰爭機器（不過改了名字）。」[49]中國學者提到，日本「壓制中國的領土政策，並且干預中國對南沙群島和釣魚台的主權。」[50]所謂的「宮澤主義」（Miyazawa doctrine）

即仿照「歐洲安全暨合作會議」（Conference on Security and Cooperation in Europe）在亞洲成立區域論壇、討論亞洲安全議題，卻被中國學者批評是圍堵中國的煙霧彈。《紐約時報》於一九九三年報導，中國一名官員透露，中國軍方要求在五年計劃中增加國防預算，以便對付日本軍事力量上升。[51]

中國最迫切的關切是日本與美國合作開發反彈道飛彈防禦系統。更進一步的中國評論亦強調日本取得核武和航空母艦的企圖。[52]另外，中國分析家聲稱日本已有「具備航空母艦功能」的運輸艦。[53]即使在核武議題上，某些中國分析家預測，未來的日本會像印度一樣成為核子國家。丁邦泉在中國軍事科學院刊物《世界軍事趨勢》撰文說：「毫無疑問，日本有能力製造核子彈……日本有辦法避開國際監督，就核武器進行祕密研究。」[54]

美國誤判中國對台灣的立場

二〇〇九年，我的同僚和我仍然犯錯，以為中國人的想法和我們美國人一樣。我們對於中國對美國及其鄰國的新侵略性有所誤解，是因為它並不吻合我們既有的假設，也因為我們的中國線民一再向我們擔保，一系列似乎顯示中國愈來愈強悍的情節，並不是任何全盤計劃的一部分。並不是只有我一個人毫不懷疑中國。畢竟，我對中國馬拉松戰略的了解是，並沒有真正的急迫性要它趕著抵達終點，至少不是眼前當下。中國種種愈來愈強悍的行為似乎是隨機出現的獨立事件，美國為此辯論不休。中國的訊息是，沒有全盤模式或戰略把這些個別插曲連串起來。這個說法吻合早先的訊息：即中國並沒有大戰略。中國頂尖的美國事務專家王緝思就在《外交事務》雜誌發表文章如此說。[55]

我的同僚和我認為理所當然的是，中國會盡一切代價避免挑釁美國霸權，以及至少還要花二十年工夫，中國的經濟和軍事力量才足以懾服美國。這一切意味著，中國最不想做的一件事就是對其鄰國和美國擺出侵略姿勢，壞了大事。可是，在二〇一四年，美國政府官員卻告訴國會，中國已開始展現強悍的行為模式。為什麼我們花這麼久才明白這一點？

美國情報界和我沒看到中國愈來愈強悍的跡象，有一個原因，就是我們完全誤判了中國在台灣問題上表面立場放軟的意義。自從二〇〇〇年代胡錦濤上台開始，中國避免以武力威脅台灣，改為重用更加軟性、更加間接的方式來影響台灣政府，其中大半是經濟手段。[56]中國以這種方法已經打進台灣的朝野政黨、企業領袖、媒體和百姓。據說，胡錦濤私底下向他的親信顧問表示，「買下」台灣要比征服台灣來得容易、代價也較低。[57]中國和台灣在二〇〇九年簽訂「海峽兩岸經濟合作架構協議」（即ＥＣＦＡ）將兩岸經濟關係正常化，現在兩岸之間每週有將近七百班飛機來往，而二〇一三年到台灣的大陸遊客達兩百八十萬人次。甚且，北京採取直接行動籠絡台灣企業菁英，許多人變成強烈支持兩岸和解。親中的台灣商人已買下台灣重要日報和電視台，因此使得北京可以影響傳媒，也有其他人得到中資挹注。[58]

一直要到二〇一三年秋天到北京訪問時，我才發覺我們錯的多離譜，以及中國是如何迅速動員，以便在他們認為的美國衰退當中爭上風。北京的天氣晴朗而冷冽，但是早晨的交通和平常一樣糟透了。在下了一星期的雨之後終於迎來好天氣，上百萬市民湧向城外。我不想遲到，錯過未來兩天在國賓酒店（位於美國大使館之西七英里）與五位中國將領及六十位安全事務專家的會議。我提前一小時出發，選擇經過天安門廣場，經過政治局的祕密會議中心。犯了大錯！長安大街堵得動彈不得的車陣至少有一英里長。司機嘆氣，我請他右轉、沿著紫禁城的紅牆走，然後左轉取捷徑往北走。

我翻閱筆記，準備即將要參加的以中國話進行的當前軍事力量均衡的討論。我的辯論對手朱成虎將軍是中國最著名的鷹派將領之一，他在二〇〇五年因為披露中國針對美國攻擊，可以實施核子反擊的劇本，而躍登全球新聞頭條。[59]這次會議的主題之一很合宜，就是未來的核子均勢，以及武器控制的前景。另一位鷹派彭光謙少將，是中國經典教科書《戰略論》的作者：他將討論如何評估權力平衡。中國的法學教授們將闡述北京對南海的權利主張。

司機把我及時送到會場，我分發以中、英文寫就的會議講話稿，上面新蓋官章，註明「經國防部長辦公室准予發布」。這篇講話旨在挑激兩天會議期間的反應，我在之前參加三次中國軍方會議時也用這套辦法，即中國人所謂的「拋磚引玉」。這次會議是難得的機會可以獲悉中國對未來三十五年馬拉松要如何進行的權威性觀點。有位中國投奔自由者曾經告訴過我關於百年馬拉松的一個故事：戰國時期的勝利就像一場長期、分為多個階段的圍棋賽。秦國歷七代國王才贏得最後霸主地位。[60]一場圍棋通常約三百步，可分為布局、中盤、收官三階段。這個投奔自由者說，二〇一四年的北京領導人認為他們仍處於中盤，這段期間中國的GDP已超越美國，但綜合國力仍不如美國。

我到北京開會是奉了華府命令，任務是設法了解在對付中國想超越美國的馬拉松戰略下，美國政府應做好什麼準備。中國軍中及政府研究機構的專家是如何設想馬拉松賽局？我在往後兩天的許多對話都在探討這些問題。

我錯誤地估計中國「韜光養晦」的策略將會持續到二〇四九年。我過去認為，唯有到那時候，中國才會自認有資格擔當世界領袖，寶劍出鞘，亮出它全球治理的計劃。我沒有預期到，當權力平衡愈來愈不利美國而傾斜時，會有一個階段性漸進作法。因此我發覺有個新劇本正在上演：即根據北京的估算，每當中、美勢力平衡出現對中國有利的傾斜時，中國將變得更加堅定。

另一個我很慢才發現中國正在加速邁進的原因是，我誤信中國的說法，認為它的大戰略固定，旨在誘使別人鬆懈大意。中國的學者和官方強調他們的目標是至少在二十年內還保持戰略上的耐心。許多美國學者從北京回國後告訴我，中國不認為在未來幾十年裡權力平衡將向中國傾斜。中國積極鼓吹這個觀點。從二〇〇九年中期起，中國共產黨黨校和中國國際關係研究院等智庫即舉辦一系列內部會議，辯論美國相對衰落對中國會有什麼影響。哈佛大學教授江憶恩（Alastair Iain Johnston）對這些會議的評論是：「比較溫和的聲音——那些認為並沒有權力大轉移的人士……在這些辯論中明顯並未居於守勢。換句話說，美國是否相對衰落、衰落程度多大這些問題（在這時候）並沒有得到解答。」他又說：「甚且，沒有證據顯示外交政策的核心決策團體在這一時期……接受權力分配已出現重大轉移、或讓中國有新機會推進其利益的說法。」[61]

但是某些中國領導人得出結論：中國在百年馬拉松中已經進展超前。學者和情報官員開始談起中國起碼超前十年，也有可能超越進度二十年。[62]中國領導人如今在辯論是否該做個戰術改變，立即衝刺達陣，結束這場馬拉松較勁。

不過，中國的行動還是十分謹慎——盡量不使霸主察覺到中國的戰略目標。每一件插曲都構成了中國外交政策上的得分；每一次中國侵略性的行為都產生巨大政治利益。雖然美國和中國的許多鄰國都抱怨，中國根本沒有因其行為付出代價。

每一插曲都是中國運用百年馬拉松九大要素所得出的結果。我們在第二章已介紹如下：

一、誘敵驕矜自大，以攻其不備。

二、收買敵方股肱之臣，以為己用。

三、動心忍性，欲速則不達。

四、不擇手段，為戰略目的不惜竊取敵人的概念和技術。
五、軍事力量不是贏得長期競爭最重要的因素。
六、霸權將不惜一切代價確保其地位。
七、慎察「勢」的變化。
八、建立比較標準，以衡量自身與其他可能挑戰者的優劣條件。
九、戒慎恐懼，以免遭合圍或愚弄。

前瞻未來，美國應該做好準備面對一個越來越強硬的中國。北京將會推動在今天看來不務實、難以相信的外交要求——而其他國家將向中國的壓力退讓。中國可能不透過軍事征服追求它的利益，而是製造一種情勢，讓鄰國覺得向中國讓步是明智的，因為北京愈來愈有能力從金錢上懲罰它們。例如，中國可能要求印度關閉達賴喇嘛在達蘭沙拉（Dharamsala）的流亡政府。北京也可能施壓——或強迫——印度、歐盟和美國停止以財務援助西藏流亡人士——他們從一九五九年以來即提供這些支持。北京可能向華府施壓，停止銷售武器給台灣——這個問題長久以來讓中國神經緊繃，而中國富國強兵之後不會再容忍它。另一個長期讓中國人憤恨不平的是，數十年來為富含天然資源的周遭地區與鄰國一直有領土糾紛。

中國也有可能能夠迫使美國廢除它和中國鄰國簽訂的安全條約中與軍事相關的條款。自從一九九〇年代以來，北京強硬譴責這些協定，以及美國依照協定提供的軍事銷售，為它們貼上「冷戰遺跡」的標籤。[63]中國一旦稱霸，很可能就不只是譴責這些安排。當中國國力和好勇鬥狠心理與日遽增時，反對中國侵略性的聲音，如安倍晉三、艾奎諾等人，勢必愈來愈大聲，也愈來愈危險。不幸的是，美國對此一挑戰似乎沒有什麼感覺，甚至更無心去對抗它。

第十一章

美國霈師法戰國思想

「釜底抽薪。」——三十六計

如果你是唯一一個知道比賽已經開始的人，你肯定很容易贏得競賽。中國因此正走在即將取代美國、成為全球霸主的路上，從而建立一個截然不同的世界。可是結局未必必然如此。中華人民共和國或許是美國有史以來最嚴重、戰略也最高明的挑戰者，但它並不是唯一的挑戰者。

不久前，美國才剛擊敗另一個具有稱霸全球野心的大國所構成的威脅。美國以一系列計劃和戰術，在兩黨支持下贏得冷戰。類似的作法可以做為戰略核心，來擊敗或者至少抑制中國過大的野心。對策之一是讓美國的決策者大方承認中國的成就，接納中國的智慧和戰略，引為己用。雖然有些中國古代兵法的作用是以小搏大、以柔克剛，但中國的戰略文化的確有許多卓見可套用在更廣泛的國際關係上。克勞塞維茨的思想不必只能為德國人所用。本於相同精神，美國可以從戰國時期汲取若干中國智慧，用來在中美交鋒時以其人之道還治其人。

第一步、承認問題

北京領導人希望我們看到的中國並不是真實的中國。美國的政治和意見領袖必須睜大眼睛、仔細辨別中國所傳送給他們的「訊息」和事實真相之間的差異。孫子和孔子都認為必須辨識外表與實際。即使他是最大的擁護者之一，孫子也提醒大家莫落入聰明對手的騙局。孔子則主張「正名」最為重要，是正確戰略的基礎。簡單講，要知道敵人希望你相信他是什麼性質；不接受表相。

相信中國的經濟面臨重重險阻，最後卻發現中國的經濟單單自一九九七年至二〇〇七年就成長為三倍，豈不是傻子？[1]相信北京一再的保證，聲稱它將支持自由貿易、會取締竊盜智慧財產，也會停止其操縱匯率作法，同樣也愚不可及。相信中國領導人一再宣示中國要和美國建立夥伴關係，卻看不到北京政府批准及鼓勵將美國妖魔化，蠢得可以。相信它承諾會協助對付北韓和伊朗，事後才知道這兩個政權都得到北京的支援，一樣是不見棺材不掉淚。

如果美國想在百年馬拉松中競爭，它對中國的想法必須徹底改變。這代表必須承認中國是競爭者、心存敵意。這代表要明白中國領導人是如何透過研究「勢」、戰國兵法，以及推翻霸主的策略在思考。這也代表要認識中國政府如何將這些想法化為行動。美國政府有一整套的政策和戰略需要重新檢視。

第二步、明確計算美國已經送出多少援助

每年美國納稅人繳的稅金有一部分被用來協助中國崛起。這些援助大多十分低調，沒受到媒體及大眾注意。而這是刻意如此的。

二〇〇五年，某位國務院官員在國會作證時透露許多美國人前所不知的對中援助方式。他

談到美國政府派許多勞工部專家到中國協助提升中國人的生產力。他說到財政部及貨幣監理局（Office of the Comptroller of the Currency）向中方提議協助它改進金融實務。他提到聯邦航空署（Federal Aviation Administration）協助中國飛機製造商的情況。他也報告美國政府其他機構如何促進在中國的數百項科學研究計劃。

聽證會後，這位外交官把我拉到一邊說話。他曉得我在中美關係上的背景，以及我身為國會幕僚人員的身分，他問我：「你能讓國會取消每年如此聽證報告嗎？」我不知道他為什麼希望以後不再做聽證報告。他說：「說得愈多，外界愈清楚，國會愈是批評中國，就會想要終止它。這樣會使我們和中國的關係倒退三十年。」

我們仍然沒有整本帳搞清楚美國政府出資援助中國究竟有多少項目活動。美國不僅出錢出力壯大自己的頭號對手，它甚至沒有記錄自己出了多少錢養虎為患。

要在馬拉松中競賽，國會應該立法規定所有部會機構每年報告他們援助中國的情況。明訂並公布這些計劃至少會有三個好處。第一，對美中關係保持著更審慎、懷疑之態度的美國人，將取得充分的資訊，以對抗大力推動援助中國的多數學者、分析家和政府菁英。第二，認清美國援助中國的領域，可以讓決策者更了解在哪方面有籌碼可以左右北京的行為。第三，美國人可以利用這份清單反駁中國教科書的指控（見本書第五章）。它們聲稱自泰勒以降歷任美國總統都想圍堵及傷害中國。

第三步、精確評估競爭力

戰國時期的許多故事都告訴我們，在擇定戰略之前要仔細衡量權力平衡。美國企業有一條不變的法則：「能衡量，才有改進」。箇中涵義言簡意眩：除非知道你需在哪裡改進，否則無從改進。除非知道自己在哪方面落後，否則無從在競賽中後來居上、領先競爭者。每一年中方會針對他們與美國的競爭力關係進行年度分析。為什麼美國不這麼做？

非營利組織「競爭力理事會」（Council on Competitiveness）成立於一九八六年，旨在提升美國的全球經濟競爭力。它集合了企業執行長、大學校長、全國勞工組織負責人和著名研究機構於一堂。理事會刊物詳細預估，至少直到二〇一七年，美國的製造業競爭力將會如何下降，而中國卻保持第一位，因為北京在製造業及工業上都保持大量的投資。[2]

美國政府應該就美國競爭力進行類似但更加嚴謹的衡量。白宮應該每年向國會提出報告，包括美國與其主要競爭對手們的相對表現之趨勢和預測。美國政府的許多部會，包括情報機關，都必須參加進來。報告不必涵蓋其他所有國家，只要針對前十名競爭者做比較就行——就從中國先開始。

第四步、發展競爭策略

《戰國策》經常描述領導人如何藉「改革」比競爭者更加速增長力量來競爭。要訣在於保持心智開放，承認策略需要改變而有所行動，然後實行新戰術以獲致渴望的結果。

肯特・休斯（Kent Hughes）是伍德羅・威爾遜中心（Woodrow Wilson Center）美國及全球經濟計劃主任，也是競爭力理事會前任執行長。他把中國科技崛起所構成的威脅，拿來與一九五七年蘇聯發射史潑特尼克人造衛星（Sputnik）做比較。他提出，雖然蘇聯發射衛星被視為是對美國科技及軍事優勢的挑戰，它也刺激美國投資其科學及工業教育，以及民間部門的創新。中國的崛起尚未刺激類似強烈的的反應。休斯提出一系列維持競爭力的政策建議。它們包括美國公、民部門合作以提升競爭力；財政及金融改革；技術創新；建立終身學習文化[3]；以及增加美國民間研發。[4]紐約大學教授拉夫・葛莫利（Ralph Gomory）曾任ＩＢＭ副總裁，他也建議藉由推動「美國實質的製造業復興」，來對付中國「政府對土地、能源和科技的大量補貼，以及低成本或無成本的貸款」。[5]中國委員會（China Commission）的派屈克・穆洛伊（Patrick Malloy）也闡述需要有新的國家競爭力戰略，因為「整體而言，美國經濟的優勢已經受到了長期的威脅，甚至我們的國家安全也岌岌可危。」[6]

公共政策分析家羅伯特・艾金生（Robert Atkinson）和史蒂芬・伊澤爾（Stephen Ezell）則提出一個跨部會計畫以加強美國競爭力，但是他們又擔心由於兩黨都存私心、有政治考量，計畫會受阻礙或遭到刪除。他們向保守派提出警告：「右派幾乎對美國全球軍力優勢有任何相對衰退的跡象都十分敏感，但是卻奇怪的不注意美國經濟地位的衰退將對其整體安全、特別是國防軍備產生的負面影響。」對於左派人士，艾金生和伊澤爾也警告他們：「如果美國輸了全球創新優勢的競賽，左派人士必須承認他們想促進社會正義的使命也無法有效達成。」[7]

第五步、團結美國內部陣營

戰國時代領導人試圖保持盟國緊密結合，設法將同床異夢的同盟結合在共同目標下。不團結很危險。美國政府之內及之外，有許多人主張改革美國對中國的政策，但是他們派系林立，經常搞不清楚其實彼此同在一條船上。至少從一九九五年起，北京的中國學者就很喜歡告訴我，批評美國對華政策的美國人是多麼地囿於政治歧異、從來不能合作。

要等待希望見到中國內部發生改變的美國人攜手合作已經太晚了。美國國內應該成立一個大同盟，以改變中國為共同使命，而且一相情願以為美國可以協助中國改革的作法也該改弦更張了。這代表支持達賴喇嘛的美國人，應該和主張撥款強化五角大廈海空一體戰計劃的美國防務專家結盟。這代表人權團體應該與要求保護智慧財產權的美國企業界合作。這代表主張修改「一胎化政策」的反墮胎團體，必須與國會成立的民主促進組織建立共同目標。

第六步、建立反制聯盟

中國擴張它對南中國海的權利主張、欺負菲律賓漁船、切斷越南地震調查船纜線，最近又在東中國海設置防空識別區，種種行為都是別有用心的。中國希望能確保取得在本地區的天然資源，也希望恐嚇其鄰國，它們才會因為恐懼而不敢團結起來抵抗其野心。

無論一個人懂不懂圍棋，他都曉得被一群敵人包圍是危險的。中國天生就害怕其鄰國成立這樣一個同盟。因此，美國正應該鼓勵蒙古、南韓、日本和菲律賓等國家去結盟。就算這樣的同盟不會真正的成功，但僅僅是其可能的威脅性都足以暫緩、抑制北京的攻擊性。中國曉得美國及其盟國過去如何圍堵蘇聯。當美國增加援助，並且促進中國的鄰國合作時，當中國感到孤立、在本地區毫無友人時，中國的鷹派將會受到內部指責。

第七步、保護政治異議人士

冷戰最前線的許多戰士是蘇聯和東歐的異議人士，他們拒絕向肆無忌憚的新聞檢查、政治宣傳、宗教迫害、經濟奴役低頭。他們的主帥是哈維爾、華勒沙，和索忍尼辛這類人物。由於這些人的勇氣、熱情和原則，他們推翻了蘇聯和鐵幕。但是他們並非孤軍奮鬥。從杜魯門至雷根歷任總統皆支持他們的志業。當他們坐牢時，美國總統要求放人。當他們需要資金時，美國人撥款。當他們自己國家查禁而需要言論自由的論壇時，美國人的印刷媒體、廣播電台透過自由歐洲電台把他們的奮戰和信念傳播到家家戶戶。

今天的中國已增強對西藏佛教徒和維吾爾族穆斯林的迫害。在西藏，政府實施宵禁、逮捕抗議者、殺害無辜百姓，達賴喇嘛最近評說，中共把這個地區轉變成「人間地獄」。[8]在新疆，互聯網和電話經常被切斷。由於國家推動移民，新疆和西藏的漢人人口大增。[9]

中國也迫害基督徒。外國人在中國要先出示護照才能參加教會做禮拜，是常有的事。為什麼？因為中國是由無神論的共產黨當家執政。北京政府希望中國人民不跟非經國家核准的教會有往來。許多專家估計中國有六千萬至一億基督徒，而且人數還在逐步上升。[10]「對華援助協會」（China Aid）創辦人兼會長傅希秋想倡導中國人民保衛他們的信仰和自由。這個組織的宗旨是，促進法律改革、贊助中國「家庭教會」、援助被捕坐牢的基督徒。他凸顯一胎化政策的殘暴，並且支持在中國的其他人權運動分子。最近，傅希秋因為協助盲人律師陳光誠在中國逃出軟禁、平安抵達美國而名噪一時。[11]

楊建利是經歷一九八九年六四天安門廣場大屠殺的中國異議人士，他在過去二十五年奔走努力、要求中國政府建立問責制度。他成立「公民力量」（Initiatives for China），一個要把中國國內支持民主的團體與全世界人權團體串聯起來的組織。[12]由於他的工作，他被中國政府抓去坐了五年牢，經過美國國會兩院無異議一致決議，聯合國也通過決議案，復經非營利組織奔走，他才恢復自由。他能夠獲釋，證明外界聲援異議人士會起很大作用。我們不妨想像一下，美國政府若是像援救楊建利出獄一樣，積極去支持中國其他許多異議人士，他們將能發揮更大的效用。

國會眾議員南西．裴洛西努力不懈地支持達賴喇嘛，小布希總統也支持傅希秋在中國爭取宗教自由的努力。很遺憾的是，傅希秋說，他向歐巴馬總統求助，歐巴馬卻置之不理。[13]歐巴馬總統沒有把中國的人權表現和北京關切的事項，如貿易關係，綁在一起。歐巴馬政府甚至沒把人權議題列入「戰略與經濟對話」，這是歐巴馬和胡錦濤二〇〇九年四月宣布建立的機制。

美國政府不應該暗中破壞那些在對抗百年馬拉松時可能最有力的盟友之努力。

第八步、堅決面對反美的競爭行為

中國不只是針對美國發動網路間諜攻勢的源頭，它還是首要源頭。根據某些估計，針對美國的網路間諜行為有九成以上源自中國。[14]中國駭客定期侵入美國企業和政府單位。受害人包括谷歌、博世艾倫諮詢公司（Booz Allen Hamilton）、AT&T、美國總商會、Visa、Mastercard以及國防部、國務院、國土安全部和能源部。數十年來，只要是中國自己無法發明的技術、無法創造的智慧財產，它就靠駭客去偷竊。美國智慧財產竊取調查委員會（Commission on the Theft of American Intellectual Property）由前任國家情報總監丹尼斯．布萊爾和前任駐北京大使洪博培（Jon Huntsman）領導。它提出的報告指出，美國智慧財產被偷使美國每年經濟損失超過三千億美元。[15]

維吉尼亞州國會眾議員法蘭克．伍爾夫（Frank Wolf）長年致力於保護美國技術資產不受中國竊取，也努力促進中國的人權。體認到中國如何占美國開放及樂於分享資訊的便宜，他協助為這類資產建立少許低度的防護規定。伍爾夫在二〇一一年聯邦預算法中附加一項條款，禁止太空總署和白宮科技政策室在當年與中國進行任何共同的科學活動。[16]

然而，在設法阻止中國竊取美國的技術知識的工作上，伍爾夫卻是孤軍奮鬥。自從二〇一一年以後，他就沒有辦法促進通過類似的立法。由於「伍爾夫條款」成功地阻絕中國記者參訪美國太空梭「奮進號」（Endeavour）的發射，以及伍爾夫參加湯姆．藍托斯人權委員會（Tom Lantos Human Rights Commission）*的活動，關切中國的人權問題，他本人竟然成為中國網路攻擊的受害人。[17]

像伍爾夫這樣強烈關切關鍵技術、軍事機密和智慧財產遭竊，對美國來說是至關重要的。但是他宣布二〇一四年將從國會退休。如果美國還希望在百年馬拉松中和中國競爭，它需要恢復伍爾夫的方案，並且設法擴大它們。

第九步、查緝並懲罰汙染分子

美國和歐洲聯手每年降低六千萬噸溫室氣體排放量，中國每年卻增加五億噸以上的溫室氣體排放量。中國環境問題最嚴重的證明——至少到目前為止是如此——乃二〇一三年一月發生的「空氣汙染末日」，北京和中國其他城市的空氣汙染超過世界衛生組織認定之安全程度的四十倍。但是即使「空氣汙染末日」也無法讓中國改變它的環境政策。北京拒絕遵守任何國際協定，深怕協定會強迫它以對環保負責任的、長期永續增長的政策為優先。

要在中國推動環境保護有一個比較有效的作法，就是洪博培大使批准美國駐北京大使館用推特把北京的汙染程度公布。[18]同樣的，中國著名的環保組織「公眾與環境研究中心」（Institute of

Public and Environmental Affairs）負責人馬軍，把中國的水、空氣和固體廢棄物汙染情況繪製成地圖，公布在網路上。[19]

但是，我們唯一能做的就只是喚醒民眾的環保意識嗎？美國應該從要求中國採取對環境負責任的作法，進一步堅持中國要確切落實，即使這代表比起過去美國政府得對中國施加更大的壓力。否則，中國就占盡經濟上的競爭優勢——華府限制美國企業以保護環境，中國卻逕自全速出口其產品及汙染。

第十步、揭發貪瀆及新聞檢查

中國政府最害怕的一樣東西就是新聞自由。它曉得陽光是貪官汙吏的消毒劑。它深怕中國人民若是曉得其領導人的貪瀆、殘暴以及欺瞞美國及民主盟國的歷史之全部真相，會出現什麼樣的反應。可是，美國政府為什麼不更積極反對中國對其人民的新聞檢查和宣傳運動，這實在令人大

---

* 譯注：湯姆．藍托斯是美國眾議院資深的民主黨籍議員，也是歷史上唯一一位擔任過美國眾議院議員的猶太人大屠殺倖存者。他從一九八一年當選以後就一直關切人權問題，他於一九八三年成立的的人權議員團（Human Rights Caucus）後來被改名為湯姆．蘭托斯人權委員會。

惑不解。

中國主要的新聞機構都是國家擁有。於是揭發貪瀆的責任通常落在駐華外籍記者肩上。西方媒體大致都不負眾望——揭露侵占公款、反腐官員遭受騷擾、國企管理不善、逃漏稅、性醜聞、欺壓外資企業、賄賂等等弊端。例如，二〇一三年僅僅幾個月內，新聞記者安德魯·傑可布（Andrew Jacobs）報導，中國官方以「尋釁滋事」罪名扣押一名中國記者，[20]以及在四川省殺害無武裝的西藏人。[21]同樣地，《紐約時報》駐上海特派記者張大衛（David Barboza）於二〇一二年十月發出報導，指出溫家寶總理家族有二十七億美元資產取得方式頗有疑問。[22]

但是北京政府用盡種種手段不讓這些資訊流傳到中國百姓耳朵裡。二〇一二年，中國政府封鎖彭博新聞，因為它刊載有關習近平家族財富狀況的新聞。[23]在中國工作的潛規則是：你可以報導中國經濟飛速增長，但若是開始批評共產黨或其高級官員，你就會被驅逐出境。

中國領導人也對美國科技公司施壓，要求它們對其在中國的網址進行新聞檢查。互聯網提供商及社群媒體公司若要在中國營運，得面臨嚴峻現實：要不就是與中國政府的新聞檢查配合，否則就是因政府封鎖它們的網址，被迫退出中國市場。

對維基百科的創辦人吉米·威爾斯（Jimmy Wales）而言，選擇很簡單。維基百科拒絕順從中國政府限制資訊的要求。[24]被譏稱為「中國防火長城」已在許多場合封鎖住維基百科。[25]威爾斯說，維基百科代表「資訊自由，若要我們妥協……豈不就發出非常錯誤的訊號：等於是宣告地球上沒有人願意說出：『你知道嗎？我們不會放棄的。』」[26]

為什麼美國政府沒有支持維基百科的反抗？它應該向中國政府施壓，要求它不要來欺負維基百科、雅虎、臉書等美國公司和其他媒體。它也應該加強和中國人民的溝通——透過自由亞洲電台（Radio Free Asia）的國語廣播。冷戰期間，自由歐洲電台是蘇聯新聞檢查和宣傳的沙漠中，反共異議人士難得的綠洲。沒有理由自由亞洲電台不能在百年馬拉松中扮演同樣的角色，但是它的預算至少需要增為三倍。

第十一步、支持民主改革派

美國在冷戰期間的許多戰略都派不上用場——至少目前還派不上用場。宣示新冷戰正中中國鷹派下懷，他們挖空了心思就是要誇大來自美國的威脅。目前並沒有全球意識型態大鬥爭，沒有必要建立類似北約組織的反中同盟以圍堵擴張中的帝國。但是冷戰有一個教訓美國有必要遵行，那就是恢復對中國境內支持民主及公民社會團體的支持。在談到新冷戰時，中國最擔心的是[27]，美國會恢復他們在冷戰時期的計劃，運用思想的力量從內部顛覆蘇聯。中國大部分鷹派相信這個顛覆中國的計劃已經祕密付諸行動，就和一九四七年對付蘇聯一樣如出一轍。中國至少有兩本書宣稱美國中央情報局領導此一計劃。[28]

前任國防部長羅伯特・蓋茲（Robert Gates）曾經指出，一九七五年的《赫爾辛基協定》振奮了蘇聯境內的支持民主團體，它「在我們贏得冷戰上扮演關鍵角色」。[29]中國鷹派似乎也認同他這個觀點，他們經常撰文表示擔心美國發動計劃以影響易受擺佈的未來中國文人領袖，而走向民主的多黨選舉和自由市場。[30]二〇一三年十月，中國的鷹派透露另一項擔憂——美國會物色一個戈巴契夫型的中國領導人，他會終結一黨專政。鷹派對中國自己的領導人之不信任，充分表露在二〇一三年十月的九十分鐘錄影帶《較量無聲》的論調裡。[31]中國鷹派深怕自己的文人領導人受到西方領導人洗腦，想要推動多黨制以及民主政體。

羅援少將接受網路採訪，描述美國中央情報局有一個方案是監視中國軍方媒體，找出「鷹派」，再把這些人姓名提請中國高階文人領導人注意，他們會將這些鷹派降職或懲處。羅援在訪問中舉出三個實例，甚至提名道姓逕指我很高興有這類動作。我不介意他提到我的姓名，但實際上美國並無這種方案。[32]

事實真相是，美國或西方並沒有這種顛覆中國共產黨統治的協同一致行動。每年花在支持中國民主運動的經費不到五千萬美元。[33]美國政府雖然有些經費並不充足的公民社會計劃，它們並非中央情報局的祕密行動，與實際需求的規模一比，它們太小了。至少有六個這類的計劃源自冷戰時期，由美國政府出錢，交給美國勞工聯盟暨產業組織大會（AFL-CIO）、總商會及民主、共和兩黨等組織去經營。它們提供資金贊助中國境內相當多元的各式組織，以及流亡團體。[34]

美國國務院應該贊助更多項目以促進中國依法治理及公民社會的發展，包括提供法律及技術協助、改革刑事法、改進司法裁判、培訓村級民選官員，以及支持法官獨立等。[35]美國也應撥出更多經費支持選舉觀察團，並提供技術協助以起草地方選舉規定，改進對預算及政府決策的監督。我們也需要增進獨立的非政府組織能力的項目。[36]

伴隨著推動民主的倡議，美國也必須認真推動自由市場改革，而不是認定中國自然而然地會開放其經濟。例如，國會透過民主基金會和國際民間企業中心（Center for International Private Enterprise）撥款，支持設在北京的「天則經濟研究所」，[37]它在推動雙邊投資條約。[38]這會縮減國有企業、包括「國家冠軍」的優勢。中國的血汗工廠也已經受到中國非政府組織及美國出資援助計劃的關切。[39]

美國政府對於中國內部的辯論倒也不是一直不感興趣或一無所知。一九八〇年代，國務卿喬治·舒茲（George Shultz）堅持中國要遵守國際反核子擴散的規範。[40]美國協助在中國建立機構和培訓人員，以扭轉北京不願加入核子不擴散條約的心態。[41]參議員約瑟夫·拜登（Joseph Biden）形容中國是「在國際社會快速成為一頭野象」的國家，[42]要求除非中國改變它的不擴散政策和實際作為，應該扣住不給它貿易最惠國待遇。美國政府的交流計劃結合民間的非政府組織，如麥克阿瑟基金會和福特基金會，[43]發起資助中國培養境內發展武器控制的能力之倡議。[44]外國的壓力和經費協助中國建立第一個出口管制系統，以監督及防止公司輸出受禁制的技術。[45]

很遺憾，近來美國又淪於消極。習近平在談論遵守中國憲法時提起如何把「權力放進籠子」，引發熱切辯論。法學教授張千帆領銜起草，徵得七十二位學者聯署上書。張千帆指出，中國憲法規定「任何組織或者個人，都不得有超越憲法和法律的特權」。光是要落實這一句話就會嚴重限縮共產黨當前的獨裁角色。當習近平在制憲三十週年慶上講話，提起「憲法應該是保障公民權利的法律武器」之後，辯論更是持續不斷。[46]《紐約時報》二〇一三年二月三日一篇報導談論劃分黨、國體制及深化市場改革，它說：「習近平近來有些談話，包括有一次他強調需要執行憲法，已在推動改革人士之中點燃希望」。[47]這正是北京鷹派最害怕的新聞。就這方面而言，美國應該是參與者，不應該袖手旁觀。

第十二步、密切觀察中國鷹派和改革派之間的角力

今天，中國有一套對付美國的冷戰戰略，它仔細地監視華府各個不同派系——哪些人支持北京、哪些人懷疑北京，哪些人可以被操縱、哪些人已經看破馬拉松戰略。美國過去也長於此道。冷戰期間，美國投資時間、技術和人力以打探蘇共政治局各個委員的活動——哪些人主張與美國保持更和諧的關係，哪些人視美國為必須推翻的危險敵人。可是和對付蘇聯時不同，美國在面對中國時就施展不開了。

了解中國內部在關鍵問題上不同人物的不同立場，對美國來說是非常重要的工作。雖然馬拉松戰略進展神速，中國政府的思想還未僵化成一塊鐵板。固然強硬派占多數，但還是有些真誠主張改革及自由化的人士，他們希望中國能夠以美國模式為標竿。他們的確存在，美國必須找出這些人並予以支持。問題在於美國情報機關還未投資資源，去找出這些真正的改革派。他們和表裡不一、假裝有改革意願的許多中國領導人並不相同。對情報界而言，辨別他們是極大的挑戰。[48]

挑戰一直持續不斷。一九八〇年，卡特主政時期，奧森伯格邀請我參加國家安全會議一項幕僚會議，討論他為國家安全顧問布里辛斯基所起草的備忘錄。備忘錄提出警告，認為我們對中國的情報工作做得很差，「我們會遇上在伊朗方面同樣重大的情報失敗」，即伊朗國王在一九七九年遭到推翻。稍後幾年，略有進步，但幅度不大。一九九六年在國會作證時，曾在中情局服務二十七年、後出任駐北京大使的李潔明（James Lilley），指出挑戰的艱鉅：「兩千五百年前，中國的孫子就說過一句話，『能而示之不能』。他們的預算、他們向蘇聯的軍事採購、他們的技術轉移、他們的力量投射，這些事他們全都秘而不宣。你想得知，唯一的方法是透過見不得光的情報蒐集。但是，一如既往，到頭來構成最基本差異的還是人。」[50]前文已經提到，二〇〇一年八月，也就是天安門廣場屠殺的十二年之後，李潔明向國會委員會表示，他最大的遺憾就是晚了十年才從中國內部文件獲悉，當時中國已經朝民主走了有多遠、以及抗議者已經有多麼接近將推翻共產黨政府。這位前任大使說，如果他當時就知道，他會力諫老布希總統站在真正的改革派這一邊堅定地干預，而不是受北京領導人之騙與他們站在同一邊。[51]

三個陷阱

中國的鷹派和改革派對於美國對中國鄰邦的意圖，有完全不同的判讀。鷹派把美國的一舉一動都當作是圍棋盤上的動作，意在包圍中國、抵銷中國的威脅。近年來，最重要的一個舉動莫過於歐巴馬總統二〇一二年十一月訪問緬甸，以及緬甸領導人在翌年春天訪問美國。緬甸成了美、中在亞洲角力的中心。《紐約時報》在當年稍早指出：「美國在亞洲重新布局，而中國膽氣大壯也以前所未見的規模投射其軍事和經濟力量，每一方都傾全力爭取經濟上陷於泥淖但戰略地位重要的緬甸之好感。」[52]

二〇一三年，我有機會到仰光美國大使館拜訪，見到最近剛出任大使的老朋友米德偉（Derek Mitchell），他是二十多年來第一位美國駐緬甸大使。[53]米德偉和我一九九六年首度在國防部共事，他替國防部起草第一份、也是唯一一份「東亞戰略檢討」。更後來，米德偉是歐巴馬總統重返亞洲戰略的規劃師之一。他離開五角大廈，並自願擔任此一兵家必爭之地的大使，而他以推動緬甸人權為主要目標。

見了新大使，我請教他對中共中央政治局內部分裂的看法。雖然中國鷹派分子視美、緬關係為迫在眉梢的危險，米德偉和我一致認為中國的改革派對美國向緬甸開放將會輕鬆以對，因為一旦緬甸的經濟轉好，無論是對美國還是中國都是好事。例如，中國為了它在能源方面的投資，尤其是在伊洛瓦底江蓋一連串水壩，希望緬甸局勢穩定。這和鷹派認為美國在包圍中國的觀點完全相反。美國政府應該了解並善加利用這個立場。

我很好奇想知道緬甸領導人是怎麼看待中國的長期戰略。他們是否像西方許多人一樣，認為中國是資本主義的信徒，想在國際社會上和平崛起嗎？

米德偉說，緬甸知識分子認同新加坡八十九歲的前任總理、亞洲最受尊重的領袖李光耀的觀點。有新加坡奇蹟之父美譽的李光耀，在西方普受尊敬；尼克森一度比擬他為邱吉爾、狄斯累利（Benjamin Disraeli）和格萊史東（William Ewart Gladstone）*，[54]而柯林頓、老布希等許多人更推崇他是高瞻遠矚的領導人。可是，奇怪的是，西方許多人卻選擇忽略他對中國的觀點。

有位緬甸官員指點我去仰光五星級的斯特瑞德酒店（Strand Hotel）的書局去找一本介紹李光耀觀點的新書。這是大英帝國時期興建的一棟維多利亞風格建築物，現在則是作為西方帝國式微的遺蹟兀立在哪兒。

---

* 譯注：兩位皆是十九世紀英國重要的政治家，皆多次擔任首相。

這本書的編者，哈佛大學教授艾利森（Graham Allison）和布萊克維爾（Robert Blackwell）寫說：「關於中國崛起這個議題，李光耀毫無疑問比起外界任何觀察家或分析家有更深入的了解。」[55]我略覽這本書，發現李光耀很清楚了解中國的長期戰略，他對中國早已密切觀察數十年之久，比起西方極大多數人都更早。

李光耀直率地說：「中國意圖成為世界最強大的國家，而且要被接納為中國、不是西方的榮譽成員……在他們思想的核心是殖民化之前，也就是被欺壓、羞辱之前的世界。」李光耀認為北京巧妙地駕馭中國人民的期望——一九八九年天安門事件之後，設法使他們完全放棄原先的主張。他說：「如果你認為中國將會發生某種要求民主的革命，你就錯了……中國人民要的是中國復興。」新書編者請教中國將如何成為第一號強國時，李光耀答說：「他們最大優勢不在軍事勢力，而在經濟勢力……他們的勢力將只會增長，並且增長到超越美國的力量。」[56]

李光耀似乎證實了馬拉松戰略的根本要素，雖然他認為中國要稱霸還得等個數十年。他說：「中國人認為如果他們堅守『和平崛起』的說法，只爭取經濟和科技的第一位，他們不會輸。要〔直接〕挑戰像美國這樣強大、科技優越的大國，將夭折他們的和平崛起。中國走的是吻合黨所製作的電視劇《大國崛起》的路線……我相信中國領導人已經明白，你若與美國軍備競賽，你會輸。你會搞得自己破產。因此，必須避免它、頭要低，保持微笑四、五十年。」[57]

我自己沒辦法說得更清楚。但至少我有個知音了。

儘管兩黨一致，甚至舉世同聲稱頌李光耀，他對中國宛如醍醐灌頂的預測卻被西方許多中國專家所摒棄。原因之一是批評他的人有一相情願的想法和錯誤的假設，以為中國將會崩潰或成為西方式的民主國家。第二個原因是中國奉行韜光養晦、謙遜低調，低估它的增長前景。第三個原因是對於短期的中國威脅有太多假警報。和李光耀一樣，我關切的是中國到了二〇四九年將會多麼強大。我專注在長遠的未來，而這代表我們還有時間去追求我前面提出的十二項對策。

通常一談到中國，就有人煽動性地發出警告，聲稱中國迫在眉睫就要接管全球、它的軍力也將稱霸全球——兩者在近期內都不可能發生。哈佛政治學者約瑟夫・奈伊（Joseph Nye）正確地警告大家：「我們最大的危險是過度高估中國，而中國也高估了自己。中國一點兒都不及美國。因此，如此放大中國、而在美國製造恐懼，以及中國傲慢自大，是我們面臨的最大危險。」[58]

假設中國持續囂張跋扈且咄咄逼人，逼得本地區同病相憐的國家組成同盟，這長期而言有助於美國。拿破崙曾經說過一句名言：「敵人犯錯時，千萬別去阻止他。」不過，這並不是說美國就可以兩手一攤，無所事事。

要與北京進行長期競爭意味著必須看清楚中國的野心，當中國的行為踰越一般通行的國際規範界限時就得批評它。我從中國戰國時期汲取概念，主張這麼做；我必須尊重中國戰略思想的精深和創意。我在本章所列舉的十二個步驟會激怒中國、產生摩擦，乃是無可否認的事實。我的同僚經常警告說，別去批評多刺的中國人。但是這種立場忽視了亞里斯多德的勸喻，他說：「批評是我們很容易即可避免的東西，只要不說、不做，做一個沒有立場的人就行了。」

北京要取代美國成為地緣政治主導大國的策略，需要有美國的善意和協助。當年美國逐步崛起、大英帝國式微，美國必須像彼時英國的作法一樣。這正是為什麼中國如此努力打造美國的認知。劉明福在《中國夢》一書中呼籲中國努力塑造美國人對中國的認知。他說，中國必須「不讓美國成為撒旦，而成為天使」。另外四名鷹派也出了另一本書《新戰國時代》，呼應他的主張。[59]這些人士及其他中國鷹派相信未來數十年不會出現大規模的戰爭和領土征服，而是為經濟、貿易條件、貨幣、資源和地緣政治組合鬥爭不已。

至少有三個知識陷阱可能讓我們跌進去，而看不到問題的真正本質。第一個陷阱就是太早擔心害怕中國威脅。中國還不至於像馬丁・賈克（Martin Jacques）二〇一二年著作的書名所稱將要「統治世界」。[60]中國還沒有成長到像美軍那樣，能夠建立起遍佈全球的軍事力量。人民幣還未強大到足以取代美元成為全球儲備貨幣。[61]喬治華盛頓大學教授沈大偉（David Shambaugh）曾說，中國只是「部分大國」。[62]五角大廈在其戰略規劃上已針對中國啟動重大回應，[63]卻還招致批評者發表文章，指責「是誰批准準備和中國開戰？」[64]

第二個陷阱是誤認它打算取代美國。雖然中方的戰略仍是機密，我們已經有足夠證據知道不是機密的部分。中國沒有任何嚴肅的學者會主張希特勒、史達林或東條英機的征服方法。也沒有任何鷹派作者曾經提出領土擴張或統一全球意識型態的戰略。反倒是中國鷹派相當著迷於有關美國如何崛起為世界大國的書籍，如華倫・辛孟曼（Warren Zimmerman）大使的《第一次大勝：五個美國人如何使國家成為世界大國》（*First Great Triumph: How Five Americans Made Their Country a World Power*）。[65]前文已經提到，中共黨校開班教授美國以貿易和工業政策為工具、協助美國超越英國和德國的歷史，此外，經典的鷹派教科書《戰略學》稱讚美國利用第二次世界大戰甩開歐洲、在一九四五年建立當前全球秩序的技巧。[66]

戰國的戰略經典相當吻合中國鷹派從美國崛起所學到的教訓。除了我在本書第八章提到有關美國崛起的許多書籍之外，北京中共黨校至少採用三本書來說明新興的挑戰者如何成功地、和平地說服舊霸主退出：一是安・歐德（Ann Orde）的《大不列顛的式微》（*The Eclipse of Great Britain*）、二是范亞倫（*Aaron Friedberg*）的《疲憊的巨人》（*The Weary Titan*）、三是相藍欣的《重鑄帝國東亞》（*Recasting the Imperial Far East*）。[67]有位全國知名的中國學者甚至檢視一八八〇年至一九一四年美國外交史的關鍵時刻，以顯示美國如何安撫及向英國保證，以便取代它成為世界首席大國。他欽佩美國人十分聰明地說服已經精疲力竭的英國安心地交出霸主的地位。[68]

中國對美國戰略的讚譽之詞，通常會引用中國的戰略觀念，例如聲稱美國懂得造「勢」、採用「無為」，並且會借力使力。中國把這些概念套用在美國身上，認定美國今天也在推動馬拉松戰略。

中國的戰略以西方歷史上的成功典範，以及精研中國古代帝國興亡史作為基礎。中國的戰略不依賴僵硬的路線圖、時間表，或藍圖。它要伺機而動，必要時會快如閃電。

第三個陷阱只和美國政府官員有關。美國民眾不曉得過去四十年華府和北京之間祕密合作的程度。中國有很長一段歷史支持美國的地下活動，也因此使得許多美國官員把中國視為當前及未來的夥伴。我們的地下合作史使得美國許多決策者錯誤地偏袒中國鷹派，這些人正是負責執行這些祕密合作的人。

第一步，即承認有中美馬拉松競賽的存在，或許是最難跨出的一步，但它也是最重要的一步。美國或許不能承認問題的存在，或許不肯面對中國不僅將超越我們、而且會在二〇四九年之前增長為我們經濟規模的兩倍、三倍的長期劇本。那麼，勢所必然，中國就贏了。

注釋

導言 | 相情願的想法

1. 見Susan Watters, "No Longer a Party Divided at Sackler Museum," *Women's Wear Daily*, December 3, 2012, available at http://www.wwd.com/eye/parties/no-longer-a-party-divided-6517532; and Miguel Benavides, "Arthur M. Sackler Gallery Celebrates 25th Anniversary," *Studio International*, November 2012, available at http://www.studiointernational.com/index.php/arthur-m-sackler-gallery-celebrates-25th-anniversary.
2. A viedo of the "Black Christmas Tree" display is available at http://youtube.com/watch?v=UeZyGnxTWKY.
3. Maria Judkis, "Sackler to Celebrate Anniversary with a Daytime Fireworks Display," *Washington Post*, November 29, 2012, available at http://www.washingtonpost.com/entertainment/museums/sackler-to-celebrate-anniversary-with-a-daytime-fireworks-display/2013/11/29/7fdf2104-3a35-11e2-8a97-363b0f9a0ab3_story.html.
4. Ibid.
5. Remarks by Secretary of State Hillary Rodham Clinton at the Art in Embassies Fiftieth Anniversary Luncheon, November 30, 2012, available at http://m.state.gov/md201314.htm.

6. "Medal of Arts Conversation," U. S. Department of State, November 30, 2012, available at http://art.state.gov/Anniversary.aspx?tab=images&tid=106996.
7. 關於類似的觀點，見Yawei Liu and Justine Zheng Ren, "An Emerging Consensus on the US Threat: The United States According to PLA Officers," *Journal of Contemporary China* 23, no. 86 (2014): 255-74. 關於對鷹派比較持質疑的觀點，見Andrew Chubb, "Are China's Hawks Really the PLA Elite After All? [Revised]," *southseaconversations* blog, posted December 5, 2013, accessed on April 7, 2014, available at http://southseaconversations.wordpress.com/2013/12/05/are-chinas-hawks-actually-the-pla-elite-after-all/.Chubb說：「不過，我的論點是，『鷹派』固然**或許**經常代表解放軍的想法，卻只有在獲得核准時才會**公開**表示出來。」
8. William A. Callahan, "Patriotic Cosmopolitanism: China's Non-official Intellectuals Dream of the Future," *British Inter-University China Centre (BICC) Working Paper Series* 13 (October 2009): 9, available at http://www.bicc.ac.uk/files/2012/06/13-Callahan.pdf.
9. Ibid.
10. Ibid. Callahan在頁八至九指出，這本書是「兩個解放軍上校呼籲北京採用不對稱作戰，包括恐怖主義，以攻擊美國」。另參見Qiao Liang and Wang Xianghui，《超限戰：對全球化時代戰爭與戰法的想定》（北京：社會科學出版社，2005[1999]）.
11. 三十六計的英譯本見http://wengu.tartarie. com/wg/wengu.php?l=36ji.
12. "Medal of Arts Conversation."
13. 例如，見Lydia Liu, *Translingual Practice: Literature, National Culture, and Translated Modernity-China, 1900-1937* (Stanford, CA: Stanford University Press, 1995).
14. 關於中國鷹派影響力的進一步討論，見Andrew Chubb, "PLA Hawks, Part One: Good Cop, Bad Cop with China's Generals," *Asia Times Online*, July 29, 2013, available at http://www.atimes.com/atimes/China/CHIN-01-290713.

html; Andrew Chubb, "PLA Hawks, Part Two: Chinese Propaganda as Policy," *Asia Times Online*, August 15, 2013, available at http://www.atimes.com/atimes/China/CHIN-01-150813.html.

15. 例如，見Jacques deLisle, *Pressing Engagement: Uneven Human Rights Progress in China, Modest Successes of American Policy, and the Absence of Better Options* (Washington, DC: Carnegie Endowment, 2008); Sharon Hom, "Has U.S. Engagement with China Produced a Significant Improvement in Human Rights?," *Framing China Policy: The Carnegie Debate*, March 5, 2007.

16. "Text of President Bush's 2002 State of the Union Address," *Washington Post*, January 29, 2002, available at http://www.washingtonpost.com/wp-srv/onpolitics/transcripts/sou012902.htm.

17. Aaron L. Friedberg, *A Contest for Supremacy: China, America, and the Struggle for Mastery in Asia* (New York: W. W. Norton, 2011), 187-88.另參見David Shambaugh, *China's Communist Party: Atrophy and Adaptation* (Washington, DC: Woodrow Wilson Center Press, 2008).沈大偉寫說：「改革的力量〔在中國〕早已存在，隨著時間進展只會變得愈來愈強。這已經接近於政治發展的『定律』——當國家從開發中國家過渡到新興工業化國家時，社會要求國家有效治理的壓力會上升。當這個過程一開動，執政的黨國基本上只有兩個選擇：扼殺或鎮壓要求，**或**開放管道通融要求。」，頁一八〇。

18. James Mann, *The China Fantasy: Why Capitalism Will Not Bring Democracy to China* (New York: Viking, 2007), 27. Kellee S. Tsai, *Capitalism without Democracy: The Private Sector in Contemporary China* (Ithaca, NY: Cornell University Press, 2007)，指出「中國的創業家並不熱中民主。他們大多每天工作十八小時才能維持生意，也有些人省吃儉用積攢唯一一個小孩的教育費用，或是計劃移民出國。許多人是共產黨員。根據多年的研究、數以百計的田野訪談，以及對全國民間創業者的廣泛調查，*Capitalism without Democracy*一書探討經濟自由主義和政治自由之間關係的傳統智慧。」（本書封底。）另參見Ann Florini, Hairong Lai, and Yeling Tan, *China Experiments: From Local Innovations to National Reform* (Washington, DC: Brookings Institution Press, 2012).

19. John Fox and Francois Godement（顧德明），*A Power Audit of EU-China Relations* (London: European Council on Foreign Relations, 2009), 1.
20. Steven Levingston, “China’s Authoritarian Capitalism Undermines Western Values, Argue Three New Books,” *Washington Post*, May 30, 2010, available at http://www.washingtonpost.com/wp-dyn/content/article/2010/05/28/AR2010052801859.html.
21. Andrew J. Nathan, “China’s Changing of the Guard: Authoritarian Resilence,” *Journal of Democracy* 14, no. 1 (January 2003): 6-17.另參見Stephanie Kleine-Ahlbrandt and Andrew Small, “China’s New Dictatorship Diplomacy,” *Foreign Affairs 87*, no. 1 (January/February 2008).
22. Geoff A. Dyer, T*he Contest of the Century: The New Era of Competition with China—and How America Can Win* (New York: Alfred A. Knopf, 2014).
23. Arthur Waldron（林蔚），“The China Sickness,” *Commentary*, July 2003, available at http://www.commentarymagazine.com/article/the-chinese-sickness/.
24. Gordon G. Chang（章家敦），*The Coming Collapse of China* (New York: Random House, 2001).
25. Anna Yukhananov, “IMF Sees Higher Global Growth, Warns of Deflation Risks,” *Reuters*, January 21, 2014, available at htpp://reuters.com/article/2014/01/21/us-imf-economy-idUSBREA0K0X620140121; *OECD Economic Outlook* 2013, no. 2 (November 2013): 6; “World Economic Situation and Prospects 2014: Global Economic Outlook” (chapter 1), United Nations Department of Economic and Social Affairs, December 18, 2013, available at http://www.un.org/en/development/desa/publications/wesp2014-firstchapter.html.
26. Chang, *Coming Collapse of China.*
27. 最原始的報告是Ruth Bunzel, “Explorations in Chinese Culture,” Research in Contemporary Cultures, Margaret Mead Papers, Division of Special Collections, Library of Congress; Ruth Bunzel, “Themes in Chinese Culture,” Margaret

Mead Papers, Library of Congress, March 18, 1948, G23, vol. 8, chapter 686; Hu Hsien-chin, "The Romance of Three Kingdoms," Margaret Mead Papers, Division of Special Collections, Library of Congress, G21, vol. 2, chapter 33; Warner Muensterberger, "Some Notes on Chinese Stories," June 1, 1948, Margaret Mead Papers, G23, vol. 7, chapter 348; Margaret Mead, "Minutes of the Chinese Political Character Group," Margaret Mead Papers, Division of Special Collections, Library of Congress, G63, January 16, 1951.瑪格麗特・米德在Margaret Mead, "The Study of National Character," *The Policy Sciences: Recent Developments in Scope and the Method*, ed. Daniel Lerner and Harold D. Lasswell (Stanford, CA: Stanford University Press, 1951), 70-85敘述有關此一研究的背景:Weston La Barre, "Some Observations on Character Structure in the Orient: The Chinese, Part Two," *Psychiatry* 19, no. 4 (1946): 375-95也有一些其他發現。

28. Lucian W. Pye and Nathan Leites, "Nuances in Chinese Political Culture," RAND Corporation, 1970, Document Number P-4504, available at http://www.rand.org/pubs/papers/P4504.html.

29. Dore J. Levy, *Ideal and Actual in the Story of the Stone* (New York: Columbia University press, 1999); Andrew H. Plaks, *Archetype and Allegory in the Dream of the Red Chamber* (Princeton, NJ: Princeton University Press, 1976); Frederick W. Mote, *The Intellectual Foundations of China* (New York: Alfred A. Knopf, 1989); Peter K. Bol, "This Culture of Ours": *Intellectual Transitions in Tang and Sung China* (Stanford, CA: Stanford University Press, 1992); Sarah Allan, *The Heir and the Sage: Dynastic Legend in Early China*, Asian Library Series, no. 24 (San Francisco: Chinese Materials Center, 1981); John B. Henderson, *Scripture, Canon, and Commentary: A Comparison of Confucian and Western Exegesis* (Princeton, NJ: Princeton University Press,1991); Stephen Owen, *Readings in Chines Literary Thought* (Cambridge, MA: Harvard University Press, 1996); David L. Rolston, *Chinese Fiction and Fiction Commentary: Reading and Writing Between the Lines* (Stanford, CA: Stanford University Press, 1997); and Victor H. Mair, ed., *The Columbia History of Chinese Literature* (New York: Columbia University Press, 2001).

30. 我從Ruth Bunzel教授那裡獲悉此一未經發表的研究，以及它得到美國空軍和海軍的經費贊助，Ruth Bunzel教授是我在哥倫比亞大學修課時的業師。
31. Dai Bingguo（戴秉國），"Stick to the Path of Peaceful Development," *China Daily*, December 13, 2010, available at http://chinadaily.com.cn/opinion/2010-12/13/content_11690133.htm.
32. Edward I-hsin Chen（陳一新），"In the Aftermath of the U.S.-China S & E D and New Military Relations," Center for Security Studies in Taiwan, April 17, 2012, available at http://www.mcsstw.org/web/content.php?PID=5&Nid=849.
33. 本書一再出現的「西方」、「西方的」指的是廣義用法，包含位於亞洲的西方盟友，如南韓、日本和台灣。
34. John Kennedy, "Diaoyu Dispute Unites Liberals and Nationalists Online," *South China Morning Post*, August 16, 2012, available at http://www.scmp.com/comment/blogs/article/1015948/diaoyu-dispute-unites-liberals-and-nationalists-online.
35. Michael Pillsbury, ed., *Chinese Views of Future Warfare* (Washington, DC: National Defense University Press, 2002), available at http://www.au.af.mil/au/awc/awcgate/ndu/chinview/chinacont.html.
36. Michael Pillsbury, *China Debates the Future Security Environment* (Washington, DC: National Defense University Press, 2000), available at http://www.fas.org/nuke/guide/china/doctrine/pills2/.
37. 第二本書由政府控制的新華出版社在二〇〇三年譯為中文。
38. 例如，the *Journal of Contemporary China*最近針對這些議題發表六篇文章：Michael Yasuda, "China's New Assertiveness in the South China Sea," vol. 22, iss. 81 (2013): 446-59; Yawei Liu and Justine Zheng Ren, "An Emerging Consensus of the US Threat: The United States According to PLA Officers," vol. 23, iss. 86 (2014): 255-74; Suisheng Zhao（趙穗生），"Foreign Policy Implications of Chinese Nationalism Revisited: The Strident Turn," vol. 22, iss. 82 (2013): 535-53; Jianwei Wang and Xiaojie Wang, "Media and Chinese Foreign Policy," vol. 23, iss. 86 (2014): 216-35; James Reilly, "A Wave to Worry About? Public Opinion, Foreign Policy and China's Anti-Japan Protests," vol. 23, iss. 86 (2014): 197-215;

and Hongping Annie Nie, "Gaming, Nationalism, and Ideological Work in Contemporary China: Online Games Based on the War of Resistance Against Japan," vol. 22, iss. 81 (2013): 499-517.

39. World Bank, "China — Long Term Development Issues and Options" (Washington, DC: World Bank, October 31, 1985), 13364.

第一章　中國夢——洗刷百年屈辱

1. 例如，參見"Monument to People's Heroes," TravelChinaGuide.com, available at http://www.travelchinaguide.com/attraction/beijing/tiananmen-square/people-heroes-monument.htm.
2. James Reeves Pusey, *China and Charles Darwin* (Cambridge, MA: Harvard University Press, 1983), chapter 6; and Xiaosui Xiao, "China Encounters Darwinism: A Case of Intercultural Rhetoric," *Quarterly Journal of Speech* 81, no. 1 (1995).
3. 引自Guoqi Xu（徐國琦），*Olympic Dreams: China and Sports, 1895-2008* (Cambridge, MA: Harvard University Press, 2008), 19.
4. Pusey, *China and Charles Darwin*, 190-91. Pusey寫說：「中國最早，也最重要的『科學的』革命根據……立基於對達爾文最重要的幾句話之一的譯錯。誰該負責，迄今不明。」（頁二〇九）
5. Riazat Butt, "Darwinism, Through a Chinese Lens," *Guardian*, November 16, 2009, available at http://www.theguardian.com/commentisfree/belief/2009/nov/16/darwin-evolution-china-politics.
6. Pusey, *China and Charles Darwin*, 208.
7. Orville Schell and John Delury, *Wealth and Power: China's Long March to the Twenty-First Century* (London: Little, Brown, 2013), 131.關於中國對種族，以及種族關係的概念，可參見M. Dujon Johnson, *Race and Racism in the Chinas: Chinese Racial Attitudes Toward Africans and African-Americans* (Bloomington, IN: Author House, 2007); Frederick

Hung, "Racial Superiority and Inferiority Complex," *China Critic*, January 9, 1930, available at http://www.chinaheritagequarterly.org/030/features/pdf/Racial%20Superiority %20and%20Inferiority%20Complex.pdf; Nicholas D. Kristof（紀思道）、"China's Racial Unrest Spreads to Beijing Campus," *New York Times*, January 4, 1989, available at http://www.nytimes.com/1989/01/04/world/china-s-racial-unrest-spreads-to-beijing-campus.html; Frank Dikotter, *The Discourse of Race in Modern China* (Stanford, CA: Stanford University Press; 1992); and Frank Dikotter, *Imperfect Conceptions: Medical Knowledge, Birth Defects, and Eugenics in China* (New York: Columbia University Press, 1998).

8. Pusey, *China and Charles Darwin*, 208.
9. Peter K. Bol, *This Culture of Ours: Intellectual Transitions in Tang and Song China* (Stanford, CA: Stanford University Press, 1992), 233–46，收進幾則《資治通鑑》故事的選譯。例如，談到和夷人的外交關係，它說：「雖然他們的氣味〔與人類〕殊異，他們和人類一樣趨利避損、貪生怕死。掌握控制之道，他們也會聽命服從。不得其道，他們會造反、入侵。」（頁二四四）
10. Carine Defoort, *The Pheasant Cap Master (He Guan Zi): A Rhetorical Reading* (New York: State University of New York Press, 1996), 206.
11. 沙茲伯理說，他在採訪毛澤東的秘書和傳記作家李銳時，得知這個了解中國戰略思想的重要線索。見Harrison E. Salisbury, *The New Emperors: China in the Era of Mao and Deng* (New York: Harper Perennial, 1993)，頁四八〇、註一七。沙茲伯理又說：「有位訪客一九七三年初去見鄧小平，發現他正在讀《資治通鑑》。」（頁三二五）沙茲伯理也提到毛澤東一九四九年進北京接管全國政權時，隨身帶著一部《資治通鑑》。「如果他要治理帝國，必須借重歷代皇帝的智慧。」（頁九）沙茲伯理又說：「不是每個人都相信毛澤東博覽群書、精通帝王勝敗之術。」（頁五三）。〔中譯本林添貴譯，《新皇朝》（台北：新新聞文化公司，一九九二年）。〕
12. Butt, "Darwinism, Through a Chinese Lens."

13. Xu Jianchu, Andy Wilkes, and Janet Sturgeon, "Offi cial and Vernacular Identifications in the Making of the Modern World: Case Study in Yunnan, S.W. China," Center for Biodiversity and Indigenous Knowledge (CBIK), October 2001, 4.
14. Jeanne Vertefeuille陪同葛里辛。Sandra Grimes and Jeanne Vertefeuille, *Circle of Treason: A CIA Account of Traitor Aldrich Ames and the Men He Betrayed* (Annapolis, MD: Naval Institute Press, 2013), 4.另參見Elaine Shannon, "Death of the Perfect Spy," Time, June 24, 2001, available at http://content.time.com/time/magazine/article/0,9171,164863,00.html; and Tennent H. Bagley, *Spymaster: Startling Cold War Revelations of a Soviet KGB Chief* (New York: Skyhorse Publishing, 2013).
15. Robert Buchar, *And Reality Be Damned... Undoing America: What Media Didn't Tell You About the End of the Cold War and the Fall of Communism in Europe* (Durham, CT: Eloquent Books, 2010), 211, n. 9.
16. John Limond Hart, *The CIA's Russians* (Annapolis, MD: Naval Institute Press, 2003), 137.
17. 關於伊安・佛萊明（Ian Fleming）是怎麼選用化名和007這個代號，可參見以下研究：Donald McCormick, *17F: The Life of Ian Fleming* (London: Peter Owen Publishers, 1994); Nicholas Rankin, *Ian Fleming's Commandos: The Story of the Legendary 30 Assault Unit* (New York: Oxford University Press, 2011); John Pearson, *The Life of Ian Fleming* (New York: Bloomsbury, 2013); and Craig Cabell, Ian Fleming's Secret War (Barnsley, UK: Pen and Sword, 2008).
18. 例如，參見Hal Ford, "Soviet Thinking about the Danger of a Sino-US Rapprochement," CIA Intelligence Report, Directorate of Intelligence, Reference Title: ESAU LI, Feb. 1971, available at http://www.foia.cia.gov/sites/default/files/document_conversions/14/esau-50.pdf.
19. H. R. Haldeman（哈德曼，譯按：尼克森總統的白宮幕僚長），*The Ends of Power* (New York: Dell, 1978), 91; Roger Morris Memorandum for Henry Kissinger, November 18, 1969, declassified memo, Subject: NSSM 63, Sino-Soviet Rivalry—A Dissenting View, Nixon Presidential Library; Helmut Sonnenfeldt（宋賀德）Memorandum to Henry

Kissinger, Secret, August 19, 1969, Nixon Presidential Library.關於季辛吉和哈德曼的關係，見Robert Dallek, *Nixon and Kissinger: Partners in Power* (New York: HarperCollins, 2007), chapter 11.

20. 這項專案代號ＳＯＬＯ是要刻意掩飾共有Morris Childs和Jack Childs兄弟檔兩個間諜；一九八三年，兩兄弟獲雷根總統頒授自由勳章（Medal of Freedom）。見John Barron, *Operation Solo: The FBI's Man in the Kremlin* (Washington, DC: Regnery History, 1997). Barron說，一九六五年從莫斯科偷出來的一份有關蘇聯對中國觀點的報告，被中央情報局譽為「有史以來有關蘇聯最具價值的一份情資」（頁一一五）。於是，聯邦調查局決定「上溯到一九五八年，把ＳＯＬＯ有關中國的報告完整整理出來」。Barron在一九七一年說，ＳＯＬＯ透露，蘇聯共產黨第二書記蘇斯洛夫（Mikhail Suslov)聲稱「不論尼克森和中國協商出什麼，我們將繼續與美國談判」（頁一八三）。"FBI Records: The Vault-SOLO," US Federal Bureau of Investigation (accessed March 5, 2014), available at http://vault.fbi.gov/solo.
21. 庫托沃伊二〇一〇年在莫斯科外交學院又提到這件事。他說：「我四十五年前就跟你們說了嘛！」
22. Arthur Cohen, "Soviet Thinking about the Danger of a Sino-US Rapprochement," CIA Directorate of Intelligence, Intelligence Report, February 1971.另參見"Signs of Life in Chinese Foreign Policy," CIA Directorate of Intelligence, April 11, 1970, no. 0501/70.另一份重要報告是POLO 28：見"Factionalism in the Central Committee: Mao's Opposition Since 1949," (Reference Title: POLO XXVIII), September 19, 1968, RSS no. 0031/68，二〇〇七年五月解密。
23. 武器控制暨裁軍署署長Fred Iklé十月二十二日送一份備忘錄給季辛吉，建議把蘇聯威脅的相關情報交給中國。所樂文（Richard Solomon）在十一月一日把Ikle的備忘錄轉呈上去給季辛吉。National Archives, RG 59, Policy Planning Staff (S/P), Director's Files (Winston Lord) 1969–1977, Entry 5027, Box 370, Secretary Kissinger's Visit to Peking, October 1973, S/PC, Mr. Lord, vol. II, National Archives, College Park, MD.
24. Central Intelligence Agency, Memorandum for Colonel T. C. Pinckney, Subject: GNP Data for the USSR, Communist China, North Korea, and North Vietnam, 1971，一九九八年解密，available at http://www.foia.cia.gov/sites/default/

files/document_conversions/89801/DOC_0000307804.pdf; and U.S. Gross National Product (GNP)-10 Year Chart, ForecastChart.com, last updated on December 16, 2013, available at http://www.forecast-chart.com/chart-us-gnp.html.

25. 中國鷹派就三十六計寫了不少文章和專書。Two Chinese books in English that amplify them are Sun Haichen, *The Wiles of War: 36 Military Strategies from Ancient China* (Beijing: Foreign Languages Press, 1991); and Chinghua Tang, *A Treasury of China's Wisdom* (Beijing: Foreign Languages Press, 1996).另參見Stefan H. Verstappen, *The Thirty-Six Stratagies of Ancient China* (San Francisco: China Books & Periodicals, 1999), available at http://wengu.tartarie.com/wg/wengu.php?l=36ji&&no=3.
26. Jeremy Page, "For Xi, a 'China Dream' of Military Power," *Wall Street Journal*, March 13, 2013, available at http://online.wsj.com/news/articles/SB10001424127 887324128504578348774040546346. Page又說：「習近平在國內展現軍事強人的形象，擁護將領們長期以來的鷹派世界觀，認為美國正在走下坡，而中國在世紀中葉將成為亞洲最強的軍事大國。」
27. Ibid.
28. Ibid.
29. 季辛吉和西方許多主張與中國交往的人士一樣，只簡單地指稱劉明福是無關重要的民族主義者，他的觀點和胡錦濤主席的觀點「相反」。Henry Kissinger, *On China* (New York: Penguin Press, 2011), 505.
30. Erich Follath, "China: Troublemaker on the World Stage?," ABC News, February 23, 2010, available at http://abcnews.go.com/International/china-troublemaker-world-stage/story?id=9918196#.UaT1goVc0SQ; and Chito Romana, "China: 'White Knight' or 'Angry Outsider'?," ABC News, April 1, 2009, available at http://abcnews.go.com/International/story?id=7229053&page=1 #.UaT1vYVc0SQ.
31. 引 自Chito Romana, "Does China Want to Be Top Superpower?," ABC News, March 2, 2010, available at http://abcnews.go.com/International/china-replace-us-top-superpower/story?id=9986355.

32. William A. Callahan, *China Dreams: 20 Visions of the Future* (New York: Oxford University Press, 2013), 58–62.
33. William A. Callahan, "China's Harmonious World and Post-Western World Orders: Offi cial and Citizen Intellectual Perspectives," 33, in *China Across the Divide: The Domestic and Global in Politics and Society*, ed. Rosemary Foot (New York: Oxford University Press, 2013).
34. Page, "For Xi, a 'China Dream' of Military Power."
35. Zhao Tingyang, "A Political World Philosophy in Terms of All-under-heaven (Tian-xia)," *Diogenes* 56, no. 1 (February 2009): 5–18，引自Callahan, *China Dreams: 20 Visions of the Future*, 52.
36. William A. Callahan, "Chinese Visions of World Order: Post-hegemonic or a New Hegemony?," *International Studies Review* 10 (2008): 749–61, 757, available at http://williamacallahan.com/wp-content/uploads/2010/10/Callahan-TX-ISR-08.pdf.
37. 威廉．卡拉漢認為，胡錦濤把世界看做是各個平等的文明的交流融會。然而，趙汀陽的天下觀卻是無所不包且層次井然的，其中有一個負責諧和萬邦的單一全球文明。劉明福的中國夢也很相似，他把中國當作各個文明競爭之後勝出的統治者。*Callahan, China Dreams*, 63.

第二章　戰國時代——中國人究竟怎麼想？

1. Henry Kissinger, *Does America Need a Foreign Policy?* (New York: Simon & Schuster, 2001), 137.
2. 我在本書把「戰國時代」一詞做為比漢學家更廣義的使用，還包括在它之前的「春秋時代」。我沒把西元前七七一年至西元前二二一年這五百多年區分為二，我以「戰國時代」涵蓋這五百多年的諸侯爭伐。我在本書所謂的「戰國時代」始於周朝王室權力傾頹。周幽王在西元前七七一年被本身的諸侯夥同夷狄擊敗、殺害。他和祖先以實際權力統治，可上溯到西元前一〇〇〇年。西元前七七一年周幽王敗亡、周室首都東遷，此後歷代周王實質上已無權力。各國諸侯相互爭伐，直到秦始皇於西元前二二一年統一天下，才終止戰國時代。大部分漢學家把西元前七七一年至西元前二二一年區分為春秋、戰國兩個時代。在這兩個時期，名義上的周王太弱，無法遂行其意志。有時候他至少還參加諸侯盟會或派代表出席。所謂的霸主擁有最大權力，遂行統治。霸主制度後來演變為七個大國之間的鬥爭，他們合縱、連橫組成對抗集團，不再獨奉一位霸主。從西元前四七五年至西元前二二一年這段期間，通常稱為「戰國時期」。但是這樣的區分是人為的。當時的人並沒有用春秋、戰國這兩個名詞區分這兩個不同時期。它是歷史學者日後創造出來的。關於戰國時期更多詳情，參見Ralph Sawyer, *The Tao of Deception: Unorthodox Warfare in Historic and Modern China* (New York: Basic Books, 2007)，尤其是第二章 "Spring and Autumn Precursors," 和第四章 "Warring States Commanders." Sawyer在頁四四七，注三四說：「英文的戰國史仍有待史家撰寫。」另參見Ralph Sawyer, *The Tao of Spycraft : Intelligence Theory and Practice in Traditional China* (Boulder, CO: Westview Press, 2004)，第三章 "The Warring States Period"; James Irving Crump, *Legends of the Warring States: Persuasions, Romances, and Stories from Chan-kuo Ts'e* (Ann Arbor, MI: Center for Chinese Studies, 1998); William H. Mott and Jae Chang Kim, *The Philosophy of Chinese Military Culture: Shih vs. Li* (New York: Palgrave Macmillan, 2006); Yuri Pines, *Envisioning Eternal Empire: Chinese Political Thought of the Warring States Period* (Honolulu: University of Hawaii Press, 2009); and William A. Callahan and Elena Barabantseva, eds., *China Orders the World: Normative Soft Power and Foreign Policy* (Baltimore, MD: The Johns Hopkins University Press, 2012).

3. Lionel M. Jensen, *Manufacturing Confucianism: Chinese Traditions and Universal Civilization* (Durham, NC: Duke University Press, 1997)，是西方學者撰寫的一本優異的指南，他發現這些虛構。
4. 引自Pillsbury, *China Debates the Future Security Environment*, prologue.
5. Salisbury, *New Emperors*, and Ross Terrill, *The New Chinese Empire: And What It Means for the United States* (New York: Basic Books, 2003).〔中譯本林添貴譯，《新皇朝》（台北：新新聞文化公司，一九九三年）。〕
6. Kissinger, *On China*, 211.
7. Wu Chunqiu, *On Grand Strategy* (Beijing: Current Affairs Press, 2000).

8. 關於中國軍人參與文官策略規劃的更多詳情，見Evan A. Feigenbaum, *China's Techno-Warriors: National Security and Strategic Competition from the Nuclear to the Information Age* (Stanford: Stanford University Press, 2003).

9. Yang Bosun, *Chunqiu Zuozhuan zhu, 2nd ed., Zhongguo Gudian Mingzhu Yizhu Congshu* (Beijing: Zhonghua Press, 1990). 楊伯峻，《春秋左傳注》第二版，《中國古典名著譯注叢書》（北京：中華書局，一九九〇年）。There are slightly different translations in Wai-yee Li, *The Readability of the Past in Early Chinese Historiography*, Harvard East Asian Monographs, 253 and 300 (Cambridge, MA, 2007); David Schaberg, *A Patterned Past: Form and Thought in Early Chinese Historiography*, Harvard East Asian Monographs 205 (Cambridge, MA, 2001), 60; and James Legge, "The Ch'un Ts'ew with the Tso Chuen," in *The Chinese Classics*, 2nd ed. (Oxford: Clarendon, 1895), V, 293.

10. 雖然中國的民間部門確實有所成長，但其扮演的角色卻不大。而且在中國領導人之間，有一個共識就是得牢牢控制具有戰略價值的經濟部門與外貿政策。中國學者與官員尤其關切貨幣控制。部分原因即戰國各國都有自己的貨幣，且以此發動經濟戰。

11. 中國情報機關的確奉命以經濟增長為最高優先任務。William C. Hannas, James Mulvenon, and Anna B. Puglisi, *Chinese Industrial Espionage: Technology Acquisition and Military Modernisation* (New York: Routledge, 2013). 關於中國情報機關的背景，見Jeffrey T. Richelson, *Foreign Intelligence Organizations* (Cambridge, MA: Ballinger, 1988)，第九章；Patrick E. Tyler, "Cloak and Dragon: There Is No Chinese James Bond. So Far," *New York Times*, March 23, 1997, available at http://www.nytimes.com/1997/03/23/weekinreview/there-is-no-chinese-james-bond-so-far.html; Lo Ping, "Secrets About CPC Spies — Tens of Thousands of Them Scattered over 170-Odd Cities Worldwide," *Cheng Ming*（爭鳴），January 1, 1997 (U.S. Foreign Broadcast Information Service [FBIS] Daily Reports, CHI-97-016, January 1, 1997); Tan Po, "Spy Headquarters Behind the Shrubs — Supplement to 'Secrets About CPC Spies,' " *Cheng Ming*, March 1, 1997 (FBIS Daily Reports, CHI-97-047, March 1, 1997); Peter Mattis, "China's Misunderstood Spies," *Diplomat*, October 31, 2011,

available at http://thediplomat.com/2011/10/chinas-misunderstood-spies/; and David Wise, *Tiger Trap: America's Secret Spy War with China* (Boston: Houghton Miffl in Harcourt, 2011).

12. David C. Gompert and Phillip C. Saunders, *The Paradox of Power: Sino-American Strategic Restraint in an Age of Vulnerability* (Washington, DC: National Defense University, 2012), 169.

13. 關於中國飛彈成本的背景，見Gompert and Saunders, *Paradox of Power*, 81, 106.《華盛頓郵報》社論指出：「中國至少現在沒爭取成為全球超級大國，但求成為區域超級大國。它全力開發可以做到美方所謂『反介入／區域拒止』的先進武器系統，意即嚇阻敵人不敢進入中國主張之地區，或將敵人逐出該地區。因此，中國投資於長程巡弋飛彈和反艦彈道飛彈等對付航空母艦的武器。這種投資對美國及其盟國構成不對稱威脅。美國海軍戰爭學院的Andrew S. Erickson一月份向美中經濟暨安全評估委員會（U.S.-China Economic and Security Review Commission）提出估計，指稱中國以美國建造一艘福特級航空母艦的經費，就可以製造約一千二百二十七枚反艦飛彈。它或許只需一枚飛彈就幹掉一艘航空母艦。」"Beijing's Breakneck Defense Spending Poses a Challenge to the US," editorial, *Washington Post*, March 12, 2014, available at http://www.washingtonpost.com/opinions/beijings-breakneck-defense-spending-poses-a-challenge-to-the-us/2014/03/12/359fc444-a899-11e3-8d62-419db477a0e6_story.html. 另參見Andrew S. Erickson, Testimony before the U.S.-China Economic and Security Review Commission Hearing on China's Military Modernization and its Implications for the United States, January 30, 2014, available at http://www.uscc.gov/sites/default/files/Andrew%20Erickson_testimony1.30.14.pdf; and Henry Hendrix, *At What Cost a Carrier?* (Washington, DC: Center for a New American Security, March 2013), 8, http://www. cnas.org/files/documents/publications/CNAS%20Carrier_Hendrix_FINAL.pdf.

14. 關於美國對中國實施禁運的更多詳情，見Shu Guang Zhang, *Economic Cold War: America's Embargo against China and the Sino-Soviet Alliance, 1949–1963* (Washington, DC: Woodrow Wilson Center Press; Stanford, CA: Stanford University Press, 2001).

15. Pillsbury, *China Debates the Future Security Environment*, 300.

16. 中國有一本《軍事戰略的科學》指出：「戰略思想總是在特定的歷史與民族文化中孕育誕生的。特定的文化意識型態與歷史文化則主宰著戰略家的思考與表現。」Thomas G. Mahnken, "Secrecy & Stratagem: Understanding Chinese Strategic Culture," Lowy Institute for International Policy, February 2011, 3, available at http://www.lowyinstitute.org/files/pubfiles/Mahnken,_Secrecy_and_stratagem.pdf.

17. David Lai, "Learning from the Stones: A Go Approach to Mastering China's Strategic Concept, Shi," U.S. Army War College Strategic Studies Institute (May 1, 2004), available at http://www.strategicstudiesinstitute.army.mil/pubs/display.cfm? pubID=378.

18. 引自同上註，頁二。

19. Roger T. Ames, *The Art of Rulership* (Albany: State University of New York Press, 1994).

20. François Jullien, T*he Propensity of Things: Toward a History of Effi cacy in China*, trans. Janet Lloyd (New York: Zone Books, 1999); François Jullien, *A Treatise on Effi cacy: Between Western and Chinese Thinking*, trans. Janet Lloyd (Honolulu: University of Hawaii Press, 2004); François Jullien, *The Great Image Has No Form, or On the Nonobject through Painting*, trans. Jane Marie Todd (University of Chicago Press, 2009); François Jullien, *The Impossible Nude: Chinese Art and Western Aesthetics*, trans. Maev de la Guardia (University of Chicago Press, 2000); François Jullien, *The Silent Transformations*, trans. Krzysztof Fijalkowski and Michael Richardson (New York: Seagull Books, 2011); François Jullien, *Detour and Access: Strategies of Meaning in China and Greece,* trans. Sophie Hawkes (New York: Zone Books, 2000); and François Jullien, *In Praise of Bland-ness,* trans. Paula M. Varsano (New York: Zone Books, 2004).

21. 有位批評者對Jullien的作品通評為「他的書籍很容易導致讀者產生太強烈的文化另類意識，因而光榮化了消失已久的文學文化，很自然地就發展出對中國現狀的某種蔑視。」Kai Marchal, "François Jullien and the Hazards of 'Chinese'

Reality," *Warp, Weft, and Way*, September 27, 2012, available at http://warpweftandway.com/2012/09/27/francois-jullien-and-the-hazards-of-chinese-reality/.

22. 例如，中國邀請聯邦參議員Henry Jackson於一九七六年訪問北京。關於Jackson參議員生平，參見Robert G. Kaufman, *Henry M. Jackson: A Life in Politics* (Seattle: University of Washington Press, 2000).
23. Henry Kissinger, *Diplomacy* (New York: Simon & Schuster, 1994); Henry Kissinger, *White House Years* (New York: Little, Brown, 1979); Henry Kissinger, *Years of Renewal* (New York: Touchstone, 1999); and Henry Kissinger, *Years of Upheava*l (London: Weidenfeld & Nicolson, 1982).
24. Kissinger, *On China*, 235.
25. Ibid., 371.
26. Pillsbury, *China Debates the Future Security Environment*, xxxvii.
27. Ibid., chapters 6 and 22.
28. Kimberly Besio and Constantine *Tung, eds., Three Kingdoms and Chinese Culture* (Albany: State University of New York Press, 2007); John J. Tkacik, "A Spirit-Visit to an Ancient Land," *Wall Street Journal*, February 28, 2014, available at http://online.wsj.com/news/article/SB20001424052702303775504579397221926 892100.
29. 根據中國學者，吳蜀能在赤壁之戰中獲勝的原因在於能正確評估四項「勢」：不因表面現象而驚嚇或困惑，聯合對付主要敵人，先發制人，出其不意，針對敵人弱點。Zhang Tieniu and Gao Xiaoxing, *Zhongguo gudai haijun shi* [*Chinese Ancient Naval History*]《中國古代海軍史》(Beijing: Bayi chubanshe, 1993), 46, 47. An Academy of Military Science author emphasizes that the victors at Red Cliff applied the strategy of "wait and see" until propensity was favorable. Yue Shuiyu and Liang Jingmin, *Sun Zi bingfa Yu Gao Jishu Ahanzheng* [*Sun Zi's Art of War and High Technology Warfare*]《孫子兵法與高技術戰爭》(Beijing: Guofang daxue chubanshe, 1998), 122.

30. 有一位作家將曹操的失敗歸結為「錯誤戰略」，特別是「當你面對強大的敵人時，卻無法將劣勢轉化為優勢。他不信任應該信任的人，卻信任了不該信任的。他太傲慢了。」Yu Xuebin, *Shuo San Guo, Hua Ren Sheng: "Sanguo Yanyi" Fengyun Renwu Bai Yin Qianshuo* [*A Discussion on the Lives of the Main Characters in the Three Kingdoms: An Elementary Introduction to the Reasons the Main Characters Were Defeated in "The Romance of the Three Kingdoms"*] (Beijing: Jiefangjun chubanshe, 1996), 247–48. 其他作家強調這場戰役的災難性結果。曹操「本來有機會成為我國歷史上最傑出的戰略家之一。」Pu Yinghua and Hua Mingliang, *Yunchou Weiwo—Zhuge Liang Bingfa* [*Devise Strategies Within a Command Tent—Zhuge Liang's Art of War*](Beijing: Wuzi chubanshe, 1996), 47.

31. "A single deception can cause a vast defeat." Central Television Station Military Department and the Navy Political Department Propaganda Department, *San-shiliu Ji Gujin Tan* (Jinan: Huanghe chubanshe, 1995), 166. 多大數解放軍對赤壁之戰的看法都反應了此觀點。幾位作者強調，在曹操陣營內部製造不和是吳蜀能夠致勝的關鍵。Mao Zhenfa, Tian Xuan, Peng *Xunhou, Moulue Jia* [*Strategists*] (Beijing: Lantian chubanshe, 1993), 119. 也有作家認為吳蜀的聯合陣線才是致勝關鍵。Zhang Feng, *Zhongguo Lidai Canmouzhang* [*Chiefs of Staff in Past Chinese Dynasties*](Beijing: Kunlun chubanshe, 1999), 180. 在「赤壁之戰」發生一年之前的一場戰略制訂會議當中，吳蜀決定聯盟，原本弱勢的南方於是扭轉劣勢，有機會擊敗曹操。Ren Yuan, *Zhisheng Bijian- Zhuge Liang De Chengbai Deshi* [*Getting the Upper Hand Must Be Examined: Zhuge Liang's Successes and Failures*] (Changan: Xibei daxue chubanshe, 1997), 58. 類似的，另一外解放軍作家強調，若非吳蜀聯盟，曹魏必不可破。Li Zhisun, *Zhongguo Lidai Zhanzheng Gailan* [*An Outline of Warfare in Past Chinese Dynasties*] (Beijing: Junshi kexue chubanshe, 1994), 108.

32. Yue Shuiyu and Liang Jingmin, *Sun Zi Bingfa Yu Gao Jishu Zhanzheng*, 122.

33. Central Television Station Military Department and the Navy Political Department Propaganda Department, *Sanshiliu Ji Gujin Tan*, 174–75.

第三章　唯有中國才能走向尼克森——中美建交與美國的祕密援助

1. 關於金無怠其人及他提供美國機密情報給中國政府其事的詳情，見Tod Hoffman, *The Spy Within: Larry Chin and China's Penetration of the CIA* (Hanover, NH: Steerforth Press, 2008).
2. Chen Jian（陳兼），*Mao's China and the Cold War* (Chapel Hill: University of North Carolina Press, 2001), 245–46.
3. Kissinger, *On China*, 210.關於四個元帥向毛澤東獻策建議的這項中方一九九二年說法，最早譯介出來的書，是邰培德一九九七年出版的《長城》。季辛吉在*On China*的說法根據的是同一個證據，則發表於二〇一二年。邰培德報導說，四大元帥一九六九年會商二十三次，他們向毛澤東的建議把美國比擬為希特勒，是個決心防堵蘇聯勢力擴張的殘暴的霸權。季辛吉表現得像是只有他察覺到除了這些可疑的理由之外，中國還希望與美國合作。見Patrick Tyler, *A Great Wall: Six Presidents and China: An Investigative History* (New York: Public Affairs, 1999), 71–73.〔譯按：邰培德這本書，台北聯經出版公司的中譯本，書名《中美交鋒》。〕
4. Xiong Xianghui（熊向暉），"The Prelude to the Opening of Sino-American Relations," *Zhonggong Dangshi Ziliao* (*CCP History Materials*), no. 42 (June 1992): 81，摘述在William Burr, ed., "New Documentary Reveals Secret US, Chinese Diplomacy behind Nixon's Trip," National Security Archive Electronic Briefing Book, no. 145, December 21, 2004, available at http://www2.gwu.edu/~nsarchiv/NSAEBB/NSAEBB145/.〔譯按：William Burr這本書經傅建中摘譯，中文版由時報文化公司出版，書名《季辛吉秘錄》。〕
5. Kissinger, *On China*, 212.雖然我在此引述季辛吉*On China*的說法，至少還有四本書根據檔案證據強烈質疑季辛吉對中方戰略的描述，以及他聲稱一九六九至七二年出現中美長期合作希望的說法。我在本章其他地方會引述這四本書作者William Burr, Evelyn Goh, James Mann, and Patrick Tyler的說法。不幸的是，季辛吉並沒有試圖舉證反駁這些針對他開啟對中關係可信度的詳盡攻擊。批評者提出大量文件證明他誤解中國的戰略，中方戰略顯然並非根據信賴美國會保衛中國、對抗蘇聯攻擊，或是希望與美國長期合作。批評者提出另類理論，認為中國的戰略成功地耍弄了季辛吉、也耍弄了日後美國領導人。根據孟捷慕的說法，季辛吉對開啟中美關係的說法為未來中美合作定下典範：

「美國對中政策依據一系列信念和假設，可是有許多卻是悲劇性的不正確。」見James Mann, *About Face: A History of America's Curious Relationship with China, from Nixon to Clinton* (New York: Vintage Books, 1998), 6.〔中譯本，林添貴譯，《轉向：從尼克森到柯林頓美中關係揭密》（台北：先覺出版社，一九九九年）。〕

6. Kissinger, *On China*, 211.我還是十分依賴季辛吉對一九六九年開啟中美關係的分析，尤其是他對熊向暉回憶錄的分析。熊向暉回憶錄是中國迄今發表唯一內容最豐富的文件。郤培德也引用熊向暉的說法。Tyler, *Great Wall*, 71–73.
7. Kissinger, *On China*, 212.
8. Ibid.
9. Ibid., 212–1 3.
10. Ibid., 274.孟捷慕報導，他取得的一份中央情報局研究報告，並不同意季辛吉有關中國戰略的說法：「然而，最近解密的紀錄和回憶錄顯示，季辛吉的說法最多只能說是誤導、不完整。」Mann, *About Face*, 33.孟捷慕說：「中央情報局祕密研究發現，北京領導人經常可以利用或操縱華府的歧異，獎賞或奉承中國的友人，灌輸一種責任意識，冰凍那些被認為不夠同情〔中國〕的美國官員。」Mann, *About Face*, 11.
11. 《紐約時報》駐北京特派員郤培德（Patrick Tyler）花了四年時間研究，於一九九九年出版*A Great Wall: Six Presidents and China: An Investigative History*，這本書影響到中方對如何將尼克森引向北京的看法。尼克森上台初期頭幾個月，中方非常不高興尼克森明顯公開反中的聲明。郤培德甚至從訪談中得出結論，認為在中蘇邊界衝突之後，尼克森和季辛吉起先站在莫斯科那一方——鑒於尼克森已請託蘇聯協助他把美軍撤出越南戰場，這是必要的抉擇。郤培德的書出版，造成北京相當恐慌，因為書中透露季辛吉在一九六九年七月奉尼克森之命，指示祕密研究美國如何對中國發動核武攻擊、以支援莫斯科。郤培德聲稱，這是首次進行研究，專注在美國對中國、而非蘇聯，發動核武攻擊。季辛吉七月十四日給中央情報局和五角大廈下達指示：「總統指示」準備研究「一些可能狀況，可以在美國以戰略核武力對付中國時發揮作用。」季辛吉後來否認這項報導，並致信給郤培德說：「我們從來沒有考量過與蘇聯合作，掃除中國的核武能力。」Tyler, *Great Wall*, 63.

12. Helmut Sonnenfeldt（宋賀德）and John H. Holdridge（何志立）to Henry Kissinger, October 10, 1969, Subject: State Memo to the President on Sino-Soviet Relations and the U.S.
13. Roger Morris Memorandum for Henry Kissinger, November 18, 1969, declassified memo, Subject: NSSM 63, Sino-Soviet Rivalry — A Dissenting View, Nixon Presidential Library. 國家安全會議幕僚Hyland和Morris談論為什麼美國不該嚇阻蘇聯攻打中國，或是和中國站在同一邊。反之，季辛吉在他的《白宮歲月》（*White House Years*）一書表示，他「不能接受蘇聯對中國軍事攻擊。我們在有任何形式的接觸之前，就有這個觀點。」Kissinger, *White House Years*, 764. 可是邰培德認定季辛吉敘述他希望保衛中國，這個說法不實。他說：「這項自利的聲明明顯與尼克森及季辛吉多年來其他聲明的紀錄相牴觸……也和〔國防部長〕賴德（Laird）及季辛吉主要助手的回憶相互矛盾。」Tyler, *Great Wall*, 66.
14. Jerome A. Cohen, "Ted Kennedy's Role in Restoring Diplomatic Relations with China," *Legislation and Public Policy* 14 (2011): 347–55.
15. 一九六九年七月查巴奇迪克灣車禍事件肯定讓愛德華．甘迺迪分心，無暇專注中國事務，也傷害到他參選總統的野心。但是甘迺迪一九七七年首度訪問中國，見到鄧小平。甘迺迪一九六九年三月二十日的演講主張美國向中國開放，吸引全世界媒體的注意，《紐約時報》把它放到頭版頭條，庫托沃伊和謝夫欽科當天興奮地拿給我看。
16. Memorandum of Conversation, Participants: Mao Tse-tung, Chou En-lai, Richard Nixon, Henry Kissinger, Winston Lord (notetaker), February 21, 1972, 2:50–3:55 p.m., Beijing, Document 194, in Foreign Relations of the United States, 1969–1976, vol. XVII, China, 1969-1972, available at https://history.state.gov/historicaldocuments/frus1969-76v17/d194.
17. Kissinger, *On China*, 259.
18. Memorandum of Conversation, Participants: Chou En-lai, Yeh Chien-ying, Huang Hua, Chang Wen-chin, Hsu Chung-ching, Wang Hai-jung, Tang Wen-sheng and Chi Chao-chu (Chinese interpreters and notetakers), Henry

Kissinger, John Holdridge, Winston Lord, W. Richard Smyser, Beijing, July 10, 1971, 12:10–6 :00 p.m., in Foreign Relations of the United States, vol. XVII, document 140, available at http://2001-2009.state.gov/documents/organization/70142.pdf.

19. Kissinger to Nixon, "My October China Visit: Discussions of the Issues," 11 November [1971] Top Secret/Sensitive/Exclusively Eyes Only, pages 5, 7, and 29. Source: RG 59, State Department Top Secret Subject-Numeric Files, 1970–1973, POL 7 Kissinger, available in William Burr, ed., with Sharon Chamberlain and Gao Bei, "Negotiating U.S.-Chinese Rapprochement: New American and Chinese Documentation Leading Up to Nixon's 1972 Trip," National Security Archive Electronic Briefing Book, no. 70, May 22, 2002, available at http://www2.gwu.edu/~nsarchiv/NSAEBB/NSAEBB70/doc22.pdf.

20. Memorandum of Conversation, Participants: Prime Minister Chou En-lai, Chi P'eng-fei, Chang Wen-chin, Hsuing Hsiang-hui, Wang Hai-jung, Tang Wen-sheng and Chi Chao-chu (Chinese interpreters and notetakes), Henry Kissinger, Winston Lord, John Holdridge, Alfred Jenkins, October 22, 1971, Great Hall of the People, Peking, 4:15–8:28 p.m., General Subjects: Korea, Japan, South Asia, Soviet Union, Arms Control, in "Foreign Relations, 1969–1976, Volume E-13, Documents on China, 1969–1 972," released by the Offi ce of the Historian of the U.S. Department of State, available at http://2 001-2009.state.gov/r/pa/ho/frus/nixon/e13/72461.htm.

21. 這件事一直到多年後才對外公布。一九七六年，前任國防部長詹姆斯・史勒辛格（James Schlesinger）公開表示，美國官員討論給予中國軍事援助的可能性。*Lethbridge Herald*, April 13, 1976, 3, available at http://newspaperarchive.com/ca/alberta/lethbridge/lethbridge-herald/1976/04-13/page-3.史勒辛格說，美國官員討論給予中國軍事援助，但雙方一直沒有正式討論這件事。他說：「對於這個議題是有些臆測，但是從來沒有正式討論給予中國軍事援助的議題。」史勒辛格說，軍事援助必須考量許多情勢，但是他表示，他「不會逕自就排斥它」。"Weighing of Aid to

China Seen," *Victoria Advocate*, April 12, 1976, 5A, available at http://news.google.com/newspapers?nid=861&dat=19760412&id=IhZZAAAAIBAJ&sjid=XkYNAAAAIBAJ&pg=3791,2033685.
22. Thomas M. Gottlieb, "Chinese Foreign Policy Factionalism and the Origins of the Strategic Triangle," RAND Corporation, 1977, Document Number R-1902-NA, available at http://www.rand.org/pubs/reports/R1902.html.
23. Lord to Kissinger, "Your November 23 Night Meeting," November 29, 1971, enclosing memcon of Kissinger–Huang Hua Meeting, Top Secret/Sensitive/Exclusively Eyes Only, Source: RG 59, Records of the Policy Planning Staff, Director's Files (Winston Lord), 1969–1977, Box 330, China Exchanges October 20–December 21, 1971, in Burr, ed., "Negotiating U.S.-Chinese Rapprochement."
24. Evelyn Goh, *Constructing the U.S. Rapprochement with China, 1961-1974: From "Red Menace" to "Tacit Ally"* (Cambridge, UK: Cambridge University Press, 2005), 189.
25. Yang and Xia, "Vacillating Between Revolution and Détente," *Diplomatic History Journal* 34, no. 2 (April 2010): 413–14.
26. Kissinger, *On China*, 290.
27. Memorandum of Conversation, February 23, 1972, 2:00 p.m.–6 :00 p.m., Location of original: National Archives, Nixon Presidential Materials Project, White House Special Files, President's Offi ce Files, Box 87, Memoranda for the President Beginning February 20, 1972, page 21, in William Burr, ed., "Nixon's Trip to China: Records Now Completely Declassified, Including Kissinger Intelligence Briefing and Assurances on Taiwan," National Security Archive, December 11, 2003, Document 2, available at http://www2.gwu.edu/~nsarchiv/NSAEBB/NSAEBB106/.
28. Kissinger, *White House Years*, 906.
29. Memorandum of Conversation, February 23, 1972, 9:35 a.m.–12:34 p.m., Nixon Presidential Materials Project, National Security Council Files, HAK Offi ce Files, Box 92, Dr. Kissinger's Meetings in the PRC During the Presidential Visit February 1972, page 20, in William Burr, ed., "Nixon's Trip to China: Records Now Completely

Declassified, Including Kissinger Intelligence Briefing and Assurances on Taiwan," National Security Archive, December 11, 2003, Document 4, available at http://www2. gwu.edu/~nsarchiv/NSAEBB/NSAEBB106/.

30. Memorandum of Conversation, February 22, 1972, 2:10 p.m.–6:10 p.m., Location of original: National Archives, Nixon Presidential Materials Project, White House Special Files, President's Offi ce Files, Box 87, Memoranda for the President Beginning February 20, 1972, page 10, in William Burr, ed., "Nixon's Trip to China: Records Now Completely Declassified, Including Kissinger Intelligence Briefing and Assurances on Taiwan," National Security Archive, December 11, 2003, Document 1, available at http://www2.gwu.edu/~nsarchiv/NSAEBB/NSAEBB106/; Memorandum of Conversation, February 23, 1972, 9:35 a.m.–12:34 p.m., Nixon Presidential Materials Project, National Security Council Files, HAK Offi ce Files, Box 92, Dr. Kissinger's Meetings in the PRC During the Presidential Visit February 1972, page 20, in William Burr, ed., "Nixon's Trip to China: Records Now Completely Declassified, Including Kissinger Intelligence Briefing and Assurances on Taiwan," National Security Archive, December 11, 2003, Document 4, available at http://www2.gwu.edu/~nsarchiv/NSAEBB/NSAEBB106/.

31. 根據Evelyn Goh教授的說法，蘇聯駐美大使杜布萊寧（Anatoly Dobrynin）三月間告訴季辛吉，根據中方消息來源，莫斯科得出結論，季辛吉已經「把中蘇邊境蘇聯軍隊的全盤狀況、以及蘇聯飛彈設施的位置」告訴中國人。見Goh, *Constructing the U.S. Rapprochement with China,* 174–75.季辛吉否認，見Memorandum of Conversation, March 9, 1972, Box 493, National Security Files, Nixon Presidential Materials Project, page 3, Nixon Presidential Library.

32. 關於西方對中蘇分裂最優秀的回顧，見Harold P. Ford, "The CIA and Double Demonology: Calling the Sino-Soviet Split," *Studies in Intelligence* (Winter 1998–99): 57–61, available at https://www.cia.gov/library/center-for-the-study-of-intelligence/kent-csi/vol42no5/pdf/v42i5a05p.pdf.

33. 例如，見Zhou-Ye Jianying–Kissinger Memcon, June 20, 1972, 15-16, June 21, 1972, 3, in Box 851, National Security Files, Nixon Presidential Materials; and Howe to Kissinger, "China Trip," June 24, 1972, Box 97, National Security Files,

Nixon Presidential Materials, both available at the Nixon Presidential Library and cited in Evelyn Goh, "Nixon, Kissinger, and the 'Soviet Card' in the U.S. Opening to China, 1971–1974," *Diplomatic History* 29, iss. 3 (June 2005): 475–502, 485, footnote 43.

34. Mao–Kissinger Memcon, February 17, 1973, in William Burr, *Kissinger Tran-scripts: The Top Secret Talks with Beijing and Moscow* (Collingdale, PA: Diane Publishing, 1999), 88–89, also available at the Nixon Presidential Library and cited in Goh, "Nixon, Kissinger, and the 'Soviet Card,' " 475–502, 485, footnote 44.

35. Xiong Xianghui, "The Prelude to the Opening of Sino-American Relations," *Zhonggong Dangshi Ziliao* (*CCP History Materials*), no. 42 (June 1992): 81, as excerpted in Burr, "New Documentary Reveals Secret U.S., Chinese Diplomacy behind Nixon's Trip."

36. Kissinger to Nixon, "My Trip to China," March 2, 1973, Box 6, President's Personal Files, Nixon Presidential Materials, 2–3, available at the Nixon Presidential Library and cited in Goh, "Nixon, Kissinger, and the 'Soviet Card,' " 475-502,

37. Kissinger, *Diplomacy*, 72.〔中譯本，林添貴，顧淑馨譯，《大外交》（台北：智庫文化出版社，一九九八年。）〕

38. Memorandum of Conversation, Participants: Henry Kissinger, Winston Lord, Huang Hua, and Shih Yen-hua（施燕華 interpreter），Friday, August 4, 1972, 5:15–6 :45 p.m., New York City, in "Foreign Relations, 1969–1976, Volume E-13, Documents on China, 1969–1972," released by the Offi ce of the Historian of the U.S. Department of State, available at http://2001-2009.state.gov/r/pa/ho/frus/nixon/e13/72605.htm.

39. Kissinger to PRCLO Chargé Han Xu（韓敘），Memcon, May 15, 1973, Box 238, Lord Files, 7.

40. Kissinger to Huang Zhen（黃鎮），Memcon, May 29, 1973, Box 328, Lord Files.

41. Nixon to Zhou, June 19, 1973, Box 328, Lord Files.

42. Kissinger to Huang Zhen, Memcon, July 6, 1973, Box 328, Lord Files and July 19, 1973, Box 328, Lord Files.

43. Winston Lord to Henry Kissinger, National Archives, RG 59, Policy Planning Staff (S/P), Director's Files (Winston Lord）1969–1977, Entry 5027, Box 370, Secretary Kissinger's Visit to Peking, October 1973, S/PC, Mr. Lord, vol. I, National Archives, College Park, MD.
44. Kissinger–Zhou Memcon, November 10, 1973, in Burr, *Kissinger Transcripts*, 171–72. Zhou–Kissinger Memcon, November 13, 1973, Digital National Security Archives Online, Document 283. Memorandum, Fred Iklé to Henry Kissinger, National Archives, RG 59, Policy Planning Staff (S/P), Director's Files (Winston Lord）1969–1977, Lot 77D112, Entry 5027, Box 370, Secretary Kissinger's Visit to Peking, October 1973, S/PC, Mr. Lord, vol. II, National Archives, College Park, MD.
45. Goh, *Constructing the U.S. Rapprochement with China*, 242.另參見Kissinger-Zhou Memcon, November 10, 1973, in Burr, *Kissinger Transcripts*, 171–72.
46. Zhou–Kissinger Memcon, November 14, 1973, National Security Archive Online, Document 284.
47. Luo Guanzhong（羅貫中）・*Romance of the Three Kingdoms*, chapter 21: "In a Plum Garden, Cao Cao Discusses Heroes," trans. C. H. Brewitt-Taylor (Beijing: Foreign Languages Press, 1995), available at h ttp://kongming.net/novel/events/liubei-and-caocao-speak-of-heroes.php. I have slightly modified this long translation.
48. 美國和中國對台灣海峽的觀點，參見Michael Pillsbury, "China and Taiwan — the American Debate," *RUSI Journal* 154, no. 2 (April 2009): 82-88.
49. "Guns for Peking," Newsweek, September 8, 1975；雷根在一九七六年五月二十八日舉行記者會。《洛杉磯時報》報導說：「雷根說，他認為鑑於兩國有共同對付蘇聯的利益，美國軍售給中國大陸是很自然的發展。」Kenneith Reich, "Reagan Tells of Rumors Administration Plans to Renounce Taiwan After Election," *Los Angeles Times*, May 29, 1976. 見Yuri Dimov, "Commentary," Moscow Radio Peace and Progress, October 29, 1975, trans. by U.S. Foreign Broadcast Information Service, Washington, DC, October 31, 1975. 另參見 Ivan Broz, "American Military Policy and Its China

Factor," Rude Pravo, April 27, 1976，它說，「這些最反動的美國圈子有個發言人就是蘭德公司的白邦瑞……這太可惡了……據稱美國對中國的軍事援助將有助於北京務實派的領導人，並保證毛澤東死後，他們的發展不會朝向別的方向。」

50. Edward Slingerland, *Effortless Action: Wu-Wei as Conceptual Metaphor and Spiritual Ideal in Early China* (New York: Oxford University Press, 2003).
51. Deng Xiaoping, "Realize the Four Modernizations and Never Seek Hegemony," May 7, 1978, available at http://dengxiaopingworks.wordpress.com/2013/02/25/realize-the-four-modernizations-and-never-seek-hegemony/.
52. Ezra F. Vogel, *Deng Xiaoping and the Transformation of China* (Cambridge, MA: Harvard University Press, 2011), 323 (Kindle edition).
53. Kissinger, *On China*, 366–68.
54. Presidential Directive/NSC-4 3, November 3, 1978, available at h ttp://www.jim mycarterlibrary.gov/documents/pddirectives/pd43.pdf.
55. James Lilley and Jeffrey Lilley, *China Hands: Nine Decades of Adventure, Espionage, and Diplomacy in Asia* (New York: Public Affairs, 2004), 214–15.〔中譯本林添貴譯，《李潔明回憶錄》（台北：時報文化出版公司，二〇〇三年）。〕
56. 雷根總統在一二〇號國家安全決定指示中下令美國政府「支援中國宏偉的現代化計劃，尤其是透過我們已解禁的技術轉移政策。」NSDD 120, "Visit to the US of Premier Zhao Ziyang," January 9, 1984, available at http://www.fas.org/irp/offdocs/nsdd/.NSDD140 declared that a "strong, secure, and stable China can be an increasing force for peace." NSDD 140, "President's Visit to People's Republic of China," April 21, 1984, available at http://www.fas.org/irp/offdocs/nsdd/nsdd-140.pdf.

57. Kenneth Conboy, *The Cambodian Wars: Clashing Armies and CIA Covert Operations* (Lawrence: University Press of Kansas, 2013).另參見Andrew Mertha, *Brothers in Arms: Chinese Aid to the Khmer Rouge, 1975–1979* (Ithaca, NY: Cornell University Press, 2014).
58. George Crile, *Charlie Wilson's War: The Extraordinary Story of the Largest Covert Operation in History* (New York: Atlantic Monthly Press, 2003).
59. Kissinger, *Years of Renewal*, 819.
60. Tyler, *Great Wall*, 284.
61. Ibid., 285.郝培德在註九七引述卡特總統及其他八個人說的話。
62. 關於美、中兩國在阿富汗和柬埔寨的大規模祕密行動計劃，其完全細節尚未解密或經中、美任何一方政府所承認。我在這裡談到的這些計劃僅限於*Charlie Wilson's War*與*The Cambodian Wars*這兩本書中未經授權的訪談紀錄所提到的情節。
63. Conboy, *Cambodian Wars*, 228.
64. Ibid., 226–27.
65. Mary Louise Kelly, "Intelligence Veteran Focuses on North Korea," NPR, October 13, 2006, available at http://www.npr.org/templates/story/story.php?storyId=6259803.
66. Crile, *Charlie Wilson's War*, and Conboy, *Cambodian Wars*.
67. NSDD 166, US Policy, Programs, and Strategy in Afghanistan, March 27, 1985, available at http://www.fas.org/irp/offdocs/nsdd/nsdd-166.pdf.
68. Steve Coll, *Ghost Wars: The Secret History of the CIA, Afghanistan, and Bin Laden, from the Soviet Invasion to September 10, 2001* (New York: Penguin Press, 2004), 66.
69. Ibid., 137.

70. Ibid. 我在這些任務的角色過去在三本書中已經揭露。Raymond L. Garthoff說：「白邦瑞一九七五年秋天最早在《外交政策》發表文章，受到廣泛討論。他提出對中國軍售及廣泛範圍的美中軍事安全關係。當時並不知道白邦瑞已經和中國官員進行祕密討論……他的報告已以密件發給十來位國家安全會議、國防部和國務院的高級官員過目。」Raymond L. Garthoff, *Détente and Confrontation: American-Soviet Relations from Nixon to Reagan* (Washington, DC: Brookings Institution, 1983), 696. Mahmud Ali說：「蘭德公司中國事務分析家白邦瑞……一九七三年夏天與以外交官身分做掩護、派駐聯合國總部的解放軍軍官祕密磋商……國防部指揮白邦瑞。」Mahmud Ali, *US-China Cold War Collaboration, 1971–1989* (New York: Routledge, 2005), 81. 負責與蘇聯談判蘇軍撤出阿富汗的聯合國副秘書長Diego Cordovez說：「起先，刺針計劃（Stinger campaign）是由國防部主管政策的副部長艾克爾和他屬下那位衝勁十足的阿富汗事務協調官白邦瑞提出……支持刺針計劃人士一直受到官僚全力反對，反對持續到鬥爭最末階段。」Diego Cordovez, *Out of Afghanistan: The Inside Story of the Soviet Withdrawal* (New York: Oxford University Press, 1995), 195. 柯林頓總統的司法部副部長Philip Heymann寫說：「祕密行動委員會每三到四週開會一次。雖然這一類委員會自艾森豪總統以來歷任政府都有，但官方不曾承認它們的存在。例如甘迺迪政府時期，它的代號是四十委員會。關於祕密行動的任何資訊都刻意放到分割部門的安全體系VEIL（意即「面紗」）之下予以保護。」Philip Heymann, *Living the Policy Process* (New York: Oxford University Press, 2008), 44.
71. Karl D. Jackson, Memorandum for the Interagency Group on U.S.-China Military Relations, Subject: U.S.-China Military Relations: A Roadmap, September 10, 1986, Department of Defense, International Security Affairs, Douglas Paal（包道格）file, Reagan Presidential Library.
72. Ibid. 另參見Feigenbaum, *China's Techno-Warriors*.

第四章　白先生與綠小姐——美國誤判天安門局勢

1. Pillsbury, *Chinese Views of Future Warfare*. 和鄧小平握手的照片出現在第二頁，同一頁另一張照片是我和著名的解放軍鷹派、寫了五本書的彭光謙將軍合影。
2. 身為參議院委員會幕僚和五角大廈的顧問，自從我們一九八二年首度碰面以來，連續七年我依賴彼得・湯生的報告，當時他是美國駐北京大使館的主任分析員。
3. George H. W. Bush, Address on Administration Goals before a Joint Session of Congress, February 9, 1989, available at http://www.presidency.ucsb.edu/ws/?pid=16660.
4. Mann, *About Face*, 158
5. 劉曉波在天安門屠殺中大難不死，二十年後的二〇〇九年因為在中國推動「〇八憲章」的民主運動被捕，次年獲得諾貝爾和平獎。
6. Minxin Pei（裴敏欣），*From Reform to Revolution: The Demise of Communism in China and the Soviet Union* (Cambridge, MA: Harvard University Press, 1994), 152.
7. Ibid.
8. George H. W. Bush, diary entry, June 5, 1989, in George H. W. Bush and Brent Scowcroft, *A World Transformed* (New York: Alfred A. Knopf, 1998), 98.
9. Ibid.
10. George H. W. Bush, Memorandum of Conversation, Subject: "Meeting with Wan Li（萬里），Chairman of the Standing Committee of the National People's Congress and Member of the Politburo, People's Republic of China," May 23, 1989, 2:30 p.m.–3:45 p.m., Oval Offi ce, Cabinet Room, and Residence, available at http://www2.gwu.edu/~nsarchiv/NSAEBB/NSAEBB16/docs/doc07.pdf.

11. 胡喬木一九九二年去世受到國際媒體報導，例如《紐約時報》登出訃聞："Hu Qiaomu, a Chinese Hard-Liner, Is Dead at 81," *New York Times*, September 29, 1992, available at http://www.nytimes.com/1992/09/29/obituaries/hu-qiaomu-a-chinese-hard-liner-is-dead-at-81.html.
12. Deng Xiaoping, *Selected Works*, vol. III (1982–92) (Beijing: Renmin chubanshe, 1983), 108.
13. Ezra Vogel（傅高義），*Deng Xiaoping and the Transformation of China* (Cambridge, MA: Harvard University Press, 2012), 659–63.
14. Zhao Ziyang, *Prisoner of the State: The Secret Journal of Premier Zhao Ziyang*, trans. and ed. Bao Pu, Renee Chiang, and Adi Ignatius (New York: Simon & Schuster, 2009). 趙紫陽，《國家的囚徒》。這本書的編輯解釋說：「有許多人在中國境內躲在幕後努力，必須隱姓埋名。他們冒著無法想像的危險，保護、運送趙紫陽的祕密錄音帶安全出境。」（頁三〇六）另參見Michael Wines, "A Populist's Downfall Exposes Ideological Divisions in China's Ruling Party," *New York Times*, April 6, 2012.
15. Robert L. Jervis, *Why Intelligence Fails: Lessons from the Iranian Revolution and the Iraq War* (Ithaca, NY: Cornell University Press, 2010), 15. 作者Jervis在頁二五解釋說，他檢視這些個案情報失敗有四個主要原因，其中之一是「忽視及誤解了民族主義及其孿生兄弟反美主義的角色」。
16. James P. Harrison, *The Long March to Power: A History of the Chinese Communist Party, 1921–72* (Bethesda, MD: International Thomson Publishing, 1972).
17. Yan Jiaqi（嚴家其），*Toward a Democratic China: The Intellectual Autobiography of Yan Jiaqi* (Honolulu: University of Hawaii Press, 1992), 252–70，記載這十點政綱，嚴家其說它們發表於一九八九年十二月二十八日。
18. Ruan Ming（阮銘），with Nancy Liu, Peter Rand, and Lawrence R. Sullivan, eds., *Deng Xiaoping: Chronicle of an Empire* (Boulder, CO: Westview Press, 1994), 140–50.

19. "The President's News Conference," June 5, 1989, George Bush Presidential Library, available at http://bushlibrary.tamu.edu/research/public_papers.php?id=494& year&month.
20. Mann, *About Face*, 262.
21. 例如，見Constantine Menges, *China: The Gathering Threat* (Nashville, TN: Nelson Current, 2005), 124–25.
22. Tyler, *Great Wall*, 381–416.
23. Elisabeth Rosenthal, "Envoy Says Stoning Will End, Ties Won't," *New York Times*, May 11, 1999, available at http://partners.nytimes.com/library/world/europe/051199kosovo-china-sasser.html.
24. Erik Eckholm, "China Raises Then Lowers Tone in Anti-U.S. Protests at Embassy," *New York Times*, May 11, 1999, available at http://www.nytimes.com/1999/05/11/world/crisis-balkans-china-china-raises-then-lowers-tone-anti-us-protests-embassy.html.
25. Ibid.
26. Transcript: Clinton opens youth violence summit, May 10, 1999, CNN, available at http://www.cnn.com/ALLPOLITICS/stories/1999/05/10/youth.violence.summit/transcript.html.
27. "America vs. Japan and Germany," Jin Dexiang, 3, cited in Pillsbury, *China Debates the Future Security Environment*, 99.
28. Eckholm, "China Raises Then Lowers Tone in Anti-U.S. Protests at Embassy."
29. 然而，就中國的外交政策而言，更重要的是找出中國領導人如何解讀貝爾格勒使館被炸事件。*Chinese Law and Government* 35, nos. 1–2 (2002)，發表從中國共產黨檔案偷運出來的數百份備忘錄、演講詞、筆記及其他祕密文件，其中朱鎔基一九九九年的說法特別值得注意。這些文件透露中國高階決策者一九九九年的想法，尤其是美機轟炸駐貝爾格勒中國大使館期間的想法。《紐約時報》有一篇報導評論說，這些文件會出現，代表中共黨內有一群有力的人物企圖藉由洩露消息給西方，改寫黨史及影響中國的未來。Craig S. Smith, "Tell-All Book Portrays Split in

Leadership of China," *New York Times*, January 17, 2002, available at http://www.nytimes.com/2002/01/17/world/tell-all-book-portrays-split-in-leadership-of-china.html.

30. 這個機構當時的名稱是the Foreign Broadcast Information Center。根據Hoffman, *Spy Within*, 54-55，金無怠在這個機構服務多年。.

31. Bill Gertz, *Enemies: How America's Foes Steal Our Vital Secrets—and How We Let It Happen* (New York: Crown Forum, 2006), 52–53.

32. 見Glenn P. Hastedt, "Leung, Katrina (May 1, 1954–)," in Glenn P. Hastedt, ed., *Spies, Wiretaps, and Secret Operations: An Encyclopedia of American Espionage, Volume I* (Santa Barbara, CA: ABC-C LIO, 2011), 468–69; Charles Feldman and Stan Wilson, "Alleged Chinese Double Agent Indicted," CNN.com, May 9, 2003, available at http://www.cnn.com/2003/LAW/05/08/double.agent.charges/; and "A Review of the FBI's Handling and Oversight of FBI Asset Katrina Leung (Unclassified Executive Summary)," Special Report, U.S. Department of Justice, Offi ce of the Inspector General, May 2006, available at http://www.justice.gov/oig/special/s0605/index.htm.

33. Gertz, *Enemies*, 52-53.

第五章　萬惡的美國——中國歷史教科書中的美國

1. 卡特總統的國安會中國事務專家、已故的史丹佛大學政治學教授奧森伯格寫說：「中國領導人天生懷疑外國。他們認為外國領導人往往不願歡迎中國在世界事務崛起，寧願延滯或破壞它的進步。他們深怕外界許多人一有機會就想分裂中國……中國領導人腦子裡還有一張戰略地圖，認為在其邊陲很難抗拒外國勢力。」Michel Oksenberg, *Taiwan, Tibet, and Hong Kong in Sino-American Relations* (Stanford, CA: Institute for International Studies, 1997), 56.

2. 關於中國對中，美關係歷史及演進的詮釋，可參見Qiao Mingshun, *The First Page in Chinese-US Relations* (Beijing: Social Sciences Academic Press, 2000); and Shi Yinhong（時殷弘）and Lu Lei, "The U.S. Attitude Toward China and

China's Entrance to the International Community: An Overview of 150 Years of History," in Tao Wenzhao（陶文釗）and Liang Biyin, eds., *The United States and Modern and Contemporary China* (Beijing: CASS Press, 1996).

3. 關於這些「愛國」教育方案的進一步討論，見Wang Zheng, *Never Forget National Humiliation: Historical Memory in Chinese Politics and Foreign Relations* (New York: Columbia University Press, 2012); Peter Hays Gries, *China's New Nationalism: Pride, Politics, and Diplomacy* (Berkeley: University of California Press, 2005); Christopher R. Hughes, *Chinese Nationalism in the Global Era* (New York: Routledge, 2006); and Suisheng Zhao（趙穗生）, *A Nation-State by Construction: Dynamics of Modern Chinese Nationalism* (Stanford, CA: Stanford University Press, 2004).
4. 指出本書將重新付梓的消息來源是中國社會科學院網站。Wang Chun, *A History of the U.S. Aggression in China* (Beijing Workers' Press, 1951).更多詳情見Andrew J. Nathan（黎安友）and Andrew Scobell（施道安）, "How China Sees America: The Sum of Beijing's Fears," *Foreign Affairs* (September/October 2012), available at http://www.foreignaffairs.com/articles/138009/andrew-j-nathan-and-andrew-scobell/how-china-sees-america.
5. 中文版中國社會科學院網址是http://www.cssn.cn/；英文版網址則是http://bic.cass.cn/english/index.asp.
6. 關於義和拳之亂，見Larry Clinton Thompson, *William Scott Ament and the Boxer Rebellion: Heroism, Hubris, and the "Ideal Missionary"* (Jefferson, NC: McFarland, 2009).
7. 關於鄧小平統治的影響，見Vogel, *Deng Xiaoping and the Transformation of China.*
8. *Selected Works of Mao Tse-tung, Volume IV* (Beijing: Foreign Languages Press, 1961), 450.
9. Xiong Zhiyong, "A Diplomatic Encounter between China and America Reviewed from the Signing of the Treaty of Wangxia," *Modern Chinese History Studies*, no. 5 (1989); Qiao Mingshun, First Page in Chinese-U.S. Relations, 200, 33–34, 38, 147, 171; Li Jikui, "Chinese Republican Revolutions," 41–42, in Tao Wenzhao and Liang Biyin, eds., *The United States and Modern and Contemporary China* (Beijing: CASS Press, 1996).
10. Shi Yinhong, Lu Lei, "U.S. Attitude toward China and China's Entrance to the International Community," 6.

11. Mei Renyi, Center for American Studies, Beijing Foreign Languages University, "American Reporting on China's Reform and Opening Up,"422 (Beijing: Foreign Languages University Press, 1995).
12. *The Thirty-Six Stratagems*, chapter 1, available at http://wengu.tartarie.com/wg/wengu.php? l=36ji&&no=3.
13. Deng Shusheng, *Meiguo Lishi yu Meiguo Ren* [*American History and Americans*] (Beijing: Peoples' Press, 1993), 55.《美國歷史與美國人》
14. Tang Qing, "U.S. Policy toward Japan Before the Outbreak of the Pacific War," in *Jianghandaxue Xuebao* [*Jianghan University Journal*] (April 1997): 105–9.
15. Deng Shusheng, *Meiguo Lishi yu Meiguo Ren* [*American History and Americans*], 169.
16. Stefan Verstappen, *The Thirty-Six Strategies of Ancient China* (San Francisco: China Books and Periodicals, 1999).
17. Xiong Xianghui, "The Prelude to the Opening of Sino-American Relations," *Zhonggong Dangshi Ziliao*, no. 42 (June 1992): 81。摘自Burr, "New Documentary Reveals Secret U.S., Chinese Diplomacy behind Nixon's Trip."
18. 關於《較量無聲》的英文翻譯，見NNL, ZYH, and AEF, "Silent Contest"(Part I), *Chinascope*, available at http://chinascope.org/main/content/view/6168/92/; and NNL, ZYH, and AEF, "Silent Contest II,"*Chinascope*, available at http://chinascope.org/main/content/view/6281/92/. Benjamin Carlson, "China's Military Produces a Bizarre, Anti-American Conspiracy Film (VIDEO)," *GlobalPost*, November 2, 2013, available at http://www.globalpost.com/dispatch/news/regions/asia-pacific/china/131101/china-military-produces-bizarre-anti-american-conspiracy-video. 另參見J. Michael Cole, "Does China Want a Cold War?," *Diplomat*, November 5, 2013, available at http://thediplomat.com/2013/11/does-china-want-a-cold-war/; and Jane Perlez, "Strident Video by Chinese Military Casts U.S. as Menace," *New York Times*, October 31, 2013, available at http://sinosphere.blogs.nytimes.com/2013/10/31/strident-video-by-chinese-military-casts-u-s-as-menace/?_php=true&_type=blogs&r=0&gwh=6063CDDF0357954CDBF51A49E3DC10EB&gwt=pay.

19. “U.S.-China Economic and Security Review Commission Annual Report, 2002,” release date: July 15, 2002, available at http://china.usc.edu/ShowArticle. aspx?articleID=686#below.
20. Ibid.
21. Ibid.
22. Ibid.
23. Mark Landler and David E. Sanger, “China Pressures U.S. Journalists, Prompting Warning from Biden,” *New York Times*, December 4, 2013, available at http://www.nytimes.com/2013/12/06/world/asia/biden-faults-china-on-foreign-press-crackdown.html?_r=2&.
24. Ibid.
25. Ibid.
26. Ibid.
27. Miles Yu, “Inside China: PLA Strategist Reflects Military’s Mainstream,” *Washington Times*, April 11, 2013, available at http://www.washingtontimes.com/news/2013/apr/11/inside-china-pla-strategist-reflects-militarys-mai/?page=all #pagebreak.
28. “U.S.-China Economic and Security Review Commission Annual Report, 2002.”
29. Ibid.
30. Kevin Spacey, *The Usual Suspects*, directed by Bryan Singer. Los Angeles: Spelling Films International, Gramercy Pictures, and PolyGram Filmed Entertainment, 1995.

第六章　網路警察——滴水不漏的言論統戰

1. Anne-Marie Brady是學術界研究中國政府宣傳作業的先鋒，其作品有Anne-Marie Brady, ed., *China's Thought Management* (New York: Routledge, 2012).另參見Anne-Marie Brady, "Chinese Foreign Policy: A New Era Dawns," *Diplomat*, March 17, 2014, available at http://thediplomat.com/2014/03/chinese-foreign-policy-a-new-era-dawns/; and Brady's *Marketing Dictatorship: Propaganda and Thought Work in Contemporary China* (Lanham, MD: Rowman & Littlefield, 2009); David Shambaugh, *China's Communist Party: Atrophy and Adaptation* (Berkeley: University of California Press, 2008), 106-11.另參見David Shambaugh（沈大偉），*China Goes Global: The Partial Power* (New York: Oxford University Press, 2013).
2. Keith B. Richburg, "Chinese Artist Ai Weiwei Arrested in Ongoing Government Crackdown," *Washington Post*, April 3, 2011, available at http://www.washingtonpost.com/world/chinese-artist-ai-wei-wei-arrested-in-latest-government-crackdown/2011/04/03/AFHB5PVC_story.html.
3. "State Enemies: China," Reporters Without Borders, Special Edition: Surveillance, available at http://surveillance.rsf.org/en/china/.
4. Patrick E. Tyler, "Who's Afraid of China?," *New York Times*, August 1, 1999, available at http://www.nytimes.com/1999/08/01/magazine/who-s-afraid-of-china.html.
5. 喬良，王湘穗，《超限戰》（北京：解放軍文藝出版社一九九九）。英文摘譯本可在網路上查到，見http://www.fas.org/nuke/guide/china/doctrine/index.html.
6. 關於中國對美國的觀感極為敏感，見Andrew J. Nathan and Andrew Scobell, *China's Search for Security* (New York: Columbia University Press, 2012).另參見Andrew J. Nathan and Andrew Scobell, "How China Sees America," *Foreign Affairs* (September/October 2012), available at http://www.foreignaffairs.com/articles/138009/andrew-j-nathan-and-andrew-scobell/how-china-sees-america.

7. 哈佛大學教授江憶恩（Alastair Iain Johnston）在"Beijing's Security Behavior in the Asia-Pacific: Is China a Dissatisfied Power?" in J. J. Suh, Peter J. Katzenstein, and Allen Carlson, eds., *Rethinking Security in East Asia: Identity, Power, and Efficiency* (Stanford, CA: Stanford University Press, 2004), 34–96指出，《超限戰》的作者「不是戰略學者，而是政治幹部」，他們的主要職責是「寫些軍中生活報導」。他又說，這本書「在中國國內掀起極大爭議」，在「軍中內部會議也遭到批評」。可是，這些結構資訊皆不見於美國的討論」。（頁六八）
8. Erik Eckholm, "After the Attacks: In Beijing; Waiting Nervously for Response," *New York Times*, September 16, 2001, available at http://www.nytimes.com/2001/09/16/us/after-the-attacks-in-beijing-waiting-nervously-for-response.html.
9. 王建，李曉寧，喬良，王湘穗，《新戰國時代》（北京：新華出版社，二〇〇三年）。
10. Wu Rusong, "*Rou wu lun—Zhongguo gudian zhanlue zhiyao*" [*On Soft Fighting—The Quintessence of China's Classical Strategy*], *Zhongguo Junshi Kexue* [*China Military Science*] 34, no. 1 (Spring 1996): 118.
11. Li Bingyan, ed., *Zhongguo lidai da zhanlue* [*The Grand Strategy of China's Past Dynasties*] (Beijing: Kunlun chubanshe, 1998), 51.
12. Huang Zhixian, Geng Jianzhong, and Guo Shengwei, *Sun Zi Jingcui Xinbian* [*A Concise New Edition of Sun Tzu*] (Beijing: Junshi kexue chubanshe, 1993), 70.
13. Chai Yaqui, *Moulue lun* [*On Deceptive Strategy*] (Beijing: Lantian chubanshe, 1996), 97.
14. Chai Yuqiu, ed., *Moulue ku* [*A Storehouse of Deceptive Strategy*] (Guangxi: Guangxi Renmin chubanshe, 1995), 152.
15. Nick Mulvenney, "China to Meet Dalai Lama Aides amid Tibet Tension," Reuters, April 25, 2008, available at http://in.reuters.com/article/2008/04/25/idINIndia-33236220080425.
16. Brian Duffy and Bob Woodward, "FBI Warned 6 on Hill about China Money," *Washington Post*, March 9, 1997, available at http://www.washingtonpost.com/wp-srv/politics/special/campfin/stories/cf030997.htm.
17. Bill Gertz, *The China Threat: How the People's Republic Targets America* (Washington, DC: Regnery, 2000), 45.

18. *China's Propaganda and Influence Operations, Its Intelligence Activities That Target the United States, and the Resulting Impacts on U.S. National Security: Hearing before the U.S.-China Economic and Security Review Commission*, 111th Cong. 88 (Apr. 30, 2009), statement of Dr. Jacqueline Newmyer, president and CEO, Long-Term Strategy Group, Cambridge, MA, available at http://origin.www.uscc.gov/sites/default/files/transcripts/4.30.09HearingTranscript.pdf. 引文出自二〇〇九年二月一則「參考消息」，它由American Open Source Center譯為英文，經Newmyer引在其聲明中。
19. Friedberg, *Contest for Supremacy*, 194–95.
20. *China's Propaganda and Influence Operations, Its Intelligence Activities That Target the United States, and the Resulting Impacts on U.S. National Security: Hearing before the U.S.-China Economic and Security Review Commission*, 111th Cong. 67 (Apr. 30, 2009), statement of Dr. Ross Terrill, associate in research, John K. Fairbank Center for Chinese Studies, Harvard University, Cambridge, MA, available at http://origin. www.uscc.gov/sites/default/files/transcripts/4.30.09HearingTranscript.pdf.
21. Confucius Institute/Classroom website, available at http://english.hanban.org/node_10971.htm.
22. D. D. Guttenplan, "Critics Worry about Influence of Chinese Institutes on US Campuses," *New York Times*, March 4, 2012, available at http://www.nytimes.com/2012/03/05/us/critics-worry-about-influence-of-chinese-institutes-on-us-campuses.html? pagewanted=all&_r=0.
23. "China's Confucius Institutes: Rectification of Statues," *Economist*, January 20, 2011, available at http://www.economist.com/blogs/asiaview/2011/01/china%E2 %80%99s_confucius_institutes.
24. Daniel Golden, "China Says No Talking Tibet as Confucius Funds U.S. Universities," Bloomberg News Service, November 1, 2011, available at http://www.bloomberg.com/news/2011-11-01/china-says-no-talking-tibet-as-confucius-funds-u-s-universities.html.

25. Guttenplan, "Critics Worry About Influence of Chinese Institutes on U.S. Campuses."
26. Josh Dehaas, "Talks End Between Confucius Institutes and U Manitoba," *Maclean's*, June 21, 2011, available at http://www.macleans.ca/education/uniandcollege/talks-end-between-confucius-institutes-and-u-manitoba/.
27. Marshall Sahlins, "China U.," *Nation*, October 29, 2013, available at http://www.thenation.com/article/176888/china-u.
28. Golden, "China Says No Talking Tibet as Confucius Funds U.S. Universities."
29. Ibid.
30. Guttenplan, "Critics Worry About Influence of Chinese Institutes on U.S. Campuses."
31. Golden, "China Says No Talking Tibet as Confucius Funds U.S. Universities." 該組織的網站沒有提到有關西藏的議題，請見：http://ealc.stanford.edu/confucius_institute/.二〇一三年一月十日，史丹福大學國際事務處訪問Ban Wang教授，王教授說：「過去兩年，我們只要和漢辦或北京大學意見不同，趙教授、Saller院長和我就到北京去面對面談判。每次我們都提醒他們，史丹福大學必須控制如何管理學院。情勢轉為對我們有利……」The Confucius Institute at Stanford University, available at https://oia. stanford.edu/node/14779.另參見Wise, *Tiger Trap*, chapter 14.
32. "Sydney University Criticised for Blocking Dalai Lama Visit," *Guardian*, April 18, 2013, available at http://www.theguardian.com/world/2013/apr/18/sydney-university-dalai-lama.
33. Dehaas, "Talks End Between Confucius Institutes and U Manitoba."
34. Sahlins, "China U."
35. Don Starr, "Chinese Language Education in Europe: The Confucius Institutes," *European Journal of Education, Research, Development and Policy* 44, no. 1 (March 2009): 65–82, available at http://onlinelibrary.wiley.com/doi/10.1111/j.1465-3435.2008.01371.x/full.
36. Ibid.

37. "Profs Worry China Preparing to Spy on Students," *Maclean's*, April 27, 2011, available at http://www.macleans.ca/education/uniandcollege/profs-worry-china-preparing-to-spy-on-students/.
38. TGS and AEF, "People's Daily: The Rise of an Awakening Lion," *Chinascope*, last updated February 10, 2011, available at http://chinascope.org/main/content/view/3306/106/.
39. Tania Branigan, "Chinese Ambassador Attacks 'Cold War' Fears over Confucius Institutes," *Guardian*, June 15, 2012, available at http://www.theguardian.com/world/2012/jun/15/confucius-institutes-universities-chinese-ambassador.
40. Justin Norrie, "Confucius Says School's In, but Don't Mention Democracy," *Sydney Morning Herald*, February 20, 2011, available at http://www.smh. com.au/national/education/confucius-says-schools-in-but-dont-mention-democracy-20110219-1b09x.html.
41. Fred Hiatt, "Chinese Leaders Control Media, Academics to Shape the Perception of China," *Washington Post*, November 17, 2013, available at http://www.washingtonpost.com/opinions/fred-hiatt-chinese-leaders-control-media-academics-to-shape-the-perception-of-china/2013/11/17/1f26816e-4e06-11e3-9890-a1e0997fb0c0_story.html.
42. Ibid.
43. Ibid.
44. Neil King Jr., "Inside Pentagon: A Scholar Shapes Views of China," *Wall Street Journal*, September 8, 2005, available at http://online.wsj.com/news/articles/SB112613947626134749.
45. Ibid.
46. "UN Experts Warn of Severe Restrictions on Tibetan Monasteries in China," *UN News Centre*, November 1, 2011, available at http://www.un.org/apps/news/story.asp/story.asp?NewsID=40269&Cr=China&Cr1#.Uxi2dumPLVI.
47. "Q&A: Paul Mooney on Reporting in China," Bob Dietz, Committee to Protect Journalists, CPJ Blog, November 12, 2013, available at http://www.cpj.org/blog/2013/11/qa-paul-mooney-on-reporting-in-china.php.

48. Harrison Jacobs, "Chinese Censorship Is Spreading All Over the World," *Business Insider*, November 5, 2013, available at http://www.businessinsider.com/chinese-censorship-is-spreading-all-over-the-world-2013-11.
49. Ibid.
50. "State Enemies: China."
51. U.S. State Department, Bureau of Democracy Human Rights and Labor, "2013 Human Rights Report: China (includes Tibet, Hong Kong, and Macau)," available at http://www.state.gov/j/drl/rls/hrrpt/2013/eap/220186.htm.
52. Will Sommer, "Post's Chinese Visa Fight Ends with a Whimper," *Washington City Paper*, September 17, 2012, available at http://www.washingtoncitypaper.com/blogs/citydesk/2012/09/17/posts-chinese-visa-fight-ends-with-a-whimper/.
53. Peter Ford, "Report on China's 'Jasmine Revolution'? Not if You Want Your Visa," *Christian Science Monitor*, March 3, 2011, available at http://www.csmonitor.com/layout/set/r14/World/Asia-Pacific/2011/0303/Report-on-China-s-Jasmine-Revolution-Not-if-you-want-your-visa.
54. Harrison Jacobs, "Journalist Paul Mooney on Why He Was Blocked from China and How Things Could Get 'Much, Much Worse,' " *Business Insider*, November 21, 2013, available at http://www.businessinsider.com/paul-mooney-on-being-denied-chinese-visa-2013-11#ixzz2n5iYadYX.
55. Evan Osnos, "What Will It Cost to Cover China?" *New Yorker*, November 19, 2013, available at http://www.newyorker.com/online/blogs/comment/2013/11/what-will-it-cost-to-cover-china.html.另參見Robert Dietz, "Foreign Reporters on Reporting in China," for the Congressional-Executive Commission on China Roundtable, "China's Treatment of Foreign Journalists," December 11, 2013, available at http://www.cecc.gov/sites/chinacommission.house.gov/files/CECC%20Roundtable%20-% 20Foreign%20Journalists%20-Robert%20Dietz%20Written%20Statement.pdf.

56. Keith B. Richburg, "China Expels Al-Jazeera Reporter as Media Relations Sour," *Washington Post*, May 8, 2012, available at http://www.washingtonpost.com/world/asia_pacific/china-expels-al-jazeera-reporter-as-media-relations-sour/2012/05/08/gIQAlip49T_story.html.

57. 已故的專欄作家、前任《紐約時報》總編輯羅森紹（A. M. Rosenthal）說：「美國史上這個國家從來沒有受到〔中國這樣〕一個外國專制政府如此重大的影響。事實上，可能除了英國之外，我記憶裡從來沒有任何國家對美國政治、經濟和學術生活有如此大的影響。」引自 Gertz, *China Threat*, 40–41.

58. Osnos, "What Will It Cost to Cover China?"

59. "Syria, China Worst for Online Spying: RSF," *Daily Star* (Lebanon), March 12, 2013, available at http://www.dailystar.com.lb/Article.aspx?id=209739&link=Technology/Regional/2013/Mar-12/209739-syria-china-worst-for-online-spying-rsf.ashx#axzz2rFONYvA9.

60. "State Enemies: China."

61. Ibid.

62. Ibid.

63. Jacobs, "Chinese Censorship Is Spreading All Over the World."

64. Ibid.

65. Laurie Burkitt and Paul Mozur, "Foreign Firms Brace for More Pressure in China," *Wall Street Journal*, April 4, 2013, available at http://online.wsj.com/news/articles/SB10001424127887323916304578400463208890042.

66. Jacobs, "Chinese Censorship Is Spreading All Over the World."

67. 關於中國政府控制媒體的作法，可參見"How Offi cials Can Spin the Media," China Media Project, June 19, 2010, available at http://cmp.hku.hk/2010/06/19/6238/; "Media Dictionary: 'Propaganda Discipline,' " China Media Project, January 5, 2007, available at http://cmp.hku.hk/2007/01/05/145/; Frank N. Pieke, *The Good Communist: Elite

Training and State Building in Today's China (Cambridge, UK: Cambridge University Press, 2009); Yanmin Yu, "The Role of the Media: A Case Study of China's Media Coverage of the U.S. War in Iraq," in Yufan Hao and Lin Su, eds., *China's Foreign Policy Making: Societal Force and Chinese American Policy* (Burlington, VT: Ashgate, 2005).另參見Anne-Marie Brady and He Yong, "Talking Up the Market," in Anne-Marie Brady, ed., *China's Thought Management* (Oxford, UK: Routledge, 2012); Min Jiang, "Spaces of Authoritarian Deliberation: Online Public Deliberation in China," in Ethan J. Lieb and Baogang He, eds., *The Search for Deliberative Democracy in China* (New York: Palgrave Macmillan, 2006); Ying Chan, "Microblogs Reshape News in China," China Media Project, October 12, 2010, available at http://cmp.hku.hk/2010/10/12/8021/; and Christopher R. Hughes, "Controlling the Internet Architecture within Greater China," in Françoise Mengin, ed., *Cyber China: Reshaping National Identities in the Age of Information* (New York: Palgrave Macmillan, 2004).

第七章　殺手鐧——解放軍的祕密武器

1. 消息來源包括Victor N. Corpus, "America's Acupuncture Points. Part 2: The Assassin's Mace," *Asia Times Online*, October 20, 2006, available at http://www.atimes.com/atimes/China/HJ20Ad01.html; Michael Pillsbury, "The Sixteen Fears: China's Strategic Psychology," *Survival: Global Politics and Strategy* 54, no. 5 (October/November 2012): 149–82; "SteelJaw," "Required Reading: *Naval War College Review* Articles on China's DF-21/ASBM," *U.S. Naval Institute blog*, November 15, 2009, accessed March 2, 2014, available at http://blog.usni.org/2009/11/15/required-reading-naval-war-college-review-articles-on-chinas-df-21asbm; Bill Gertz, "China Building Electromagnetic Pulse Weapons for Use against U.S. Carriers," *Washington Times*, July 21, 2011, available at http://www.washingtontimes.com/news/2011/jul/21/beijing-develops-radiation-weapons/?page=all; David Crane, "Chinese Electromagnetic Pulse (EMP) and High-Powered Microwave (HPM) Weapons vs. U.S. Navy Aircraft Carrier Battle Groups: Can the U.S. Military

Effectively Counter 'Assassin's Mace'?," *DefenseReview.com*, July 22, 2011, available at http://www.defensereview.com/chinese-electromagnetic-pulse-emp-and-high-powered-microwave-hpm-weapons-vs-u-s-navy-aircraft-carrier-battle-groups-can-the-u-s-military-effectively-counter-assassins-mace/; Editors of *New Atlantis*, "The Assassin's Mace," *New Atlantis* 6 (Summer 2004): 107–10, available at http://www.thenewatlantis.com/publications/the-assassins-mace; U.S. Department of Defense, Offi ce of the Secretary of Defense, *Military Power of the People's Republic of China* (Washington, DC, 2005); Pillsbury, *China Debates the Future Security Environment*; David Hambling, "China Looks to Undermine U.S. Power with 'Assassin's Mace,' " *Wired*, July 2, 2009, available at http://www.wired.com/dangerroom/2009/07/china-looks-to-undermine-us-power-with-assassins-mace/; "China Developing EMP 'Assassin's Mace': Report," China Post, July 25, 2011, available at http://www.chinapost.com.tw/taiwan/china-taiwan-relations/2011/07/25/310981/China-developing.htm; Leonard David, "Pentagon Report: China's Growing Military Space Power," *SPACE.com*, March 6, 2008, available at http://www.space.com/5049-pentagon-report-china-growing-military-space-power.html; Shaun Waterman, "U.S. Slow Learner on Chinese Weaponry," *Washington Times*, April 5, 2012, available at http://www.washingtontimes.com/news/2012/apr/5/us-slow-learner-on-chinese-weaponry/?page=all; Mark L. Herman, Mark D. Frost, and Robert Kurz, *Wargaming for Leaders: Strategic Decision Making from the Battlefield to the Boardroom* (New York: McGraw-Hill, 2009); Robert Mandel, "Political Gaming and Foreign Policy Making During Crisis," *World Politics* 30, no. 4 (July 1977): 610–25. Mandel寫說，早期的兵棋推演劇本包括蘇聯入侵中國，印度和巴基斯坦關係緊張，中國和越南為島礁起爭執，中國滲透緬甸，以及印度發生叛亂。

2. 更多詳情參見Bill Gertz, "China's High-Tech Military Threat," *Commentary*, April 1, 2012, available at http://www.commentarymagazine.com/article/chinas-high-tech-military-threat/; and Jan van Tol, Mark Gunzinger, Andrew F. Krepinevich, and Jim Thomas, "AirSea Battle: A Point-of-Departure Operational Concept," Center for Strategic and

Budgetary Assessments, May 18, 2010, available at http://www.csbaonline.org/publications/2010/05/airsea-battle-concept/.

3. Gertz, "China's High-Tech Military Threat."
4. 關於中國反介入戰略和投資最傑出的研究，見James C. Mulvenon（毛文杰）、Murray Scot Tanner, Michael S. Chase, David Frelinger, David C. Gompert, Martin C. Libicki, and Kevin L. Pollpeter, *Chinese Responses to U.S. Military Transformation and Implications for the Department of Defense* (Santa Monica, CA: RAND, 2006); Roger Cliff, Mark Burles, Michael S. Chase, Derek Eaton, and Kevin L. Pollpeter, *Entering the Dragon's Lair: Chinese Anti-access Strategies and Their Implications for the United States* (Santa Monica, CA: RAND, 2007); and Ronald O'Rourke, "China Naval Modernization: Implications for US Navy Capabilities — Background and Issues for Congress," *CRS Report for Congress*, RL33153, May 29, 2007.
5. Shen Zhongchang, Zhang Haiying, and Zhou Xinsheng, "21 Shiji Haizhan Chu-tan" ["21st Century Naval Warfare"], *Zhongguo Junshi Kexue* [*China Military Science*], no. 1 (1995): 28–32, in Pillsbury, *Chinese Views of Future Warfare*, xxxviii.
6. Bill Gertz, *The China Threat: How the People's Republic Targets America* (Washington, DC: Regnery, 2013), introduction to the paperback version, page ix.
7. Michael Raska, "Scientific Innovation and China's Military Modernization," *Diplomat*, September 3, 2013, available at http://thediplomat.com/2013/09/scientific-innovation-and-chinas-military-modernization/.
8. 經典例子參見Edward Timperlake and William C. Triplett II, *Red Dragon Rising: Communist China's Military Threat to America* (Washington, DC: Regnery, 2002); Gertz, *China Threat*; Steven W. Mosher, *Hegemon: China's Plan to Dominate Asia and the World* (San Francisco: Encounter Books, 2000); and Jed Babbin and Edward Timperlake, *Showdown: Why China Wants War with the United States* (Washington, DC: Regnery, 2006); Ted Galen Carpenter,

America's Coming War with China: A Collision Course over Taiwan (New York: Palgrave Macmillan, 2005); and Richard C. Bush（卜睿哲）and Michael E. O'Hanlon（歐漢龍），*A War Like No Other: The Truth About China's Challenge to America* (Hoboken, NJ: John Wiley & Sons, 2007).

9. Keith Crane et al., *Modernizing China's Military: Opportunities and Constraints* (Santa Monica, CA: RAND Corporation, 2005).

10. "U.S. Asia-Pacific Strategic Considerations Related to PLA Naval Forces Modernization," Hearing before the Subcommittee on Seapower and Projection Forces, House Armed Services Committee, December 11, 2013, available at http://armed services.house.gov/index.cfm/hearings-display?ContentRecord_id=FA9EE283-A136-4C44-B489-F1814AFAB9EA. 被請到聽證會作證的專家有：哈德遜研究中心（Hudson Institute）資深研究員Seth Cropsey；美國海軍戰爭學院（U.S. Naval War College）副教授Andrew Erickson；國會研究處（Congressional Research Service）海軍事務專家Ronald O'Rourke；戰略及預算評估中心（Center for Strategic and Budgetary Assessments）副總裁兼研究部主任Jim Thomas。關於背景，見Seth Cropsey, *Mayday: The Decline of American Naval Supremacy* (New York: Overlook, 2013).

11. 關於海空一體戰，可參見Jose Carreno, Thomas Culora, George Galdorisi, and Thomas Hone, Proceedings (vol. 136/8/1,290, U.S. Naval Institute, August 2010); J. Noel Williams, "Air-Sea Battle: An Operational Concept Looking for a Strategy," *Armed Forces Journal* (September 2011); and Adam Segal, "Chinese Computer Games: Keeping Safe in Cyberspace," *Foreign Affairs* 91, no. 2 (March/April 2012).

12. Gertz, *Enemies*, 54; and Wise, *Tiger Trap*, 216–17. Wise寫說：「麥大志一定罪，其餘家屬很快就相繼認罪。二〇〇八年三月，麥大志被判刑二十四年，入聯邦監獄服刑。」（頁二一七）

13. 關於中國人認定美國威脅到他們，可參見Yawei Liu and Justine Zheng Ren, "An Emerging Consensus on the U.S. Threat: The United States According to PLA Offi cers," *Journal of Contemporary China* 23, no. 86 (2014): 255–74.

14. 見Chen Youwei（陳有為），"China's Foreign Policymaking as Seen Through Tiananmen," *Journal of Contemporary China* 12, no. 37 (November 2003): 715–38.

15. Gao Fugang and Sun Mu, "Study of Operational Effectiveness of Blockade Running of Escorted Submarine," *Junshi Yunchou Yu Xitong Gongcheng* [*Military Operations Research and Systems Engineering*] (September 3, 2006): 39–42. 關於更多詳情，見Pillsbury, "Sixteen Fears."

16. 關於這類封鎖方法，可參見下列文章之討論，如：Tai Feng, "Multipronged Blockade of the Ocean: Japan's Measures after the Offshore Submarine Incident," *Xiandai Wuqi* [*Modern Weapons*] (March 2005): 51 (trans. Toshi Yoshihara, U.S. Naval War College); Li Zuyu, "Combat Uses of Japan's Airpower," *Shipborne Weapons* (March 2007): 48 (trans. Toshi Yoshihara); Wu Peihuan and Wu Yifu, "Acting with a Motive: The Japan–US Island Defenses Exercises," *Modern Weaponry* (February 2006): 8 (trans. Toshi Yoshihara).

17. 這項研究所引用的參考包括Ge Genzhong, "Submarine Operation in Informatized Warfare," *Qianting Xueshu Yanjiu* [*Submarine Research*] 22, no. 1 (2004); Mao Chuangxin et al., *Case Study of Submarine Warfare* (Qingdao: Naval Submarine Academy, 1997); Zhang Wenyu et al., "Introduction to Asymmetric Operations of Submarines," *Qianting Xueshu Yanjiu* [*Submarine Research*] 22, no. 1 (2004); Rong Haiyang et al., *Submarine Tactics* (Qingdao: Naval Submarine Academy, 2001); Qin Gang, *Submarines in Naval Warfare* (Nanjing: Naval Command Academy, 1997); Wan Chun, *Surface Warship Tactics* (Nanjing: Naval Command Academy, 2004); Cheng Wangchi et al., "A Method to Estimate Force Required for Submarine to Run a Blockade," *Junshi Yunchou Yu Xitong Gongcheng* [*Military Operations Research and Systems Engineering*] 18, no. 1 (2004): 21–23.

18. 引自Toshi Yoshihara（吉原恆淑）and James R. Holmes, "China's New Undersea Deterrence," *Joint Force Quarterly*, issue 50 (2008), 37. 另參見Andrew Erickson and Lyle Goldstein, "Gunboats for China's New 'Grand Canals'?: Probing the Intersection of Beijing's Naval and Oil Security Policies," *Naval War College Review* 62, no. 2 (Spring 2009),

available at https://www.usnwc.edu/getattachment/f655705e-0ef3-4a21-af5a-93df77e527fa/Gunboats-for-China-s-New-Grand-Canals-Probing-t.另參見J. Michael Cole, "China's Maritime Surveillance Fleet Adds Muscle," *Diplomat*, January 3, 2013, available at http://thediplomat.com/2013/01/chinas-maritime-surveillance-fleet-adds-muscle/; Mark Landler, "A New Era of Gunboat Diplomacy," *New York Times*, November 12, 2011; and "China Adds Destroyers to Marine Surveillance: Report," *Straits Times, Asia Report*, December 31, 2012, available at http://www.straitstimes.com/the-big-story/asia-report/china/story/china-adds-destroyers-marine-surveillance-report-20121231.

19. Zhang Dengyi, "Guanhao Yonghao Haiyang, Jianshe Haiyang Qiangguo" ["Manage and Use the Ocean Wisely, Establish a Strong Maritime Nation"], *Qiushi*《求是》, no. 11 (2001), 46; Feng Liang and Zhang Xiaolin, "Lun Heping Shiqi Haijun de Zhanlue Yunyong" ["A Discussion of the Navy's Strategic Use in Peacetime"], *Zhongguo Junshi Kexue* [*China Military Science*], no. 3 (2001): 78; and Lu Rude（陸儒德）, "Zai Da Zhanlue zhong gei Zhongguo Haiquan Dingwei" ["Defining Sea Power in China's Grand Strategy"], *Renmin Haijun* [*People's Navy*]（人民海軍）(June 6, 2007).
20. Gao Fugang and Sun Mu, "Study of Operational Effectiveness of Blockade Running of Escorted Submarine."
21. Ibid.另參見Da Wei, "Zhongguo de Haiyang Anquan Zhanlue" ["China's Maritime Security Strategy"], in Yang Mingjie, ed., *Haishang Jiaodao Anquan yu Guoji Hezuo* [*Sea Lane Security and International Cooperation*] (Beijing: Shishi chubanshe, 2005), 365.
22. Zhang Wenmu, "Jingji Quanqiuhua yu Zhongguo Haiquan" ["Economic Globalization and Chinese Sea Power"], *Zhanlue yu Guanli* [*Strategy and Management*] 1 (2003): 96.張文木，〈經濟全球化與中國海權〉《戰略與管理》
23. He Jiacheng, Zou Lao, and Lai Zhijun, "Guoji Junshi Anquan Xingshi ji Woguo de Guofang Jingji Fazhan Zhanlue" ["The International Military Situation and China's Strategy of National Defense Economic Development"], *Junshi Jingji Yanjiu* [*Military Economic Research*] 1 (2005): 12.〈國際軍事安全情勢及我國的國防經濟發展戰略〉《軍事經濟研究》

24. Shi Chunlun, "A Commentary on Studies of the Last Ten Years Concerning China's Sea Power," *Xiandai Guoji Guanxi* [*Contemporary International Relations*]《現代國際關係》(April 20, 2008); and Liu Jiangping and Zhui Yue, "Management of the Sea in the 21st Century: Whither the Chinese Navy?," *Dangdai Haijun* [*Modern Navy*]《當代海軍》(June 2007). 詳情見Pillsbury, "Sixteen Fears."
25. Da Wei, "Zhongguo de Haiyang Anquan Zhanlue,"〈中國的海洋安全戰略〉119. 另參見Gabriel B. Collins and William S. Murray, "No Oil for the Lamps of China?" *Naval War College Review* 61, no. 2 (Spring 2008): 79–95; Erickson and Goldstein, "Gunboats for China's New 'Grand Canals'?"; "Chinese Admiral Floats Idea of Overseas Naval Bases," Reuters, December 30, 2009, http://www.reuters.com/article/2009/12/30/us-china-navy-idUSTRE5BT0P020091230. 中國對其海上交通線的憂懼更因它擔心全球石油生產已到頂峰而加劇，因為它深怕中國未來更經不起封鎖。見Cao Kui and Zou Peng, "Discussion of China's Oil and Energy Security," *Teaching of Politics* (November 2005); "A Study of Energy Security," Chinese Academy of Social Sciences, December 5, 2007, available at http://www.cass.net.cn/file/20071205106095.html; and "The Real Meaning of 'Energy Security,' " Offi ce of the National Energy Leading Group, September 18, 2006, available at http://www.chinaenergy.gov.cn/.
26. Erickson and Goldstein, "Gunboats for China's New 'Grand Canals'?"
27. *Zhanyi Xue* [*The Science of Campaigns*]《戰役學》(Beijing: NDU Press, 2000); Xue Xinglin, *Zhanyi Lilun Xuexi Zhinan*《戰役理論學習指南》[*A Guide to the Study of Campaign Theory*] (Beijing: National Defense University Press, 2002); *Zhongguo Renmin Jiefangjun Lianhe Zhanyi Gangyao* [*People's Liberation Army Outline on Joint Campaigns*]〈中國人民解放軍聯合戰役綱要〉(Beijing: Central Military Commission, 1999). 中國未來軍事綱要文本在一九九九年發下，但列為機密，但是它的存在在《戰役理論學習指南》及其他許多地方都有討論。它的發布見"Zhongyang Junwei Zhuxi Jiang Zemin Qianshu Mingling Wojun Xinyidai Zuozhan Tiaoling Banfa" ["CMC Chairman Jiang Zemin Signs Order Implementing Our Army's New Generation of Operational Regulations"],〈中央軍委主席江澤民簽署命令我軍新一代

作戰辦法〉*Renmin Ribao*《人民日報》[*People's Daily*], January 25, 1999, available at http://www.people.com.cn/item/ldhd/Jiangzm/1999/mingling/ml0003.html.

28. Zhang Yuliang, ed., *Science of Campaigns* (Beijing: National Defense University Press, 2006), 297–303.
29. 引自Gabriel B. Collins, Andrew S. Erickson, Lyle J. Goldstein, and William S. Murray, eds., *China's Energy Strategy: The Impact on Beijing's Maritime Policies* (Annapolis, MD: China Maritime Studies Institute and the Naval Institute Press, 2008), 320.
30. Xu Genchu, *Lianhe Xunlian Xue* [*Science of Joint Training*]〈聯合訓練學〉(北京：軍事科學出版社，二〇〇七年)。這本書和這裡引述的許多文章、書籍註明「軍內發行」。它們並非「祕密文件」，要劃為保密；但是在中國軍方書店，它們另闢一室擺放，只准解放軍軍官進入。它們封面也沒有國際標準書碼。美國政府透過哈佛大學和柏克萊加州大學圖書館把許多這類書籍賣給學者參考，不過我們不清楚美國政府是如何取得這些書。
31. Guang Tao and Yao Li, *Zhongguo Zhanqu Junshi Dili* [*China's Theater Military Geography*]《中國戰區軍事地理》(Beijing: People's Liberation Army Press, 2005).
32. 見Dennis Blasko, *The Chinese Army Today*, 2nd ed. (New York: Routledge, 2012), 16–46.
33. Guang Tao and Yao Li, *Zhongguo Zhanqu Junshi Dili*.
34. "CCTV-7 Shows North Sword 2005 Exercise, PLA's Li Yu Meeting Foreign Observers," Beijing CCTV-7, September 28, 2005; "Chinese Military Paper Details North Sword 2005 PLA Exercise," *PLA Daily*, September 28, 2005; "PLA Airborne in '1st Live' Drill vs. 'Digitized' Armor Unit in 'North Sword,' " *Kongjun* Bao [*Air Force Daily*], September 29, 2005; "Xinhua Article Details 'North Sword 2005' Exercise Held at Beijing MR Base," *Xinhua Domestic Service*, September 27, 2005; and "China Launches Its Biggest-Ever War Exercises," *People's Daily Online*, September 27, 2005, available at http://english.people.com.cn/200509/27/eng20050927_211190.html.

35. 關於這個議題的討論，見Murray Scot Tanner, "How China Manages Internal Security Challenges and Its Impact on PLA Missions," in Roy Kamphausen, David Lai, and Andrew Scobell, eds., *Beyond the Strait: PLA Missions Other Than Taiwan* (Carlisle, PA: U.S. Army War College Strategic Studies Institute, 2009), available at http://www.isn.ethz.ch/Digital-Library/Publications/Detail/?ots591=0c54e3b3-1e9c-be1e-2c24-a6a8c7060233&lng=en&id=99803.另參見"2030: China Faces the Fate of Dismemberment: The U.S. Strategy for a Global Empire and China's Crisis," a 2009 speech by PLA Colonel Dai Xu（戴旭）at a meeting at the Nanjing-based PLA Institute of International Relations Studies, in Miles Yu, "Inside China: PLA Strategist Reflects Military's Mainstream," *Washington Times*, April 11, 2013, available at http://www. washingtontimes.com/news/2013/apr/11/inside-china-pla-strategist-reflects-militarys-mai/?page=all#pagebreak.

36. 這位官員是中央對外聯絡部研究部副主任Yu Hongjun，他接受清華大學世界事務論壇的訪問，見《世界知識》23 (December 1, 2002): 34–39.

37. Li Xinqi, Tan Shoulin, and Li Hongxia, "Precaution Model and Simulation Actualization on Threat of Maneuver Target Group on the Sea," *Qingbao Zhihui Kongzhi Xitong Yu Fangzhen Jishu* [*Intelligence Control Systems and Simulation Methods*] (August 1, 2005); Pillsbury, *China Debates the Future Security Environment*, 83–85. Additional sources include Major General Guo Xilin, "The Aircraft Carrier Formation Is Not an Unbreakable Barrier," *Guangming Ribao* Online, December 26, 2000; Zhou Yi, "Aircraft Carriers Face Five Major Assassins," *Junshi Wenzhai* [*Military Digest*] (March 1, 2002): 4–6; Feng Changsong, Xu Jiafeng, and Wang Guosheng, "Six Aircraft Carrier Busters," *Zhongguo Guofang Bao* [*China Defense News*], March 5, 2002, 4; Dong Hua, "Aircraft Carrier's Natural Enemy: Antiship Missiles," *Junshi Wenzhai* [*Military Digest*] (July 1, 2002): 50–52; Xiao Yaojin and Chang Jiang, "China's Existing Tactical Missiles Can Fully Meet the Need of a Local War Under High-Tech Conditions," *Guangzhou Ribao* [*Guangzhou Daily*] 廣州日報，

October 21, 2002; and Wang Jiasuo, "Aircraft Carriers: Suggest You Keep Out of the Taiwan Strait!" *Junshi Wenzhai* [*Military Digest*] 軍事文摘 (April 1, 2001): 58–59.

38. 關於反航母方法的作戰研究分析，可參見"Preliminary Analysis on the Survivability of a U.S. Aircraft Carrier," *Zhidao Feidan* [*Guided Missiles*] 5 (2000): 1–10; "Study of Attacking an Aircraft Carrier Using Conventional Ballistic Missiles," *Dier Paobing Gongcheng Sheji Yuanjiuyuan* [*Second Artillery Corps Research Institute of Engineering Design*], Xian, 2002; "Concept of Using Conventional Ballistic Missiles to Attack a Carrier Fleet," *Keji Yanjiu* [*Science and Technology Research*] (2003); *Movement Forecast Model and Precision Analysis of Maneuvering Targets at Sea* (Beijing: Second Artillery Engineering Academy, 2005), cited in Pillsbury, "Sixteen Fears"; "Research on Optimization Methods for Firepower Allocation Plans in Joint Strike Fires," *Junshi Yunchou Yu Xitong Gongcheng* [*Military Operations Research and Systems Engineering*] (2005), cited in Pillsbury, "Sixteen Fears."

39. 關於中國空軍理論發展與新作戰觀念之完整討論，見Kevin M. Lanzit and Kenneth Allen, "Right-Sizing the PLA Air Force: New Operational Concepts Define a Smaller, More Capable Force," in Roy Kamphausen and Andrew Scobell, eds., *Right-Sizing the People's Liberation Army: Exploring the Contours of China's Military* (Carlisle, PA: Strategic Studies Institute, U.S. Army War College, 2007), 437–79.

40. Michael D. Swaine（史 文）and Zhang Tuosheng, eds., with Danielle F. S. Cohen, *Managing Sino-American Crises: Case Studies and Analysis* (Baltimore: Johns Hopkins University Press, 2006).另 參 見Michael D. Swaine, *America's Challenge: Engaging a Rising China in the Twenty-First Century* (Washington, DC: Carnegie Endowment for International Peace, 2011); G. John Ikenberry, "The Rise of China and the Future of the West," *Foreign Affairs* (January/February 2008); Fred C. Bergsten et al., *China's Rise: Challenges and Opportunities* (Washington, DC: Peterson Institute for International Studies and Center for Strategic and International Studies, 2008); and Michael D. Swaine, "Chinese Crisis Management: Framework for Analysis, Tentative Observations, and Questions for the Future," in Andrew

Scobell and Larry M. Wortzel, eds., *Chinese Decisionmaking under Stress* (Carlisle, PA: Strategic Studies Institute, U.S. Army War College, 2005), 5–53.

41. Thomas C. Schelling, *Arms and Influence* (Santa Barbara, CA: Praeger, 1966), 55, n. 11，提到：「很不容易解釋中國為什麼這麼祕密，這麼突然進入北朝鮮。假如他們想把聯合國部隊擋在那個程度，如平壤，以保護他們自己的邊境和領土，早早公然投入兵力或許會發現聯軍總部滿意其成就，不想再和中國部隊第二次作戰，爭奪其餘的北朝鮮。他們卻選擇突襲，取得驚人的戰術優勢，卻沒有嚇阻的作法。」根據中國在朝鮮戰場的總司令彭德懷的話，「敵人誇稱它的空軍有能力切斷我們的通訊和食物供應。這給了我們機會欺騙敵人我方之意圖。透過釋放戰俘，我們可以給敵人一種印象，以為我們補給不足，預備撤退。」Hao Yufan and Zhai Zhihai, "China's Decision to Enter the Korean War: History Revisited," *China Quarterly* 121 (March 1990): 94–115.中方用了好幾道詭計鼓勵麥克阿瑟驕矜自滿。Russell Spurr, *Enter the Dragon: China's Undeclared War Against the U.S. in Korea, 1950–1951* (New York: Henry Holt, 1989); Jonathan R. Pollack, "Korean War," in Harry Harding（何漢理）and Yuan Ming（阮銘），eds., *Sino-American Relations, 1945–1955: A Joint Reassessment of a Critical Decade* (Wilmington, DE: Scholarly Resources, 1989), 213-37; Sergei N. Goncharov, John W. Lewis, and Xue Litai（薛理泰），*Uncertain Partners: Mao, Stalin, and the Korean War* (Stanford, CA: Stanford University Press, 1993).
42. Susan L. Shirk, *China: Fragile Superpower: How China's Internal Politics Could Derail Its Peaceful Rise* (New York: Oxford University Press, 2007), 5.〔中譯本，謝淑麗著，溫洽溢譯，《脆弱的強權》（台北：遠流出版社，二〇〇?年）。〕
43. Ibid., 269.
44. Robert L. Suettinger（蘇葆立），*Beyond Tiananmen: The Politics of U.S.-China Relations 1989–2000* (Washington, DC: Brookings Institution Press, 2003).
45. "DoD Annual Report to Congress — Military Power of the People's Republic of China, 2002," U.S. Department of Defense (July 2002), available at http://www.defense.gov/news/Jul2002/d20020712china.pdf.

46. 引自Andrew Scobell and Larry Wortzel, eds., *Civil-Military Change in China: Elites, Institutes, and Ideas After the 16th Party Congress* (Carlisle, PA: Strategic Studies Institute, U.S. Army War College, September 2004), 315, available at http://www. strategicstudiesinstitute.army.mil/pdffi les/pub413.pdf.
47. Ibid., 324.
48. Jason E. Bruzdzinski, "Demystifying Shashoujian: China's 'Assassin's Mace' Concept," in Scobell and Wortzel, *Civil-Military Changes in China*, 324.
49. Cary Huang, "Jiang Zemin Reportedly Urges the Development of Strategic Weapons," *Hong Kong iMail*, August 5, 2000, cited in Scobell and Wortzel, *Civil-Military Change in China*, 359.
50. "Jiang Zemin Orders Effectual Preparations for Use of Force," *Ching Chi Jih Pao*, November 29, 2000, cited in Bruzdzinski, "Demystifying Shashoujian."
51. Wang Congbiao, "Studying Jiang Zemin's 'On Science and Technology,' " Guang-zhou Yangcheng Wanbao, February 13, 2001, in Foreign Broadcast Information Service (FBIS).外國廣播資訊處（ＦＢＩＳ）是中央情報局科技處下轄的公開來源情報單位。它監聽、翻譯從美國國外新聞媒體可公開取得的新聞和資料，然後在美國政府內部派發。二〇〇五年十一月，外國廣播資訊處改組為「公開來源中心」（Open Source Center），負責蒐集與分析可自由取得的情報。見http://en.wikipedia.org/wiki/Foreign_Broadcast_Information_Service.
52. James R. Lilley（李潔明）and David Shambaugh（沈大偉），*China's Military Faces the Future* (Studies on Contemporary China) (Washington, DC: American Enterprise Institute, 1999), 66.
53. "U.S.-China Economic and Security Review Commission 2013 Report to Congress: China's Military Modernization, U.S.-China Security Relations, and China's Cyber Activities," Hearing before the Armed Services Committee, U.S. House of Representatives, 113th Cong. 10 (November 12, 2013), testimony of Dr. Larry M. Wortzel, commissioner,

U.S.-China Economic and Security Review Commission, available at http://docs.house.gov/meetings/AS/AS00/20131120/101510/HHRG-113-AS00-Wstate-WortzelL-20131120.pdf.

54. Ibid.
55. Dawn S. Onley and Patience Wait, "Red Storm Rising," *Government Computer News*, August 17, 2006, available at http://gcn.com/articles/2006/08/17/red-storm-rising.aspx.
56. "U.S.-China Economic and Security Review Commission 2013 Report to Con-gress," testimony of Dr. Larry M. Wortzel.
57. Ellen Nakashima, "Confidential Report Lists U.S. Weapons System Designs Compromised by Chinese Cyberspies," *Washington Post*, May 27, 2013, available at http://www.washingtonpost.com/world/national-security/confidential-report-lists-us-weapons-system-designs-compromised-by-chinese-cyberspies/2013/05/27/a42c3e1c-c2dd-11e2-8c3b-0b5e9247e8ca_story.html.
58. Nathan Thornburgh, "The Invasion of the Chinese Cyberspies," *Time*, August 29, 2005, available at http://content.time.com/time/magazine/article/0,971,1098961,00.html.
59. "U.S.-China Economic and Security Review Commission 2013 Report to Congress," testimony of Dr. Larry M. Wortzel.
60. Jim Finkle, "Hacker Group in China Linked to Big Cyber Attacks: Symantec," Reuters, September 17, 2013, available at http://www.reuters.com/article/2013/09/17/us-cyberattacks-china-idUSBRE98G0M720130917.
61. "Hidden Lynx — Professional Hackers for Hire," Symantec, September 17, 2013, available at http://www.symantec.com/connect/blogs/hidden-lynx-professional-hackers-hire.

62. Shaun Waterman, "China 'Has.75M Zombie Computers' in U.S.," United Press International, September 17, 2007, available at http://www.upi.com/Emerging_Threats/2007/09/17/China-has-75M-zombie-computers-in-US/UPI-73941190055386/.

63. Lilley and Shambaugh, *China's Military Faces the Future*, 71.

64. Chang Mengxiong, "*21 Shiji Wuqi He Jundui Zhanwang*" [*Weapons of the 21st Century*], *Zhongguo Junshi Kexue* [*China Military Science*] 30, no. 1 (Spring 1995): 19–24, 49, in Pillsbury, *China Debates the Future Security Environment*, 292.

65. Ibid., 254.

66. Zhang Shouqi and Sun Xuegui, Jiefangjun Bao, May 14, 1996, cited in Louis M. Giannelli, *The Cyber Equalizer: The Quest for Control and Dominance in Cyber Spectrum* (Bloomington, IN: Xlibris, 2012), 147.

67. Corpus, "America's Acupuncture Points. Part 2: The Assassin's Mace."

68. "Annual Report to Congress: Military Power of the People's Republic of China 2008," U.S. Department of Defense, March 2008, available at http://www.defense.gov/pubs/pdfs/China_Military_Report_08.pdf.

69. Joan Johnson-Freese, "China's Antisatellite Program: They're Learning," *China-U.S. Focus*, July 12, 2013, available at http://www.chinausfocus.com/peace-secu rity/chinas-anti-satellite-program-theyre-learning/.

70. Emily Miller, "Offi cials Fear War in Space by China," *Washington Times*, January 24, 2007, available at http://www.washingtontimes.com/news/2007/jan/24/20070124-121536-8225r/?page=all.

71. Shirley Kan, CRS Report for Congress: *China's Antisatellite Weapon Test*, April 23, 2007.

72. Miller, "Offi cials Fear War in Space by China."

73. Bill Gertz, "China Conducts Test of New Antisatellite Missile," *Washington Free Beacon*, May 14, 2013, available at http://freebeacon.com/china-conducts-test-of-new-anti-satellite-missile/. 另參見Andrea Shalal, "Analysis Points to China's Work on

New Antisatellite Weapon," Reuters, March 17, 2014, available at http://www.reuters.com/article/2014/03/17/us-china-space-report-idUSBREA2G1Q320140317.

74. Bill Gertz, "China Launches Three ASAT Satellites," *Washington Free Beacon*, August 26, 2013, available at http://freebeacon.com/china-launches-three-asat-satellites/.
75. Leonard David, "Pentagon Report: China's Growing Military Space Power."
76. Corpus, "America's Acupuncture Points. Part 2: The Assassin's Mace."
77. "Annual Report to Congress: Military Power of the People's Republic of China," U.S. Department of Defense, July 28, 2003, 51, available at http://www. defense.gov/pubs/2003chinaex.pdf.
78. Corpus, "America's Acupuncture Points. Part 2: The Assassin's Mace."
79. Scobell and Wortzel, *Civil-Military Change in China*, 342.
80. "Annual Report to Congress: Military Power of the People's Republic of China," U.S. Department of Defense, July 28, 2003, 21, available at http://www. defense.gov/pubs/2003chinaex.pdf.
81. 例如，參見歐巴馬總統有關美國重返亞洲的第一次公開演說，"Remarks by President Obama to the Australian Parliament," Canberra, Australia, the White House, Offi ce of the Press Secretary, November 27, 2011, available at http://www.whitehouse.gov/the-press-offi ce/2011/11/17/remarks-president-obama-australian-parliament. 另參見Hillary Clinton, "America's Pacific Century," *Foreign Policy*, October 11, 2011, available at http://www.foreignpolicy.com/articles/2011/10/11/americas_pacific_century.

第八章　資本主義迷霧——陽奉陰違的經濟戰略

1. 課程採用的中譯本包括Angus Madison的*Dynamic Forces and Capitalist Development: A Long-Run Comparative View* (New York: Oxford University Press, 1991); Thomas K. McCraw的論文"Government, *Big Business, and the Wealth*

of Nations,"收　在Alfred D. Chandler, Franco Amatori, and Takashi Hikino, eds., Big Business and the Wealth of Nations (Cambridge, UK: Cambridge University Press, 1999)；以及Alfred D. Chandler的專書*The Visible Hand: The Managerial Revolution in American Business* (Cambridge, MA: Harvard University Press, 1993).它也採用詹鶽（Chalmers Johnson）的著作*MITI and the Japanese Miracle: The Growth of Indus-trial Policy, 1925-1975* (Stanford, CA: Stanford University Press, 1982)的中譯本。另外一本書是Thomas K. McCraw編的*America vs. Japan: A Comparative Study* (Cambridge, MA: Harvard Business School Press, 1986)之中譯本。他們也翻譯了McCraw編的*The Essential Alfred Chandler: Essays toward Historical Theory of Big Business* (Cambridge, MA: Harvard Business School Press, 1988)以及Michael Porter的*The Competitive Advantage of Nations* (New York: Free Press, 1990).〔譯按：詹鶽《日本經濟奇蹟》、麥克·波特《國家競爭力》，台灣皆有中譯本。〕

2. Allison Watts, "The Technology That Launched a City," *Minnesota History Magazine* 57 (Summer 2000): 86–97, available at http://collections.mnhs.org/MNHis toryMagazine/articles/57/v57i02p086-097.pdf.根據Watts的說法，Pillsbury Company創辦人在一八七四年決定派奧地利工程師William de la Barre到匈牙利去尋找此一新技術。「匈牙利人對製程非常保密，de la Barre必須喬裝才能對他們的機械偷偷做筆記……漸進式碾磨的這種新方法很快就完全取代了石輪碾磨，因為鐵滾輪可以用更少力氣做更多活，也更耐用，而且產出更多麵粉。這種創新也防止因熱氣變色，降低濺到麵粉上的穀糠碎片，而且使用的設備比石輪或陶瓷滾輪更易保養。」另參見John W. Oliver, *History of American Technology* (New York: Ronald Press, 1956); William J. Powell, *Pillsbury's Best: A Company History from 1869* (Minneapolis: Pillsbury Publishing, 1985); John Reynolds, *Windmills & Watermills* (New York: Praeger, 1970); and George D. Rogers, "History of Flour Manufacture in Minnesota," in *Collections of the Minnesota Historical Society* 10, pt. 1 (St. Paul: Minnesota Historical Society, 1905).

3. 這是因為取得高溫處理技術和機器，可以製模及擠壓橡皮，製造靴子、手套、雨衣、工業橡皮管和絕緣材料的緣故。

4. 杜邦公司因此能夠製造Styrofoam以及尼龍和其他人造纖維。到了一九八五年，這些人造纖維占美國人造纖維總使用量的百分之七十以上。
5. Charles H. Ferguson and Charles R. Morris, *Computer Wars: How the West Can Win in a Post-IBM World* (New York: Times Books, 1993).
6. *The Economist Pocket World in Figures*, 2014 ed. (London: Profile Books, 2013), 24.
7. "Fortune Global 500," *CNN Money*, available at http://money.cnn.com/magazines/fortune/global500/index.html.
8. 排名依序是中國石油化工公司、中國石油天然氣集團公司（China National Petroleum）、國家電網公司（State Grid Corporation of China）中國工商銀行和中國建設銀行。
9. 關於中國經濟強勁增長，可參見"China Aims to Quadruple GDP, Build a Well-Off Society, and Become the World's Largest Economy by 2020," *China Economic Times*, December 17, 2002, FBIS, CPP20021217000175，引自Shirk（謝淑麗），*China: Fragile Superpower*, 275. 另參見Joel Andreas, *Rise of the Red Engineers: The Cultural Revolution and the Origins of China's New Class* (Stanford, CA: Stanford University Press, 2009); Yongnian Zheng（鄭永年），*Will China Become Democratic?: Elite, Class, and Regime Transition* (New York: Cavendish Square Publishing, 2004); Robert Lawrence Kuhn, *How China's Leaders Think: The Inside Story of China's Past, Current, and Future Leaders* (Hoboken, NJ: John Wiley & Sons, 2010); Eamonn Fingleton, *In the Jaws of the Dragon: America's Fate in the Coming Era of Chinese Dominance* (New York: St. Martin's Press, 2008); and Dambisa Moyo, *Winner Take All: China's Race for Resources and What It Means for the World* (New York: Basic Books, 2012).
10. *The Economist Pocket World in Figures*, 2014 ed., 14. 中華人民共和國一九四九年建政後不久實施的規定，直到一九七九年強制規定全國實施「一胎化」政策時，仍持續有效。據說，毛澤東曾經認為中國人口「六億」應算合宜。Susan Greenhalgh, *Just One Child: Science and Policy in Deng's China* (Berkeley: University of California Press, 2008), 46–53. 毛澤東一九五八年說：「過去我說過八億人沒問題。現在我認為十億以上也不用緊張。」(頁五二)

11. 關於更多背景，見“China 2030: Building a Modern, Harmonious, and Creative Society,” Washington, DC: World Bank, DOI:10.1596/978-0-8213-9545-5, License: Creative Commons Attribution CC BY 3.0.
12. Annalyn Censky, “World Bank to China: Free Up your Economy or Bust,” *CNN Money*, February 27, 2012, available at http://money.cnn.com/2012/02/27/news/economy/china_world_bank/.
13. 關於中國「國家冠軍」詳情，見Accenture Consulting, “China Spreads Its Wings: Chinese Companies Go Global” (2007), available at http://www.accenture.com/NR/rdonlyres/1F79806F-E076-4CD7-8B74-3BAFBAC58943/0/6341_chn_spreads_wings_final8.pdf; Geoff Dyer and Richard McGregor, “China’s Champions: Why State Ownership Is No Longer a Dead Hand,” *Financial Times*, March 16, 2008, available at http://www.ft.com/intl/cms/s/0/979f69c8-f35b-11dc-b6bc-0000779fd2ac.html; Andrew Szamosszegi and Cole Kyle, “An Analysis of State-owned Enterprises and State Capitalism in China,” U.S.-China Economic and Security Review Commission, October 26, 2011, Annual Report to Congress (Washington, DC: U.S. Government Printing Offi ce, 2011); and Joseph Casey, “Patterns in U.S.-China Trade Since China’s Accession to the World Trade Organization,” U.S.-China Economic and Security Commission, November 2012, available at http://origin.www. uscc.gov/sites/default/files/Research/US-China_TradePatternsSinceChinasAccessionto theWTO.pdf.
14. Ronald Coase and Ning Wang（王寧），*How China Became Capitalist* (New York: Pal-grave Macmillan, 2012), x.
15. 鄧小平一九八四年十月在北京和西德總理柯爾（Helmut Kohl）會談時表示，中國農民和農村大多數人已經享有自由市場。Coase and Wang寫說：「鄧小平這番話是隱瞞真相的傑作。中國根本還未取消私有耕作的禁令，而且還摒斥這個主張。」（頁一六二）
16. 美國國會責成「美中經濟暨安全委員會」（U.S.-China Economic and Security Commission）年度報告都必須就這些問題做評估。委員會的年度報告可在http://www.uscc.gov/Annual_Reports查到。
17. Pillsbury, *China Debates the Future Security Environment*, chapter 6.

18. Xiao Lian, CASS Research, Global Economy and Politics Research Center, "Prospect and Measures for China-U.S. Energy Cooperation," *Yafei Zongheng* (2008): 4.
19. Wang Xianglin, ed., "The Influence of Somali Pirates on China's Maritime Security," *International Relations Academy Journal* (2009): 5.
20. 一九七八年十二月十八至二十二日的中國共產黨第十一屆三中全會通過這一改革過渡。
21. Thomas L. Friedman, *The Lexus and the Olive Tree: Understanding Globalization* (New York: Farrar, Straus and Giroux, 1999), 195.
22. University of California, Santa Cruz Atlas, "Gross Domestic Product," last updated February 24, 2003, available at http://ucatlas.ucsc.edu/gdp/gdp.html.
23. Carol Lee Hamrin是美國國務院專注中國事務的資深研究分析師，她在*China and the Challenge of the Future: Changing Political Patterns* (Boulder, CO: Westview Press, 1990)一書寫說，中國採用一份名為*Global 2000 Report to the President: Entering the Twenty-First Century*的長期計劃。（頁六〇）中方邀請這份報告的作者Gerald Barney到中國，組建一支"China 2000"團隊。（頁四七）我相信這對馬拉松戰略有極大影響。第二份China 2000研究報告由國務院研究中心在一九八三至一九八五年間起草。Hamrin認為這是「由鄧小平在〔一九八三年〕夏天核定，平行於世界銀行外部研究，〔中國〕國內所做的研究。（頁一一三）中國動員四百多位專家參與研究。這項研究採用麻省理工學院Jay Forrester教授發展的「系統動態國家模型」（system dynamics national model）的計量預測法建立數學模型，以預估到二〇五〇年及二〇八〇年的趨勢。（頁一二六）Hamrin引述一份中國文件說：「到了下個世紀中期，我國可能接近或達成先進國家的經濟發展水平，而且到了下世紀末，我們甚至可能超越他們。」（頁一二七）中方的報告結論說，如果中國超越他們，那麼無數人民與先賢先烈的偉大理想就要實現了。二十一世紀即可稱為中國的世紀！」（頁一二七）Barney敘述導致中國起草一份二十年發展計劃的種種事件經過，見Gerald O. Barney, ed., *The Future of China: Collected Papers* (Arlington, VA: Global Studies Center, 1985).另參見Carol Lee Hamrin and Suisheng Zhao

（趙穗生），eds., *Decision-Making in Deng's China: Perspectives from Insiders* (Armonk, NY: M.E. Sharpe, 1995). 關於Hamrin更多詳情，見Global China Center有關她的簡介http://www.globalchinacenter.org/about/scholars/senior-associate/dr-carol-lee-hamrin.php.

24. 例如，參見Shujie Yao, *Economic Growth, Income Distribution, and Poverty Reduction in Contemporary China* (London: Routledge Curzon, 2012), 9.
25. "Report of the Working Party on the Accession of China," World Trade Organization, October 1, 2001, 8, available at http://unpan1.un.org/intradoc/groups/public/documents/apcity/unpan002144.pdf. 關於中國加入世界貿易組織更廣泛的討論，見Supachai Panitchpakdi（蘇帕差）and Mark L. Clifford, *China and the WTO* (New York: John Wiley & Sons, 2002); and Testimony of Calman J. Cohen, president, Emergency Committee for American Trade (ECAT), before the U.S.-China Economic and Security Review Commission, "Hearing on Evaluating China's Past and Future Role in the World Trade Organization," June 9, 2010.
26. 關於這個議題的討論，見Elizabeth C. Economy（易明）and Michael Levi, *By All Means Necessary: How China's Resource Quest Is Changing the World* (New York: Oxford University Press, 2014).
27. Chen-ya Tien, *Chinese Military Theory: Ancient and Modern* (Lanham, MD: Mosaic Press, 1992), chapter 6.
28. See recorded vote on H.R. 4444, May 24, 2000, available at http://thomas.loc.gov.
29. See Senate roll call vote on H.R. 4444, Sept. 19, 2000, available at http://www.senate.gov.
30. Minxin Pei（裴敏欣），"Intellectual Property Rights: A Survey of the Major Issues," a report for the Asia Business Council, September 2005, available at http://www.asia businesscouncil.org/docs/IntellectualPropertyRights.pdf. 另參見Andrew Mertha, *The Politics of Piracy: Intellectual Property in Contemporary China* (Ithaca, NY: Cornell University Press, 2005).

31. 例如，參見Jamil Anderlini, "Justin Lin Criticises China Growth Pessimists," *Financial Times*, July 29, 2013, available at http://www.ft.com/intl/cms/s/0/3e62c9de-f83e-11e2-b4c4-00144feabdc0.html#axzz2vZMIjwOr.

32. 林毅夫二〇〇二年再次登上新聞頭條，父親去世，他向台灣政府申請准予回台奔喪。台灣政府准如所請，但又發布通緝令。Rich Chang and Chris Wang, "Justin Lin Faces Arrest If He Returns: MND," *Taipei Times*, March 15, 2012, available at http://www.taipeitimes.com/News/taiwan/archives/2012/03/15/2003527832.

33. Justin Yifu Lin, *Benti Changwu: Dialogues of Methodology in Economics* (Singapore: Cengage Learning, 2005); Justin Yifu Lin, Fang Cai, and Zhou Li, *The China Miracle: Development Strategy and Economic Reform* (Hong Kong: Chinese University Press, 2003); and Justin Yifu Lin, *Economic Development and Transition* (New York: Cambridge University Press, 2009).

34. Wang Jisi（王緝思），"China's Search for a Grand Strategy," *Foreign Affairs* (March/April 2011), available at http://www.foreignaffairs.com/articles/67470/wang-jisi/chinas-search-for-a-grand-strategy.

35. Hamrin, *China and the Challenge of the Future*, chapter 3.

36. Joseph Stiglitz在二〇〇二年寫說，他「也參與將近二十年有關從共產主義過渡到市場經濟的討論。我對如何處理這種過渡的經驗始於一九八〇年，就在它要走向市場經濟的開端時，和中國領導人首次討論到這些議題。我強烈支持中國人所採取的漸進政策，這種政策的優點在過去二十年已得到證明。」Joseph Stiglitz, *Globalization and Its Discontents* (New York: W.W. Norton & Company, 2002), x–xi.

37. World Bank, "China — Long-term Development Issues and Options," World Bank country economic report (October 31, 1985), available at http://econ.worldbank.org/external/default/main?pagePK=64165259&theSitePK=469372&piPK=64165421& menuPK=64166093&entityID=000178830_98101911363148.

38. Ibid., 16.

39. 關於中國銀行業多年信用擴張效應的討論，見Lingling Wei and Daniel Inman, "Chinese Banks Feel Strains After Long Credit Binge," *Wall Street Journal*, August 15, 2013, available at http://online.wsj.com/news/articles/SB10001424127887323446404579010781178659564.
40. "Mao Yushi: Winner of the 2012 Milton Friedman Prize for Advancing Liberty," Cato Institute, available at http://www.cato.org/friedman-prize/mao-yushi.,
41. U.S.-China Economic and Security Review Commission, *2013 Annual Report to Congress* (Washington, DC, November 20, 2013), available at http://www.uscc.gov/Annual_Reports/2013-annual-report-congress; Andrew Szamosszegi and Cole Kyle, *An Analysis of State-Owned Enterprises and Capitalism in China: A Report Submitted to the U.S.-China Economic and Security Review Commission* (Washington, DC: Capital Trade, 2011).
42. Peter Harrold, ed., "Macroeconomic Management in China," World Bank Discussion Paper no. 222, Washington, DC: The World Bank, 1993.另參見Peter Harrold and Rajiv Lall, "China: Reform and Development in 1992–1 993," World Bank Discussion Paper no. 215, Washington, DC: The World Bank, 1993.
43. World Bank, "China — Long-term Development Issues and Options"; Harrold, "Macroeconomic Management in China"; "China 2030: Building a Modern, Harmonious, and Creative Society," Washington, DC: World Bank, DOI:10.1596/978-0-8213-9545-5, License: Creative Commons Attribution CC BY 3.0.and 2013.
44. U.S.-China Economic and Security Review Commission, *Annual Report to Congress 2009* (Washington, DC: U.S. Government Printing Offi ce, 2009), 57–65; World Bank and the Development Research Center of the State Council, P. R. China, 2013; "China 2030: Building a Modern, Harmonious, and Creative Society."另參見John B. Sheahan, "Alternative International Economic Strategies and their Relevance for China," World Bank, Staff Working Paper 759 (February 28, 1986): 1, 7–8, 14, available at http://documents.worldbank.org/curated/en/1986/02/1554704/alternative-international-economic-strategies-relevance-china.

45. "China's Banks by the Numbers," *Wall Street Journal*, November 26, 2013, available at http://online.wsj.com/news/articles/SB10001424127887324823804579013 190828816938?mg=reno64-wsj&url=http%3A%2F%2Fonline.wsj.com%2Farticle% 2FSB10001424127887324823804579013190828816938.html.
46. 中國最近開始允許外資銀行登記為地方公司。到二〇一四年三月，已有二十家地方級外資銀行。
47. "PBOC Says No Longer in China's Interest to Increase Reserves," Bloomberg, November 20, 2013, available at http://www.bloomberg.com/news/2013-11-20/pboc-says-no-longer-in-china-s-favor-to-boost-record-reserves.html.
48. 各國持有的外匯準備包括黃金、美元、英鎊、特別提款權（special drawing rights）及其他流動資產。這些準備通常都由政府持有，以支付本國和其他貿易夥伴彼此間貿易平衡的短絀。
49. 少數國家在他們開發的初期階段頗能善用國有企業。通常這是發生在自由市場薄弱或不存在、新工業規模小、外國競爭者強大，或是必須謹慎節用稀少的國家資源時。日本、南韓和其他所謂的亞洲小龍都是其中成功的事例。
50. Fraser J. T. Howie and Carl E. Walter, *Red Capitalism: The Fragile Financial Foundation of China's Extraordinary Rise* (Hoboken, NJ: John Wiley & Sons, 2011), 10.
51. Ibid., 163.
52. Ibid., 178.
53. David Fazekas, "Stocks Rise to New Record Highs on Strong Economic, Corporate News; Apple Strikes Deal in China; Facebook Joins the S&P 500," *Yahoo! Finance*, December 23, 2013, available at http://fi nance.yahoo.com/blogs/hot-stock-minute/stocks-rise-to-new-record-highs-on-strong-economic — corporate-news — apple-strikes-deal-in-china — facebook-joins-the-s-p-500-161042521.html.
54. Beth Gardiner, "B-Schools Embrace China," *Wall Street Journal*, June 15, 2011, available at http://online.wsj.com/news/articles/SB10001424052702304392704576375930102778602.

55. “China failing WTO Pledge on State-Owned Firms,” *Asia Today Online*, March 17, 2012, available at http://www.asiatoday.com.au/archive/feature_reports.php?id=560.

56. Stephen McDonell, “Chinese Telco Huawei Tries to Shake Off Spy Image After NBN Ban,” *ABC News 24*, June 11, 2013, available at http://www.abc.net.au/news/2013-06-10/chinese-telco-huawei-tries-to-shake-off-spy-image/4744886.

57. 見Offi ce on the National Counterintelligence Executive, “Counterintelligence Security: Foreign Spies Stealing US Economic Secrets in Cyberspace,” Report to Congress on Foreign Economic Collection and Industrial Espionage, 2009–2011, October 2011, available at http://www.ncix.gov/publications/reports/fecie_all/Foreign_Economic_Collection_2011.pdf.

58. 新聞記者Michael Schuman二〇一三年十二月寫說：「這些日子，北京決策者一定覺得相當溫暖和飄飄欲仙。多年來，他們指責美元主宰全球貿易和金融，也抱怨這造成全世界受華府反覆無常的政治和頗有疑問的經濟管理之影響……中國的決策者提倡人民幣國際化已經好幾年，但進展一直很冷淡。」Michael Schuman, “China’s Quest to Take on the U.S. Dollar Has a Long Way to Go,” *Time*, December 10, 2013, available at http://world.time.com/2013/12/10/chinas-quest-to-take-on-the-u-s-dollar-has-a long-way-to-go/. Melissa Murphy and Wen Jin Yuan指出：「各方揣測集中在美元的未來，很大原因是中國高級官員的評論引起某些觀察家認為人民幣已『準備好僭奪美元』做為全球準備貨幣的地位。」Melissa Murphy and Wen Jin Yuan, *Is China Ready to Challenge the Dollar?: Internationalization of the Renminbi and Its Implications for the United States* (Washington, DC: Center for Strategic and International Studies, 2009), 1.另參見Nile Bowie, “Renminbi Rising: China’s ‘de-Americanized World’ Taking Shape?” *RT*, October 29, 2013, available at http://rt.com/op-edge/china-leadership-alternative-dollar-916/；王健，李曉寧，喬良，王湘穗，《新戰國時代》（北京：新華出版社，二〇〇三年）。二〇一三年，世界銀行發表一份報告，*China 2030: Building a Modern, Harmonious, and Creative Society*，它提到有六份報告解釋中國如何可以將人民幣改

造為國際準備貨幣。這六份報告是：Yiping Huang, "RMB Policy and the Global Currency System," Working Paper 2010-03, Peking University, China Center for Economic Research, Beijing, 2010; Markus Jaeger, "Yuan as a Reserve Currency: Likely Prospects and Possible Implications," Deutsche Bank Research, 2010; Jong-Wha Lee, "Will the Renminbi Emerge as an International Reserve Currency?" Asian Development Bank, Manila, 2010, available at http://aric.adb.org/grs/papers/Lee.pdf; John H. Makin, "Can China's Currency Go Global?" Economic Outlook, American Enterprise Institute for Public Policy Research, Washington, DC, January 2011; Friedrich Wu, Rongfang Pan, and Di Wang, "Renminbi's Potential to Become a Global Currency," *China and World Economy* 18, no. 1 (2010): 63–81; and Xiaochuan Zhou（周小川）, "China's Corporate Bond Market Development: Lessons Learned," BIS Papers 26, Bank for International Settlements, Basel, 2005.

59. Ma Lianhua, "Gongxinbu Buzhang Li Yizhong: Mingnian Jiang Jiakuai Tuidong Jianbing Chongzu" ["Minister of the MIIT Li Yizhong: Will Accelerate Merger and Restructure Next Year"], *Zhongguo Qingnian Bao*, December 24, 2009.
60. 見Jack Freifelder, "Pollution-Reporting Move a 'Turning Point' in Smog Battle: Offi cial," *China Daily USA*, January 21, 2014, available at http://usa.chinadaily.com.cn/us/2014-01/21/content_17247647.htm.
61. U.S.-China Economic and Security Review Commission, *2013 Annual Report to Congress*, 11.
62. Usha C. V. Haley and George T. Haley, *Subsidies to Chinese Industry: State Capitalism, Business Strategy, and Trade Policy* (New York: Oxford University Press, 2013), especially the detailed synopsis on pp. xx–xxv.
63. Mark Litke, "China Big in Counterfeit Goods," ABC News, April 21, 2002, available at http://abcnews.go.com/WNT/story?id=130381, cited in Oded Shenkar, The Chinese Century: *The Rising Chinese Economy and Its Impact on the Global Economy, the Balance of Power, and Your Job* (Upper Saddle River, NJ: Pearson Prentice Hall, 2006), 100.

64. 例如，經濟學家James Kynge估計，由於中國的仿冒，光是二〇〇四年一年，美國、歐洲和日本業者的損失高達六百億美元。"Modern China: The Promise and Challenge of an Emerging Superpower," *World Savvy Monitor*, no. 2 (June 2008), available at http://worldsavvy.org/monitor/index.php?option=com_content&id=157&Itemid=174.
65. Shenkar, *Chinese Century*, 102.
66. Offi ce of the National Counterintelligence Executive, "Foreign Spies Stealing US Economic Secrets in Cyberspace: Report to Congress on Foreign Collection and Industrial Espionage," 2009–2011, October 2011.
67. Ibid., Executive Summary.
68. "Foreign Spies Stealing U.S. Economic Secrets in Cyberspace: Report to Congress on Foreign Economic Collection and Industrial Espionage, 2009–2011," Offi ce of the National Counterintelligence Executive, October 2011, page 2, available at http://www.ncix.gov/publications/reports/fecie_all/Foreign_Economic_Collection_2011.pdf.

第九章　二〇四九年，當中國統治世界

1. Robert Fogel, "$123,000,000,000,000," *Foreign Policy*, January 4, 2010, available at http://www.foreignpolicy.com/articles/2010/01/04/123000000000000.
2. Mark O. Yeisley, "Bipolarity, Proxy Wars, and the Rise of China," *Strategic Studies Quarterly* (Winter 2011): 75–9 1, available at http://www.au.af.mil/au/ssq/2011/winter/yeisley.pdf; and "After You," *Economist*, June 15, 2013, available at http://www.economist.com/new/books-and-arts/21579430-will-bipolar-world-be-peaceful-after-you.
3. Arvind Virmani and Ashley J. Tellis, "Tripolar World: India, China, and the United States in the 21st Century," Carnegie Endowment for International Peace, February 9, 2011, available at http://carnegieendowment.org/2011/02/09/tri-polar-world-india-china-and-united-states-in-21st-century/247d; and Arvind Virmani, "A Tripolar

World: India, China, and U.S.," ICRIER (Indian Council for Research on International Economic Relations), May 18, 2005, available at http://www.icrier.org/pdf/TripolarWrld_IHC5.pdf.

4. "Global Development Horizons, Multipolarity: The New Global Economy," World Bank, 2011, 7.
5. Lydia Liu, "The Translator's Turn," in Victor Mair, ed., *Columbia History of Chinese Literature* (New York: Columbia University Press, 2001), 1057.美國傳教士丁韙良在一八六四年將《萬國公法》譯成中文。Lydia Liu說：「他和合作的中國翻譯人員遭遇很大的困難，要替rights及其他名詞找到合適的中國字詞。」〔譯按：丁韙良是美國長老會牧師，一八五〇年來中國傳教，在中國住了六十多年。曾任北京同文館總教習，一八九八年京師大學堂（即北大前身）成立，光緒皇帝任命丁韙良為第一任西學總教習。〕
6. James A. Ogilvy and Peter Schwartz with Joe Flower, "China's Futures: Scenarios for the World's Fastest-Growing Economy, Ecology, and Society," *Foreign Affairs* (July/August 2000): 13, available at http://www.foreignaffairs.com/articles/56128/richard-n-cooper/chinas-futures-scenarios-for-the-worlds-fastest-growing-economy-.
7. 見Edward Wong, "Reformers Aim to Get China to Live Up to Own Constitution,"*New York Times*, February 3, 2013, available at http://www.nytimes.com/2013/02/04/world/asia/reformers-aim-to-get-china-to-live-up-to-own-constitution.html.
8. 溫雲超說，他的推特帳號被垃圾訊息灌爆。最猛烈的攻擊發生在二〇一二年四月二十五日，二十四小時之內就被貼出五十九萬則垃圾訊息。他又說：「身分不明人士一天一萬多次在網路上貼出惡毒詆毀我的訊息。」攻擊的次數之多，頻率之高，除了軍方之外，恐怕別的單位辦不到。"Chinese Hacking: Impact on Human Rights and Commercial Rule of Law," Hearing before the Congressional-Executive Commission on China, 113th Cong., 2 (June 25, 2013), statement of Wen Yunchao (online alias "Bei Feng"), independent journalist and blogger, visiting scholar, Institute for the Study of Human Rights, Columbia University, available at http://www.cecc.gov/sites/chinacommission.house.gov/files/CECC%20Hearing%20-%20Chinese%20Hacking%20-%20Wen%20Yunchao%20Writ ten%20Statement.pdf.

9. "Chinese Hacking: Impact on Human Rights and Commercial Rule of Law," Hearing before the Congressional-Executive Commission on China, 113th Cong. (June 25, 2013), available at http://www.cecc.gov/events/hearings/chinese-hacking-impact-on-human-rights-and-commercial-rule-of-law.網路上出現一個錄影帶，顯示中國農村公開處決犯人，它重新點燃人權團體對中國一再執行死刑的辯論；人權團體指中國處決的犯人比任何國家都多。"Video Reignites Death Penalty Debate in China," *Wall Street Journal*, August 13, 2013, available at http://blogs.wsj.com/chinarealtime/2013/08/13/death-penalty-debate-resurfaces-in-china/.
10. Willy Lam（林和立），"Chinese State Media Goes Global," *Asia Times Online*, January 30, 2009, available at http://www.atimes.com/atimes/China/KA30Ad01.html.
11. 例如，見Edward Wong, "Human Rights Advocates Vanish as China Intensifies Crackdown," *New York Times*, March 11, 2011.
12. Hearing, "Chinese Hacking: Impact on Human Rights and Commercial Rule of Law," Congressional-Executive Commission on China, June 25, 2013.
13. "Chinese Hacking: Impact on Human Rights and Commercial Rule of Law," Hearing before the Congressional-Executive Commission on China, 113th Cong. 3 (June 25, 2013), statement of Louisa Greve, Vice President, Asia, Middle East and North Africa, and Global Programs, National Endowment for Democracy, available at http://www.cecc. gov/sites/chinacommission.house.gov/files/CECC%20Hearing%20-%20Chinese %20Hacking%20-%20Louisa%20Greve%20Written%20Statement.pdf.
14. Ibid.
15. 這門「行業」的員工包括網路警察、硬體工程師、軟體開發師以及網頁監視人員，他們監看、過濾和檢查中國的網民。"A Giant Cage," Special Report: China and the Internet, *Economist*, April 6, 2013, available at http://media.economist.com/sites/default/files/sponsorships/TM19/20130406_China_and_the_Internet.pdf.就在最近，北京大學

自由派法律學者張千帆試圖把「中國夢」拿來和立憲（constitutionalism）相提並論，檢查人員刪掉他提到憲法很重要的一段話。“Xi Jinping's Vision: Chasing the Chinese Dream,” *Economist*, May 4, 2013, available at http://www.economist.com/news/briefing/21577063-chinas-new-leader-has-been-quick-consolidate-his-power-what-does-he-now-want-his/comments?page=8.

16. *Callahan, China Dreams*, 51.
17. Peter Ford, “Tiananmen Still Taboo in China After All these Years,” *Christian Science Monitor*, June 4, 2013, available at http://www.csmonitor.com/World/Global-News/2013/0604/Tiananmen-still-taboo-in-China-after-all-these-years-video.
18. Alexander Abad-Santos, “How Memes Became the Best Weapon against Chinese Internet Censorship,” *Atlantic Wire*, June 4, 2013, available at http://www. thewire.com/global/2013/06/how-memes-became-best-weapon-against-chinese-Internet-censorship/65877/.
19. Ibid.其他例子包括「藏獨」、「洗腦」和「艾未未」等字詞都會被鎖定。David Bamman, Brendan O'Connor, Noah A. Smith, “Censorship and Deletion Practices in Chinese Social Media,” *First Monday* 17, no. 3 (March 2012), available at http://fi rstmonday.org/ojs/index.php/fm/article/view/3943/3169.當中國異議作家余杰出了一本批評中國總理的書，他太太說，他立刻被公安抓走，沒有交代原因。這不是他第一次被抓。有時候一被盤問，就長達十二個小時。他的書在國內禁止發行。他主張言論、出版和宗教自由。“Yu Jie: Dissident Chinese Author Taken Away by Police,” *Huffi ngton Post*, July 6, 2010, available at http://www.huffi ngtonpost.com/2010/07/06/yu-jie-dissident-chinese_n_636115.html.
20. “The Economist Explains: How Does China Censor the Internet?,” *Economist*, April 21, 2013, available at http://www.economist.com/blogs/economist-explains/2013/04/economist-explains-how-china-censors-Internet.

21. Peter Navarro with Greg Autry, *Death by China: Confronting the Dragon—A Global Call to Action* (Upper Saddle River, NJ: Pearson Prentice Hall, 2011), 189; "Freedom on the Net 2012: A Global Assessment of Internet and Digital Media," Freedom House, September 24, 2012, 2, available at http://www.freedomhouse.org/report/freedom-net/freedom-net-2012 #.Uu_6rOmPLmI.有人稱之為「中國效應」、「北京共識」、「中國文化精神」、「中國和平崛起」、「黃種人的文明負擔」和「中華民族復興」。

22. "Freedom on the Net 2012: A Global Assessment of Internet and Digital Media," 2.

23. Ibid.中國在非洲各地迅速擴增其新聞據點，不時發布樂觀新聞以對付對中國的負面形象。他們培訓記者，也進行和非洲記者的交流計劃。Claire Provost and Rich Harris, "China Commits Billions in Aid to Africa as Part of Charm Offensive — Interactive," *Guardian*, April 29, 2013, available at http://www.theguardian.com/global-development/interactive/2013/apr/29/china-commits-billions-aid-africa-interactive.

24. 例如，九一一攻擊之後，中國一方面向美國發電悼亡，另一方面又在互聯網上鼓勵反美言論。Anne-Marie Brady, *Marketing Dictatorship*, 99.

25.「外宣辦」成立來監視國內外的互聯網。他們聲稱，西方國家利用對世界媒體的掌控，以促進人權和自由為幌子妖魔化中國。Ibid., 9, 13, 99.

26. Javier Corrales, Daniel Kimmage, Joshua Kurlantzick, Perry Link, Abbas Milani, and Rashed Rahman, *Undermining Democracy: 21st Century Authoritarians* (Washington, DC: Freedom House, June 2009), 3.很有意思的是，中國唯一避免的地方是與台灣有正式邦交的四個國家：布吉納法索（Burkina Faso）、甘比亞（Gambia）、聖多美普林西比（São Tomé and Príncipe），以及史瓦濟蘭（and Swaziland）。Provost and Harris, "China Commits Billions in Aid to Africa as Part of Charm Offensive — Interactive."

27. Chris Hogg, "China Banks Lend More Than World Bank — Report," BBC, January 11, 2011, available at http://www.bbc.co.uk/news/world-asia-pacific-12212936.

28. Stefan Halper, *The Beijing Consensus: How China's Authoritarian Model Will Dominate the Twenty-First Century* (New York: Basic Books, 2010), 38.
29. Corrales et al., *Undermining Democracy*, 4.
30. Halper, *Beijing Consensus*, 85.另參見Joshua Eisenman, "Zimbabwe: China's African Ally," *China Brief* 5, no. 15 (2005).
31. Halper, *Beijing Consensus*, 85–86.中國大部分項目是交通、倉儲和能源。中國也投入數百萬美元進入醫護、教育和文化項目。例如，它在賴比瑞亞裝設太陽能交通號誌燈，在莫三鼻克興建一所視覺藝術學校，在阿爾及利亞興建一座歌劇院。Provost and Harris, "China Commits Billions in Aid to Africa as Part of Charm Offensive — Interactive."
32. Navarro with Autry, *Death by China*, 103.
33. James George, "China Arms Africa: Ignores UN Sanctions," *Examiner.com*, August 26, 2012, available at http://www.examiner.com/article/china-arms-africa-ignores-un-sanctions.
34. Halper, *Beijing Consensus*, 39.
35. Ibid.另參見Arvind Subramanian, *Eclipse: Living in the Shadow of China's Economic Dominance* (Washington, DC: Peterson Institute for International Economics, 2011).
36. "Chinese Firms Helping Put Phone System in Kabul," *Washington Times*, September 28, 2001, available at http://www.washingtontimes.com/news/2001/sep/28/20010928-025638-7645r/.
37. Ibid.
38. Bill Gertz, *Treachery: How America's Friends and Foes Are Secretly Arming Our Enemies* (New York: Three Rivers Press, 2004), 117.
39. Ibid., 118.
40. Ibid., 119.

41. "Text: President Bush's News Conference," *WashingtonPost.com*, February 22, 2001, available at http://www.washingtonpost.com/wp-srv/onpolitics/transcripts/bushtext022201.htm.
42. Maggie Farley, "U.S. Pushes for Response from China," *Los Angeles Times*, February 22, 2001, available at http://articles.latimes.com/2001/feb/22/news/mn-28550.
43. Gertz, *Treachery*, 121.
44. Ibid., 124.
45. Ibid., 125.
46. "China and the Environment: The East Is Grey," *Economist*, August 10, 2013, available at http://www.economist.com/news/briefing/21583245-china-worlds-worst-polluter-largest-investor-green-energy-its-rise-will-have.
47. Ibid.
48. Ibid.
49. "Executive Summary," in *OECD Environmental Outlook to 2050: the Consequences of Inaction*, OECD Publishing, 2012, 24.
50. Philip Bump, "China Air Pollution Already up 30 Percent," *Atlantic Wire*, April 3, 2013, available at http://www.theatlanticwire.com/global/2013/04/china-air-pollution-2013/63836/.「北京的新常態是學童上學要戴防毒面具（每組六十美元），有錢的人搶購IQAirHealthPro室內空氣濾清機（每間房約一千美元）。另一個搶手商品是覆蓋學校操場的壓縮帳篷，學童才能到操場活動……市面上也賣罐裝新鮮空氣……氣味繁多，如『純淨西藏味』、『後工業台灣味』。」Christina Larson, "China's Autos Need to Emit Less Pollution," *Bloomberg Businessweek*, February 4, 2013, available at http://www. businessweek.com/articles/2013-02-04/chinas-autos-need-to-emit-less-pollution.
51. Edward Wong, "Beijing Takes Steps to Fight Pollution as Problem Worsens," *New York Times*, January 30, 2013, available at http://www.nytimes.com/2013/01/31/world/asia/beijing-takes-emergency-steps-to-fight-smog.html?_r=0.

52. *Developing Countries Subsidize Fossil Fuels, Artificially Lowering Prices*, Institute for Energy Research, January 3, 2013, available at http://www.instituteforenergyresearch.org/2013/01/03/developing-countries-subsidize-fossil-fuel-consumption-creating-artificially-lower-prices/.

53. Wong, "Beijing Takes Steps to Fight Pollution as Problem Worsens."根據一項研究，一九九〇年代免費供煤政策造成中國損失二十五億生命年（2.5 billion life years）。Charles Kenny, "How Cleaning China's Dirty Air Can Slow Climate Change," *Bloomberg Businessweek*, August 5, 2013, available at http://www.businessweek.com/articles/2013-08-05/how-cleaning-china-s-dirty-air-can-slow-climate-change.

54. Elizabeth C. Economy（易明），"China's Water Pollution Crisis," *Diplomat*, January 22, 2013, available at http://thediplomat.com/2013/01/forget-air-pollution-chinas-has-a-water-problem/.

55. Ibid.

56. Ibid.

57. Ibid.

58. 根據中國漁民的說法，十年前他們在離海岸九十海里處仍有可能捕到魚，但現在必須挺進到一百三十至一百六十海里處才行，而同一時期漁獲量已降低四分之三。近年來有商業價值的海洋產品數量已從七十種降到十種。*China's Water Challenge: Implications for the U.S. Rebalance to Asia: Hearing before the Senate Foreign Relations Subcommittee on East Asian and Pacific Affairs*, 113th Cong., 5 (July 24, 2013), statement of Elizabeth C. Economy, C. V. Starr senior fellow and director for Asia Studies, Council on Foreign Relations, available at http://www.foreign.senate.gov/imo/media/doc/Economy_Testimony.pdf.

59. Ibid.

60. 關於中國大規模興建水壩的更多詳情及反對意見，見Andrew Mertha, *China's Water Warriors: Citizen Action and Policy Change* (Ithaca, NY: Cornell University Press, 2008).

61. "Executive Summary," in OECD *Environmental Outlook to 2050: The Consequences of Inaction*, OECD Publishing, (2012), 20, available at http://www. oecd.org/environment/indicators-modelling-outlooks/oecdenvironmentaloutlookto2050theconsequencesofinaction.htm.
62. "State-Owned Enterprises: The State Advances," *Economist*, October 6, 2012, available at http://www.economist.com/node/21564274.
63. Jonathan Watts, "China's 'Cancer Villages' Reveal Dark Side of Economic Boom," *Guardian*, June 6, 2010, available at http://www.theguardian.com/environment/2010/jun/07/china-cancer-villages-industrial-pollution.
64. 到二〇二〇年，癌症致死人數將從每年兩百五十萬人上升至三百萬人。Christina Larson, "China Releases Grim Cancer Statistics," *Bloomberg Businessweek*, April 9, 2013, available at http://www.businessweek.com/articles/2013-04-09/grim-cancer-statistics-from-china.
65. David McKenzie, "In China 'Cancer Villages' Is a Reality of Life," CNN, May 29, 2013, available at http://www.cnn.com/2013/05/28/world/asia/china-cancer-villages-mckenzie/.
66. *Food and Drug Safety, Public Health, and the Environment in China: Hearing before the Congressional-Executive Commission on China*, 113th Cong., 2 (May 22, 2013), statement by Senator Sherrod Brown, chair, Congressional-Executive Commission on China, available at http://www.cecc.gov/sites/chinacommission.house.gov/files/documents/hearings/2013/CECC%20Hearing%20-%20Food%20Safety%20-%20Chairman%20Brown%20Written%20Statement.pdf.
67. Watts, "China's 'Cancer Villages' Reveal Dark Side of Economic Boom."他們取得資源，粗製濫造西方市場不能接受的劣質產品。Navarro with Autry, *Death by China*.

68. Watts, "China's 'Cancer Villages' Reveal Dark Side of Economic Boom."歐盟發現獸用藥物殘餘之後，嚴禁中國動物類食品進口。日本發現冷凍菠菜殺蟲劑殘餘超標一百八十倍，立刻下令禁止入口。美國查禁寵物食品和含鉛油漆的兒童玩具。好幾個東亞國家發現養殖魚含有致癌物和獸用藥。
69. *The IP Commission Report: The Report of the Commission on the Theft of American Intellectual Property* (Seattle: National Bureau of Asian Research, 2013), 12, available at http://www.ipcommission.org/report/IP_Commission_Report_052213.pdf.
70. Ibid., Executive Summary, 3.
71. *IP Commission Report.*二〇一二年，威瑞森（Verizon）與其他十八個民間機構和政府官署合作調查，發現全世界百分之九十六的網路間諜（包括偷竊貿易機密和智慧財產），來自中國。（頁一八）另參見"U.S. Government, Industry Fed Up with Chinese Cyber Theft ; What's Being Done?," *PBS Newshour*, July 8, 2013, available at http://www.pbs.org/newshour/bb/military-july-dec13-cybercrime_07-08/.
72. 降低國際貿易壁壘使低度開發國家可以製造低技術產品和服務，銷售到更開發國家，而更開發國家得以關掉整個產業，將勞動力轉到從事生產更先進的產品。這樣可以大幅增進繁榮，允許各國技術升級。從一九五〇年至二〇一二年，全球經濟產出增加逾十六倍，並且全球人口生活水平也提升。*IP Commission Report*, 9.
73. Ibid., 25.
74. Ibid., 12.
75. Angela Huyue Zhang, "The Single Entity Theory: An Antitrust Time Bomb for Chinese State-Owned Enterprises," *Journal of Competition Law & Economics* 8, no. 4 (2012).
76. Ibid.

77. "Perverse Advantage: A New Book Lays Out the Scale of China's Industrial Subsidies," *Economist*, April 27, 2013, available at http://www.economist.com/news/finance-and-economics/21576680-new-book-lays-out-scale-chinas-industrial-subsidies-perverse-advantage/comments?page=2.
78. Ibid. 所有國企都得到能源補貼。競爭者必須和這些受到補貼，優厚融資重重保護的經濟巨人競爭。
79. Zhang, "Single Entity Theory."
80. "State-Owned Enterprises: The State Advances."
81. Ibid.
82. "Chinese State-Owned Enterprises under the Microscope: Increased Antitrust Scrutiny by the EU and Chinese Authorities," Herbert Smith Freehills LLP, October 3, 2011, available at http://www.herbertsmithfreehills.com/-/media/HS/L-031011-5.pdf.
83. Joy C. Shaw and Lisha Zhou, "China Sets Antitrust Milestone with Investigation into Large SOE," *Financial Times*, November 5, 2011, available at http://www.ft.com/intl/cms/s/2/94fc97c6-0f73-11e1-88cc-00144feabdc0.html.
84. 根據入會議定書，中國應在二〇〇六年以前開放其支付市場，但是「中國銀聯」（Unionpay）實際還壟斷中國國內支付系統。"State-Owned Enterprises: The State Advances."
85. "Market Access: Barriers to Market Entry," *AmCham China News*, April 29, 2011, available at http://www.amchamchina.org/article/7938.
86. 上海合作組織的觀察員有阿富汗、印度、伊朗、蒙古和巴基斯坦；對話夥伴有白俄羅斯、斯里蘭卡和土耳其。
87. Julie Boland, *Ten Years of the Shanghai Cooperation Organization: A Lost Decade? A Partner for the U.S.?* (Washington, DC: Brookings Institution, 21st Century Defense Initiative policy paper, June 20, 2011), 4, available at http://www.brookings.edu/~/media/research/files/papers/2011/6/shanghai%20cooperation%20organization %20boland/06_shanghai_cooperation_organization_boland.

88. Ibid., 8.
89. Amit Baruah, "Can Brics Rival the G7?" BBC News India, March 28, 2012, available at http://www.bbc.co.uk/news/world-asia-india-17515118.
90. Xiaoyu Pu and Randall L. Schweller, "After Unipolarity: China's Visions of International Order in the Era of U.S. Decline," *International Security* 36, no. 1 (Summer 2011): 41-72.
91. Wendy Friedman, *China, Arms Control, and Nonproliferation* (New York: Routledge Curzon, 2005), 94.
92. Bill Gertz, *Betrayal: How the Clinton Administration Undermined American Security* (Washington, DC: Regnery, 2001), 99.
93. Ibid.
94. "Helms Outlines China's Broken Promises," *Washington Times*, July 23, 2001, avail-able at http://www.washingtontimes.com/news/2001/jul/23/20010723-024410-3938r/.
95. Gertz, *Treachery*, 136.
96. *The Administration's Perspective on China's Record on Nonproliferation: Hearing before the U.S.-China Economic Security Review Commission*, 109th Cong., 11 (September 14, 2006), statement of Paula DeSutter, assistant secretary for verification, compliance, and implementation, available at http://2001-2009.state.gov/t/vci/rls/rm/72302.htm.
97. Hu Jintao, "Build Toward a Harmonious World of Lasting Peace and Common Prosperity" (speech, UN summit, New York, September 15, 2005), available at http://www.un.org/webcast/summit2005/statements15/china050915eng.pdf.
98. Callahan, *China Dreams*, 44.胡錦濤的「和諧世界」概念載於兩份官方文件，強調文化多元化和中國是個愛好和平國家的歷史，避而不談許多殘暴擴張時期，以及中國歷史上的矛盾現象。同書，頁四七至四八。
99. Hu Jintao, "Build Toward a Harmonious World of Lasting Peace and Common Prosperity."

100. Yang Lina, "President Vows to Bring Benefits to People in Realizing 'Chinese Dream,' " *Xinhua*, March 17, 2013, available at http://news.xinhuanet.com/english/china/2013-03/17/c_132240052.htm.

第十章　警鐘響起

1. 關於中國太空站設計詳情，參見Leonard David, "China's First Space Station Module Readies for Lift off," *SPACE.com*, July 24, 2011, available at http://www.space.com/12411-china-space-station-tiangong-readied-launch.html.
2. Joan Johnson-Freese, "China's Antisatellite Program: They're Learning," *China-US Focus*, July 12, 2013, available at http://www.chinausfocus.com/peace-security/chinas-anti-satellite-program-theyre-learning/.
3. 二〇一一年，米高梅影業公司修改它的電影 *Red Down*，影片原本演出中國部隊入侵，以保護中國在美國投資。米高梅取消稱中國為強大的霸主，用數位方式把它改為北朝鮮。見Ben Fritz and John Horn, "Reel China: Hollywood Tries to Stay on China's Good Side," *Los Angeles Times*, March 16, 2011, available at http://articles. latimes.com/2011/mar/16/entertainment/la-et-china-red-dawn-20110316.
4. Jonathan Watts, "Copenhagen Summit: China's Quiet Satisfaction at Tough Tactics and Goalless Draw," *Guardian*, December 20, 2009, available at http://www. theguardian.com/environment/2009/dec/20/copenhagen-climate-summit-china-reaction.
5. Tobias Rapp, Christian Schwägerl, and Gerald Traufetter, "The Copenhagen Protocol: How China and India Sabotaged the UN Climate Summit," *Der Spiegel*, May 5, 2010, available at http://www.spiegel.de/international/world/the-copenhagen-protocol-how-china-and-india-sabotaged-the-un-climate-summit-a-692861.html.
6. John Pomfret（潘文），"Many Goals Remain Unmet in 5 Nations' Climate Deal," *New York Times*, December 18, 2009, available at http://www.nytimes.com/2009/12/19/science/earth/19climate.html?pagewanted=all&_r=0.

7. John Pomfret, "U.S. Sells Weapons to Taiwan, Angering China," *Washington Post*, January 30, 2010, available at http://www.washingtonpost.com/wp-dyn/content/article/2010/01/30/AR2010013000508.html.
8. Mark Landler, "No New F-16s for Taiwan, but U.S. to Upgrade Fleet," *New York Times*, September 18, 2011, available at http://www.nytimes.com/2011/09/19/world/asia/us-decides-against-selling-f-16s-to-taiwan.html.關於美國大約這段時候銷售武器給台灣的詳情，見Helene Cooper, "U.S. Arms for Taiwan Send Beijing a Message," *New York Times*, February 1, 2010; Helene Cooper, "U.S. Approval of Taiwan Arms Sales Angers China," *New York Times*, January 30, 2010; and Keith Bradsher, "U.S. Deal with Taiwan Has China Retaliating," *New York Times*, January 31, 2010.
9. Shirley A. Kan, "U.S.-China Military Contacts: Issues for Congress," Congressional Research Service, November 20, 2013, 4, available at https://www.fas.org/sgp/crs/natsec/RL32496.pdf.
10. 關於中國使用尺標測量綜合國力的詳情，可參見Huang Shoufeng, *Zhonghe Guoli Lun* [*On Comprehensive National Power*] (Beijing: Zhonggou shehui kexue chubanshe, 1992); Yan Xuetong and Huang Yuxing, "The Hegemonic Thinking in Zhanguo Ce and Its Intellectual Enlightenment," *Quarterly Journal of International Politics* [*Guoji Zhengzhi Kexue*] 16, no. 4 (2008); Wang Songfen, ed., *Shijie Zhuyao Zonghe Guoli Bijiao Yanjiu* [*Comparative Studies of the Comprehensive National Power of the World's Major Nations*] (Changsha: Hunan chubanshe, 1996); Zhu Liangyin and Meng Renzhong, "Deng Xiaoping Zonghe Guoli Sixiang Yanjiu" ["A Study of Deng Xiaoping's Comprehensive National Power Thought"], in Li Lin and Zhao Qinxuan, eds., *Xin Shiqi Junshi Jingji Lilun Yanjiu* [*Studies of New Period Military Economic Theory*] (Beijing: Junshi kexue chubanshe, 1995); Eric S. Edelman, "Understanding America's Contested Primacy," Center for Strategic and Budgetary Assessments, October 21, 2010; Hu Angang and Men Hongua. "The Rising of Modern China: Comprehensive National Power and Grand Strategy," available at http://www.irchina.org/en/pdf/hag.pdf; and Lei Xiaoxun, "Yellow Book Ranks China 7th in Overall Strength," *China Daily Online*, December 25, 2009.關於綜合國力的評估，亦可參見Jeffrey Hart, "Three Approaches to the Measurement of Power

in International Relations," *International Organizations* 30, no. 2; and Ashley J. Tellis, Janice Bially, Christopher Layne, and Melissa McPherson, *Measuring National Power in the Postindustrial Age* (Santa Monica, CA: RAND, 2000).

11. Gregory Chin and Wang Yong, "Debating the International Currency System: What's in a Speech?," *China Security* 6, no. 1 (2010): 3–20.
12. David C. Gompert and Phillip C. Saunders, *The Paradox of Power: Sino-American Strategic Restraint in an Age of Vulnerability* (Washington, DC: National Defense University, 2012).
13. Ibid., 21.
14. Ibid., Executive Summary, xxiii.
15. 關於國力為何很難評估的討論，見Robert A. Dahl, "The Concept of Power," *Behavioral Scientist* 2, no. 3; David A. Baldwin, "Power Analysis and World Politics: New Trends versus Old Tendencies," *World Politics* 31, no. 2; and Joseph S. Nye Jr., "The Changing Nature of World Power," *Political Science Quarterly* 105, no. 2 (Summer 1990): 177–92.
16. Andrew W. Marshall, "A Program to Improve Analytic Methods Related to Strategic Forces," *Policy Sciences* 15 (November 1982): 47–50, 48，引自Pillsbury, *China Debates the Future Security Environment*, 359.
17. 引自Michael Pillsbury, *China's Progress in Technological Competitiveness: The Need for a New Assessment* (Washington, DC: Report Prepared for the U.S.-China Economic and Security Review Commission, April 21, 2005), 5–6, available at http://www.uscc.gov/sites/default/files/4.21-22.05pillsbury.pdf.
18. Michael Beckley, "China's Century: Why America's Edge Will Endure," *International Security* 36, no. 3 (Winter 2011/12): 41–78.
19. Ibid., 44.
20. 關於力量平衡，參見Edward Vose Gulick, *Europe's Classical Balance of Power: A Case History of the Theory and Practice of One of the Great Concepts of European Statecraft* (New York: W. W. Norton, 1955); and Brian Healy and Arthur Stein,

"The Balance of Power in International History: Theory and Reality," *Journal of Conflict Resolution* 17, no. 1 (March 1973).

21. 關於認知差錯會導致戰爭的詳細討論，可參見Jack S. Levy, "Misperception and the Causes of War: Theoretical Linkages and Analytical Problems," *World Politics* 36, no. 1 (October 1983): 76–99; and Stephen Van Evera, *Causes of War: Power and the Roots of Conflict* (Ithaca, NY: Cornell University Press, 1999).
22. Edward Wong, "China Hedges over Whether South China Sea Is a 'Core Interest' Worth War," *New York Times*, March 30, 2011, available at http://www.nytimes.com/2011/03/31/world/asia/31beijing.html?_r=0.另參見Harry Kazianis, "Senkaku/Diaoyu Islands: A 'Core Interest' of China," *Diplomat*, April 29, 2013, available at http://thediplomat.com/2013/04/senkakudiaoyu-islands-a-core-interest-of-china/.
23. Tessa Jamandre, "China Fired at Filipino Fishermen in Jackson Atoll," *VERA Files, ABS-C BN News*, June 3, 2011, available at http://www.abs-cbnnews.com/-depth/06/02/11/china-fired-filipino-fishermen-jackson-atoll; Huy Duong, "The Philippines and Vietnam at the Crossroad," *Manila Times*, June 8, 2011; "Vietnam Says Chinese Boat Harassed Survey Ship; China Disputes," Bloomberg News, June 9, 2011, available at http://www.businessweek.com/news/2011-06-09/vietnam-says-chinese-boat-harassed-survey-ship-china-disputes.html; and "Vietnam Accuses Chinese Troops of Attack on Fishermen," *Voice of America*, July 14, 2011, available at http://blogs.voanews.com/breaking-news/2011/07/14/vietnam-accuses-chinese-troops-of-attack-on-fishermen/.
24. Keith Bradsher, "Philippine Leader Sounds Alarm on China," *New York Times*, February 4, 2014, available at http://www.nytimes.com/2014/02/05/world/asia/philippine-leader-urges-international-help-in-resisting chinas-sea-claims.html.
25. "China Decries U.S. Comments on South China Sea as 'Not Constructive,'" Reuters, February 8, 2014, available at http://www.reuters.com/article/2014/02/09/us-china-southchinasea-idUSBREA1801O20140209.

26. 見Martin Fackler, "Japan Retreats with Release of Chinese Boat Captain," *New York Times*, September 24, 2010; and Martin Fackler and Ian Johnson, "Arrest in Disputed Seas Riles China and Japan," *New York Times*, September 19, 2010.
27. Wenran Jiang, "New Twists over Old Disputes in China-Japan Relations," Jamestown Foundation, *China Brief* 10, no. 20 (October 8, 2010), available at http://www.freerepublic.com/focus/news/2604249/posts.
28. 見Malcolm Foster, "6 Chinese Ships Near Islands in Dispute with Japan," Associated Press, September 14, 2012, available at http://bigstory.ap.org/article/6-chinese-ships-near-islands-dispute-japan; and Austin Ramzy, "Tensions with Japan Increase as China Sends Patrol Boats to Disputed Islands," *Time*, September 14, 2012, available at http://world.time.com/2012/09/14/tensions-with-japan-increase-as-china-sends-patrol-boats-to-disputed-islands/.
29. Mu Xuequan, "Chinese Surveillance Ships Start Patrol Around Diaoyu Islands," *Xinhua*, September 14, 2012, available at http://news.xinhuanet.com/english/china/2012-09/14/c_131849375.htm.
30. Martin Fackler, "Chinese Patrol Ships Pressuring Japan over Islands," *New York Times*, November 2, 2012, available at http://www.nytimes.com/2012/11/03/world/asia/china-keeps-up-pressure-on-japan-over-disputed-islands-with-patrols.html? pagewanted=all&_r=0.
31. 見Jane Perlez, "China Accuses Japan of Stealing After Purchase of Group of Disputed Islands," *New York Times*, September 11, 2012, available at http://www. nytimes.com/2012/09/12/world/asia/china-accuses-japan-of-stealing-disputed-islands. html?_r=0.
32. Ian Johnson and Thom Shanker, "Beijing Mixes Messages over Anti-Japan Protests," *New York Times*, September 16, 2012, available at http://www.nytimes.com/2012/09/17/world/asia/anti-japanese-protests-over-disputed-islands-continu-in-china.html?_r=0.

33. "Anti-Japan Protests Spread Across China," *Financial Times*, September 18, 2012, available at http://www ft.com/intl/cms/s/0/85f4f7a2-0138-11e2-99d3-00144feabdc0.html#axzz2t8p2UTpy.另參見Ian Johnson, "China and Japan Bristle over Disputed Chain of Islands," *New York Times*, September 8, 2010.
34. Hou Qiang, "Announcement of the Aircraft Identification Rules for the East China Sea Air Defense Identification Zone of the PRC," *Xinhua*, November 23, 2011, available at http://news.xinhuanet.com/english/china/2013-11/23/c_132911634.htm.
35. Yan, "China Refutes Japan's Protest at ADIZ over East China Sea," *Xinhua*, November 25, 2013, available at http://news.xinhuanet.com/english/china/2013-11/25/c_132917199.htm.
36. "Echoing the Guns of August," *Economist*, January 23, 2014, available at http://www.economist.com/blogs/banyan/2014/01/china-japan-and-first-world-war.
37. Odd Arne Westad（文安立）・"In Asia, Ill Will Runs Deep," *New York Times*, January 6, 2013, available at http://www.nytimes.com/2013/01/07/opinion/why-china-and-japan-cant-get-along.html?r=0.
38. Ibid.
39. Zheng Wang, "China and Japan REALLY Don't Like Each Other," *Diplomat*, August 26, 2013, available at http://thediplomat.com/2013/08/china-and-japan-really-dont-like-each-other/. The 2013 survey is available at http://www.genron-npo.net/english/index.php?option=com_content&view=article&id=59:the-9th-japan-china-public-opinion-poll&catid=2:research&Itemid=4.
40. Michael Pillsbury, "A Japanese Card?," *Foreign Policy* 33 (Winter 1978-79): 3-30.
41. Jiangyong, ed., *Kua shiji de riben—Zhengzhi, jingji, waijiao xin qushi* [*Japan across the century—new political, economic, and foreign relations trends*] (Beijing: Shishi chubanshe, 1995). The editor of this major collection is the CICIR director for Japan studies.另參見Chen Shao, "Zhanhou Riben zonghe guoli de fazhan ji pinggu" ["An assessment of Japan's

postwar comprehensive national power development", *Taipingyang xuebao* [*Pacific Journal*] 3 (December 1995): 96–101. Chen is on the staff of IWEP at CASS, 16.

42. 見Huan Xiang（宦鄉）、"Sino-US Relations over the Past Year," *Liaowang*（《瞭望》）(January 11, 1988), in FBIS-CHI, January 15, 1988,引自Pillsbury, *China Debates the Future Security Environment*, 114, n. 16.
43. Liu Jiangyong, "Distorting History Will Misguide Japan," *Contemporary Inter-national Relations* 5, no. 9 (September 1995): 1–11，引自Pillsbury, *China Debates the Future Security Environment*, 122.
44. Liang Ming, "A New Trend That Merits Vigilance," no. 2 in series, "Experts Comment on the Strengthening of the Japanese-U.S. Military Alliance," *Jiefangjun bao* [*Liberation Army Daily*], June 5, 1999, 125, in FBIS-CHI-1999-0616, June 17, 1999.
45. 引自Pillsbury, *China Debates the Future Security Environment*, 135.
46. 引自ibid., 131.
47. Lu Guangye, "Going Against the Tide of History, Threatening World Peace," no. 3 in series, "Experts Comment on the Strengthening of the Japanese-U.S. Military Alliance," *Jiefangjun bao* [*Liberation Army Daily*], June 6, 1999, 4, in FBIS-CHI-1 999-0 617, June 18, 1999.另參見Zhang Jinfang, "Serious Threats to China's Security," no. 1 in series, "Experts Comment on the Strengthening of the Japanese-U.S. Military Alliance," *Jiefangjun bao* [*Liberation Army Daily*], June 4, 1999, 4, in FBIS-CHI-1999-0616, June 17, 1999; and Liang Ming, "A New Trend That Merits Vigilance."
48. Lu Zhongwei, "On China-U.S.-Japan Trilateral Relations—a Comment on Their Recent Exchanges of Top-Level Visits," *Contemporary International Relations* 7, no. 12 (December 1997): 3, 5, 7，引自Pillsbury, *China Debates the Future Security Environment*, 128, n. 52.
49. Yang Bojiang, "The Trans-Century Tendencies of Japan," *Contemporary International Relations* 8, no. 8 (August 1998): 17.。高恆，〈東北亞的安全格局及未來趨勢〉，《二十一世紀》第六期（一九九五），頁三五至三六。關於日本憲法

及修憲的深刻研究，可參見宋張軍（音譯），《日本國憲法研究》（北京：時事出版社，一九九七年）引自Pillsbury, *China Debates the Future Security Environment*, 126, n. 48.

50. Xu Zhixian, "Xin shiqi Riben waijiao zhanlue de tiaozheng" ("Readjustment of Japan's foreign policy in the new era"), *Xiandai guoji guanxi* (*Contemporary International Relations*) 74, no. 12 (December 1995): 13.「沒有中國支持，日本可能達成不了它成為聯合國安全理事會常任理事國的願望……如果日中經濟關係的發展無法合理化，日本將失去它的地緣經濟優勢。」Xu Zhixian, Zhang Minqian, and Hong Jianjun, "On the Foreign Strategy and Trends in the China Policy of the United States, Western Europe, and Japan at the Turn of the Century," *Contemporary International Relations* 8, no. 3 (March 1998): 16; Shen Qurong, "Postwar Asia Pacific — Historical Lessons and Common Efforts for a Bright Future," *Contemporary International Relations* 5, no. 11 (November 1995): 5, 7，引自Pillsbury, *China Debates the Future Security Environment*, 129, n. 54.
51. 見Nicholas D. Kristof（紀思道），"China, Reassessing Its Strategy, Views Japan Warily," *New York Times*, October 23, 1993.
52. Xu Weidi, "Post–Cold War Naval Security Environment," *World Military Trends* (Beijing: National Defense University, 1996).
53. Li Jiensong, "Continued Naval Developments in Nations on China's Periphery" (in Chinese), *Bingqi zhishi* [*Ordinance Knowledge*] (May 12, 1997): 17–20.
54. Ding Bangquan, "Adjustments and Trends in Japan's Military Strategy," *World Military Trends* (Beijing: Academy of Military Science, n.d.).
55. Wang Jisi（王緝思），"China's Search for a Grand Strategy."
56. Parris Chang（張旭成），"Beijing Copes with a Weakened Ma Administration: Increased Demands, and a Search for Alternatives," Jamestown Foundation, *China Brief* 14, no. 2 (2014), available at http://www.jamestown.org/programs/

chinabrief/single/?tx_ttnews%5Btt_news%5D=41869&tx_ttnews%5BbackPid%5D=25&cHash=ce2455e039c0219fbcd4804a30a87105#.Uxcw_-mPLVJ.

57. 引自ibid.

58. 張旭成博士是台灣民進黨黨員，他說：「習近平主席及其前任胡錦濤的北京對台政策已取得正面效果。他們作法不僅避免與美國可能發生軍事衝突，也得到華府的支持……北京的經濟手法……增強台灣對中國的經濟統合，也大大增加中國對台灣經濟和社會的控制，把台灣鎖進中國的軌道。」Ibid. 中國處理對台關係的手法，反映出軍事力量不是贏得長期競爭的決定性因素這個概念。它也代表中國成功地籠絡別人替他效力。

59. Christian Gomez, "Communist China's Cold War," *New American*, December 3, 2012, available at http://www.thenewamerican.com/world-news/asia/item/13796-communist-chinas-cold-war/13796-communist-chinas-cold-war?tmpl=component &print=1&start=3.

60. 秦國歷經七代領導人努力才成功，不是命中注定。見Victoria Hui, *War and State Formation in Ancient China and Early Modern Europe* (Cambridge, UK: Cambridge University Press, 2005). In Yan Xuetong（閻學通），"Pre-Qin Philosophy and China's Rise Today," in Yan Xuetong, *Ancient Chinese Thought, Modern Chinese Power*, Daniel A. Bell and Sun Zhe（孫哲），eds., trans. Edmund Ryden (Princeton, NJ: Princeton University Press, 2011), 204，閻學通說：「從中國的觀點看，我們可以從先秦思想國家興起的成敗經驗汲取教訓。」閻學通在頁二二〇也寫說：「即使對先秦各國政治哲學的研究已吸引中國學者的注意，它還未吸引國際學界的注意。」Yan Xuetong and Huang Yuxing, "Hegemony in the Stratagems of the Warring States," in Yan Xuetong, *Ancient Chinese Thought, Modern Chinese Power*, 122–23. 其他研究包括Gerald Chan, "The Origin of the Interstate System: The Warring States in Ancient China," *Issues and Studies* 35, no. 1 (1999): 147–66; Shih-tsai Chen, "The Equality of States in Ancient China," *American Journal of International Law* 35, no. 4 (1941): 641–50; Victoria Hui, "Toward a Dynamic Theory of International Politics: Insights from Comparing

the Ancient Chinese and Early Modern European Systems," *International Organization* 58, no. 1 (2004): 175–205; and Richard Walker, *The Multistate System of Ancient China* (Westport, CT: Greenwood Press, 1953).

61. Alastair Iain Johnston（江憶恩），"How New and Assertive Is China's New Assertiveness?," *International Security* 37, no. 4 (Spring 2013): 7–48.
62. 關於箇中背景，見Yuan Peng, "Shift s in International System, China's Strategic Options," *Xiandai Guiji Guanxi* [*Contemporary International Relations*]，《現代國際關係》November 30, 2009，引自Bonnie Glaser（葛來儀），"A Shifting Balance: Chinese Assessments of U.S. Power," Capacity and Resolve: Foreign Assessments of U.S. Power (Washington, DC: CSIS, 2011).
63. "China FM: Japan-U.S. Security Treaty a 'Relic,' " *CCTV English*, September 5, 2012, available at http://english.cntv.cn/program/china24/20120905/101987.shtml.

第十一章　美國需師法戰國思想

1. Paul Hopper, *Understanding Development* (Cambridge, UK: Polity Press, 2012), 208.
2. Deloitte Touche Tohmatsu Limited and the Council on Competitiveness, "2013 Global Manufacturing Competitiveness Index," November 29, 2012, available at http://www.deloitte.com/assets/Dcom-UnitedStates/Local%20Assets/Documents/us_pip_GMCI_11292012.pdf.
3. Kent Hughes, *Building the Next American Century: The Past and Future of American Economic Competitiveness* (Washington, DC: Woodrow Wilson Center Press, 2005).
4. David R. Francis, "U.S. Still Leads the Pack; Only Japan Closes Gap," *Christian Science Monitor*, January 11, 1993, available at http://www.csmonitor.com/1993/0111/11071.html.

5. Ralph Gomory, "It Takes More Than Economics 101 to Compete with China," *Huffi ngton Post*, October 24, 2013, available at http://www.huffi ngtonpost.com/ralph-gomory/economic-competition-china_b_4144822.html.
6. "U.S.-China Commissioner Expresses Concern over Whether Multinationals Are Good for the United States," *Manufacturing News* 13, no. 21 (November 30, 2006): 8, available at http://www.manufacturingnews.com/subscribers/users_orig.cgi?mfgnews_username=mbg&flag=read_article &id_title=1&id_article=3344&id_issue=207&id_sub=459&id_sl.
7. Robert D. Atkinson and Stephen J. Ezell, *Innovation Economics: The Race for Global Advantage* (New Haven: Yale University Press, 2012), 364.
8. Edward Wong, "Dalai Lama Says China Has Turned Tibet into a 'Hell on Earth,' " *New York Times*, March 10, 2009, available at http://www.nytimes.com/2009/03/11/world/asia/11tibet.html?ref=dalailama&_r=0.
9. Rebiya Kadeer, "China's Second Tibet," *Wall Street Journal*, July 2, 2012, available at http://online.wsj.com/news/articles/SB10001424052702303561504577496 930351770466?mod=rss_opinion_main&mg=reno64-wsj&url=http%3A%2F%2Fonline.wsj.com%2Farticle%2FSB10001424052702303561504577496930351770466.html%3Fmod%3Drss_opinion_main.
10. 例如，Tim Gardam二〇一一年九月寫說：「我們無法說今天中國有多少基督教徒，但沒有人否認人數在暴增中。〔中國〕政府說約兩千五萬人，其中新教徒一千八百多萬、天主教徒六百多萬。獨立的評估都認為這個數字十分低估。保守估計是六千萬人。」Tim Gardam, "Christians in China: Is the Country in Spiritual Crisis?," BBC News, September 11, 2011, available at http://www.bbc.co.uk/news/magazine-14838749.另參見Donata Hardenberg, "Christianity: China's Best Bet?," Al Jazeera, July 1, 2011, available at http://www.aljazeera.com/programmes/101east/2011/06/2011629646319175.html，他寫說：「根據設在美國的人權組織「對華援助協會」（China Aid）的估計，

自從中華人民共和國成立以來，中國基督徒人數增加一百倍。目前估計，包括所謂家庭教會會員，中國基督徒人數在八千萬至一億三千萬人之間。」

11. 關於陳光誠更多詳情，見Jane Perlez and Sharon LaFraniere, "Blind Chinese Dissident Leaves U.S. Embassy for Medical Treatment," *New York Times*, May 2, 2012, available at http://www.nytimes.com/2012/05/03/world/asia/chen-guangcheng-leaves-us-embassy-in-beijing-china.html?pagewanted=all&_r=0.
12. 楊建利也主張中國走向民主的道路要靠點燃中國全體公民集體的「公民力量」（citizen power）。
13. Mary Kissel, "Bob Fu: The Pastor of China's Underground Railroad," *Wall Street Journal*, June 1, 2012, available at http://online.wsj.com/news/articles/SB10001424052702303640104577438562289689498?mg=reno64-wsj&url=http%3A %2F%2Fonline.wsj.com%2Farticle%2FSB100014240527023036401045774385622896 89498.html.
14. David E. Sanger, "U.S. Blames China's Military Directly for Cyberattacks," *New York Times*, May 6, 2013, available at http://www.nytimes.com/2013/05/07/world/asia/us-accuses-chinas-military-in-cyberattacks.html?pagewanted=all&_r=1&.
15. *IP Commission Report*, Executive Summary, 2.
16. Jeffrey Mervis, "Spending Bill Prohibits U.S.-China Collaborations," *Science Magazine*, April 22, 2011, available at http://news.sciencemag.org/technology/2011/04/spending-bill-prohibits-u.s.-china-collaborations.
17. "Cybersecurity," Offi ce of Congressman Frank Wolf (accessed February 15, 2014), available at http://wolf.house.gov/cybersecurity#.UwIUYOmPJMs.
18. William Pesek, "Chinese Should Beg Gary Locke to Stay on as U.S. Ambassador," *Seattle Times*, November 27, 2013, available at http://seattletimes.com/html/opinion/2022349457_williampesekcolumngarylocke28xml.html.
19. 見the Institute of Public and Environmental Affairs website at http://www.ipe.org.cn/en/pollution/.

20. Andrew Jacobs, "Chinese Journalist Is Released on Bail," *New York Times*, July 8, 2013, available at http://www.nytimes.com/2013/07/09/world/asia/chinese-journalist-is-released-on-bail.html.
21. Andrew Jacobs, "Chinese Police Said to Fire on Tibetans," *New York Times*, July 9, 2013, available at http://www.nytimes.com/2013/07/10/world/asia/tension-flares-as-tibetans-celebrate-dalai-lamas-birthday.html. 關於中國關閉網站以封殺辯論的另一個著名例子，見"China Closes Unirule Web Site," *Radio Free Asia*, May 1, 2012, available at http://www.rfa.org/english/news/china/web-05012012142516.html.
22. David Barboza（張大衛），"Billions in Hidden Riches for Family of Chinese Leader," *New York Times*, October 26, 2012, available at http://www.nytimes.com/2012/10/26/business/global/family-of-wen-jiabao-holds-a-hidden-fortune-in-china.html?ref=davidbarboza&gwh=75CDA070439118F7215E6E3CE22A8E5B& gwt=pay.
23. Palash Ghosh, "China Blocks Bloomberg Web Site After Story Details Xi Jin-ping's Family's Vast Wealth," *International Business Times*, June 29, 2012, available at http://www.ibtimes.com/china-blocks-bloomberg-website-after-story-details-xi-jinpings-familys-vast-wealth-704969.
24. Riva Gold, "Wikipedia Cofounder Refuses to Comply with China's Censorship," *Wall Street Journal*, August 9, 2013, available at http://blogs.wsj.com/digits/2013/08/09/wikipedia-co-founder-refuses-to-comply-with-chinas-censorhip/.
25. Shawn Healy, "The Great Firewall of China," *Social Education* 71, no. 3 (April 2007): 158–62.
26. David Smith and Jo Revill, "Wikipedia Defies China's Censors," *Guardian*, September 9, 2006, available at http://www.theguardian.com/technology/2006/sep/10/news.china.
27. 例如，見Ye Xiaowen, "Common Interests Prevent 'Cold War' Between China and U.S.," *People's Daily Overseas Edition*, December 26, 2011, available at http://english.peopledaily.com.cn/90780/91342/7688092.html.另參見Geoff Dyer, "U.S. v China: Is This the New Cold War?," *Financial Times*, February 20, 2014, available at http://www.ft.com/intl/cms/s/2/78920b2e-99ba-11e3-91cd-00144feab7de.html#axzz30CHWru3D; and Ambassador Cui Tiankai（崔天凱），

"China's Policy Toward the Asia-Pacific," speech at Harvard University, April 25, 2014, distributed by the Chinese embassy, Washington, DC.

28. 關於這個主題的一般討論，見Michael Pillsbury, "The Sixteen Fears: China's Strategic Psychology," *Survival: Global Politics and Strategy* 54, no. 5 (October/November 2012): 149–82.
29. Robert M. Gates, *Understanding the New U.S. Defense Policy through the Speeches of Robert M. Gates, Secretary of Defense, December 18, 2006–February 10, 2008*, Department of Defense (Rockville, MD: Arc Manor, 2008), 143.
30. 關於中國人抗拒外國影響這個主題，Jonathan Spence, *To Change China: Western Advisers in China* (New York: Penguin, 1969)，和Anne-Marie Brady, *Making the Foreign Serve China: Managing Foreigners in the People's Republic* (Lanham, MD: Rowman & Littlefield Publishers, 2003)有詳細的討論。
31. Carlson, "China's Military Produces a Bizarre, Anti-American Conspiracy Film (VIDEO)."
32. Miles Yu, "Inside China: PLA Hawks Decry Sellout by Leaders," *Washington Times*, June 20, 2012, available at http://www.washingtontimes.com/news/2012/jun/20/inside-china-pla-hawks-decry-sellout-by-leaders/?page=all.
33. Menges, *China: The Gathering Threat*.
34. 美國出資在中國推動依法治理及公民社會的項目，大多使用美國國務院「人權與民主基金」(Human Rights and Democracy Fund) 的特別撥款。Thomas Lum, "U.S.-Funded Assistance Programs in China," Congressional Research Service, April 24, 2009, available at http://www.au.af.mil/au/awc/awcgate/crs/rs22663.pdf.
35. 歐盟在中國的援助工作，尤其是法律發展範圍，據說比起美國同類項目經費更加充裕。Thomas Lum, "U.S. Assistance Programs in China," Congressional Research Service, May 9, 2013, available at http://www.fas.org/sgp/crs/row/RS22663.pdf.
36. Swaine, *America's Challenge*, 283–88.
37. http://english.unirule.org.cn/.

38. 佐立克(Robert Zoellick)提出——我也認同——任何「高品質」的美中投資條約應該吻合下列條件：平等對待外資及國內企業；禁止不公平對待外資；不准有扭曲貿易的措施；要能不受拖延、准許資金自由進出國境；以及有國際仲裁制度以解決爭端。Robert Zoellick, "International Treaties Can Once Again Help China Advance," *Financial Times*, March 10, 2014, available at http://www.ft.com/intl/cms/s/0/b8b391ec-a634-11e3-8a2a-00144feab7de.html#axzz2xeDm-lUqa. 吻合這些條件會使中國國有企業，包括所謂「國家冠軍」的優勢縮小。這正是中國領導人不會輕易允許這些條件的原因之一。

39. 民主基金會資助的另一份刊物是《中國勞工通訊》(*China Labor Bulletin*)。《中國勞工通訊》這個非政府組織一九九四年在香港成立，從一個小型的監督和研究團體發展成為一個積極的推廣組織，設法保障及促進中國勞工權利。見 http://www.clb.org.hk/en/content/who-we-are.

40. Evan S. Medeiros（麥艾文），*Reluctant Restraint: The Evolution of China's Nonproliferation Policies and Practices, 1980–2004* (Palo Alto, CA: Stanford University Press, 2007), 40. 麥艾文寫說：「美國的策略……是明白、公開地把核子合作協定的進展與中國採納不擴散控制連結起來。雖然有限，這個策略對中國的不擴散政策和作法產生即刻的效應。」

41. Ibid.

42. Question for the Record Submitted to Mary Ann Casey by Senator Biden, June 25, 1971, unclassified, in "The Algerian Nuclear Problem, 1991: Controversy over the Es Salam Nuclear Reactor," National Security Archive, edited by William Burr, posted September 10, 2007, Document 17b, available at http://www2.gwu.edu/~nsarchiv/nukevault/ebb228/Algeria-17b.pdf.

43. 福特基金會從來沒有接受美國政府援助，它在一九八八年至二〇〇六年期間對中國各項計劃提供二億二千萬美元的補助款。福特基金會在中國支持治理、民主及公民社會項目，其次是衛生、教育和文化活動，以及經濟發展和環保項目。福特基金會提供兩億七千五百萬美元補助款，以促進公民社會；透明、效率及問責政府；民、刑司法制度改革；提升中學及高等教育入學率；對天然資源的共享權利；以及在兩性及生育衛生方面的教育。見"Results That

Change Lives," Ford Foundation 2012 Annual Report, available at http://www.fordfoundation.org/pdfs/library/AR12-complete.pdf.

44. 關於中國不擴散活動的成長，可參見Shirley A. Kan, "China and Proliferation of Weapons of Mass Destruction and Missiles: Policy Issues" (Washington, DC: Congressional Research Service, January 3, 2014), available at http://www.fas.org/sgp/crs/nuke/RL31555.pdf.另參見John R. Bolton, U.S. Under Secretary of State, "Coordinating Allied Approaches to China," speech, Tokyo American Center and Japan Institute for International Affairs, Tokyo, February 7, 2005, available at www.Tokyo.USembassy.gov/E/P/TP-20050207-67.html.

45. Robert L. Suettinger（蘇葆立），"United States and China: Tough Engagement," in Richard Haass and Megan L. O'Sullivan, eds., *Honey and Vinegar: Incentives, Sanctions, and Foreign Policy* (Washington, DC: Brookings Institution Press, 2000), 41.

46. Edward Wong and Jonathan Ansfield, "Reformers Aim to Get China to Live Up to Own Constitution," *New York Times*, February 3, 2013, available at http://www.nytimes.com/2013/02/04/world/asia/reformers-aim-to-get-china-to-live-up-to-own-constitution.html?_r=0.

47. Ibid.

48. 二〇〇〇年，國會成立以下兩個委員會，以便體制化地保護美國企業與中國交易往來：一是中國事務國會——行政委員會〔Congressional-Executive Commission on China〕，一是美中經濟及安全評估委員會〔U.S.-China Economic and Security Review Commission〕。例如，美中經濟及安全評估委員會的年度報告包含五十項建議，其中有追求與中國更公平的貿易關係，執行世界貿易組織規定，終止操縱貨幣，協助美國公司更多了解出口管制，以及發展國家競爭力策略。關於中國派系辯論的更多詳情，見Jing Huang, *Factionalism in Chinese Communist Politics* (Cambridge, UK: Cambridge University Press, 2000); and Victor C. Shih, *Factions and Finance in China: Elite Conflict and Inflation* (Cambridge, UK: Cambridge University Press, 2008).

49. Oksenberg to Brzezinski, April 4, 1980, *Foreign Relations of the United States*, vol. 13, 1146–47, available at http://static.history.state.gov/frus/frus1977-80v13/pdf/frus1977-80v13.pdf.
50. Hearing of the Commission on the Roles and Capabilities of the United States Intelligence Community, Room SD-106, Dirksen Senate Offi ce Building, Washington, DC, January 19, 1996, available at http://www.fas.org/irp/commission/testlill.htm.
51. 中國安全檢討委員會（China Security Review Commission）召喚我做證，李潔明大使在三個小時的聽證會進行到約三分之二時，也提出此一觀察。另參見“Security Issues: Panelists Talked about the Ongoing Relationship between the U.S. and China, Focusing on China's Perceptions of the U.S. Strategically, Regionally, and Militarily,” C-SPAN, August 3, 2001, available at http://www.cspan.org/video/?165505-1/security-issues.
52. Jane Perlez, “Myanmar Reforms Set U.S. and China in Race for Sway,” *New York Times*, March 30, 2012.
53. “Derek Mitchell Named Myanmar Ambassador by Obama Administration,” Associated Press, May 17, 2012.
54. 例如，見Fareed Zakaria, “A Conversation with Lee Kuan Yew,” *Foreign Affairs*, March/April 1994.
55. Graham Allison, Robert D. Blackwill, and Ali Wyne, *Lee Kuan Yew: The Grand Master's Insights on China, the United States, and the World* (Cambridge, MA: MIT Press, 2013), xxvii. 中譯本林添貴譯《去問李光耀》，（台北：時報文化出版，二〇一三年）。
56. Ibid., xxvii, 3, 14, 15–16.
57. Ibid., 4.
58. 引自Shambaugh, *China Goes Global*, 248.
59. 王建，李曉寧，喬良，王湘穗，《新戰國時代》（北京：新華出版社，二〇〇三年）。
60. Martin Jacques, *When China Rules the World: The End of the Western World and the Birth of a New Global Order*, 2nd ed. (New York: Penguin Books, 2012).

61. Ansuya Harjani, "Yuan to Supersede Dollar as Top Reserve Currency: Survey," CNBC, February 26, 2014, available at http://www.cnbc.com/id/101450365.
62. Shambaugh, *China Goes Global.*
63. 關於這個主題的研究文獻已經大為增加。權威觀點可參見國防部"Background Briefing on Air-Sea Battle by Defense Officials from the Pentagon," November 9, 2011, available at http://www.defense.gov/transcripts/transcript.aspx?transcriptid=4923.另可參見學界的辯論：Sean Mirski, "Stranglehold: The Context, Conduct and Consequences of an American Naval Blockade of China," *Journal of Strategic Studies* 36, no. 3 (June 2013): 385–421; Terence K. Kelly, Anthony Atler, Todd Nichols, and Lloyd Thrall, *Employing Land-Based Anti-ship Missiles in the Western Pacific* (Santa Monica, CA: RAND Corporation, 2013); Marc Lanteigne, "China's Maritime Security and the 'Malacca Dilemma,' " *Asian Security* 4, no. 2 (2008): 141–61; Douglas C. Peifer, "China, the German Analogy and the New AirSea Operational Concept," Orbis 55, no. 1 (Winter 2011): 114–31; Robert Potter, "The Importance of the Straits of Malacca," *e-International Relations*, September 7, 2012, available at http://www.e-ir.info/2012/09/07/the-importance-of-the-straits-of-malacca/; Jason Glab, "Blockading China: A Guide," *War on the Rocks*, October 1, 2013, available at http://warontherocks.com/2013/10/blockading-china-a-guide; Aaron L. Friedberg, *Beyond Air-Sea Battle: The Debate over U.S. Military Strategy in Asia* (London: International Institute for Strategic Studies, 2014); Elbridge Colby, "Don't Sweat AirSea Battle," *National Interest*, July 31, 2013, available at http://nationalinterest.org/commentary/dont-sweat-airsea-battle-8804; Joshua Rovner, "Three Paths to Nuclear Escalation with China," *National Interest*, July 19, 2012, available at http://nationalinterest.org/blog/the-skeptics/three-paths-nuclear-escalation-china-7216; Raoul Heinrichs, "America's Dangerous Battle Plan," *Diplomat*, August 17, 2011, available at http://thediplomat.com/2011/08/17/americas-dangerous-battle-plan; Christopher Ford, " 'Air/Sea Battle,' Escalation, and U.S. Strategy in the Pacific," *PJ Media*, January 6, 2013, available at http://pjmedia.com/blog/airsea-battle-escalation-and-u-s-strategy-in-the-Pacific.

64. Amitai Etzioni, "Who Authorized Preparations for War with China?," *Yale Journal of International Affairs* (Summer 2013): 37–51.

65. Warren Zimmerman, *First Great Triumph: How Five Americans Made Their Country a World Power* (New York: Farrar, Straus and Giroux, 2002).

66. Wu Chunqiu, *On Grand Strategy* (Beijing: Current Affairs Press, 2000).

67. Anne Orde, *The Eclipse of Great Britain: United States and British Imperial Decline, 1895–1956* (Basingstoke, UK: Palgrave Macmillan, 1996); Aaron L. Friedberg, *The Weary Titan: Britain and the Experience of Relative Decline, 1895–1905* (Princeton, NJ: Princeton University Press, 1988); and Lanxin Xiang, *Recasting the Imperial Far East: Britain and America in China, 1945–1950* (Armonk, NY: M.E. Sharpe, 1995).

68. Feng Yongping, "The Peaceful Transition of Power from the UK to the U.S.," *Chinese Journal of International Politics* 1, no. 1 (2006): 83-108.

謝詞

這本書是累積了五十年的研究而成的結晶。如果不是我被賦予了難得的機會，與三十五位中國「學者將軍」進行討論與辯論，這本書也不會誕生。他們大部分都曾經對中國的國家戰略發表專書或論文。有些我甚至認識超過二十多年了。而且他們都謹守誓言，保守國家祕密，堅持中國共產黨的路線。另一方面，他們都充滿對學術的熱情，也願意與我們這些孔子說的「有朋自遠方來」分享他們的思想觀點。儘管我所有的結論他們都不同意，但他們的真知灼見是值得我參考的。在了解中國人提出的觀念的脈絡上，季辛吉提供了直接的與間接的幫助。

大部分上述的中國將軍都長期服務於頂尖的解放軍軍事科學院裡。他們包括：陳舟、高銳、黃碩風、李際軍、李青山、劉勁松、劉庭華、劉源、羅援、糜振玉、潘俊峰、彭光謙、王普豐、吳春秋、吳如嵩、姚有志、姚云竹、張士平、趙小卓，與鄭敏霞。

我同時也很感激以下七位任職於軍事情報中心、都是前任軍事專員的學者將軍的建議與著作，他們是：Chen Xiaogong、Gong Xianfu、Wang Naicheng、張沱生、Zhang Wutang、Zhao

Ning與Zhen Zhiya。北京國防大學的七位學者將軍的建議與專書也令我獲益匪淺：劉明福、劉亞洲、Pan Zhengqiang、王仲春、Yu Guohua、張召忠與朱成虎。南京軍事科學院的院長Zhai Yuqiu少將三大冊討論古代兵法的著作發人深省。曾經於南京任教，目前是國務院諮詢的教授時殷弘也是我的良師益友。時教授著述甚豐，骨鯁敢言，且不苟俗見，然在與外國人打交道時，又謹守分際，尊重黨與軍方的紀律。

有幾位重要情報來源，為了保護他們的身分，我用了假名或姑隱其姓名。

另外我還要感謝羅傑．艾姆士（Roger Ames）與佛蘭斯瓦．朱利安（François Jullien）兩位中國哲學專家，他們幫助我理解中國文化中「勢」的概念。美國國防部淨評估室主任安德魯．馬歇爾（Andrew Marshall）這位傳奇性人物也扮演了關鍵性的角色，是他給了我研究中國戰略的機會，並將我的觀點分享給歷屆政府。

許多研究中國戰略思維的西方學者也對本書功不可沒：不是所有人都同意我的看法，他們也不是彼此都相互同意。他們有：羅傑．艾姆士（Roger Ames），Dennis Blasko, Dan Blumenthal, Anne- Marie Brady，卜睿哲（Richard Bush），成斌（Dean Cheng），Thomas Christensen, Warren Cohen, John Culver, Robert Daly, Daniel de Mots, David Dorman, Elizabeth Economy, Andrew Erickson, Evan Feigenbaum, David Finkelstein, Rick Fisher, Rosemary Foot, Christopher Ford，范亞倫（Aaron Friedberg），Banning Garrett, John Garver, Bonnie Glaser, Paul Godwin,

Carol Hamrin, Paul Heer, David Helvey, Charles Horner，江憶恩（Alastair Iain Johnston），佛蘭斯瓦・朱利安（François Jullien），羅伯・凱根（Robert Kagan），Roy Kamphausen，季辛吉（Henry Kissinger），Stephanie Kleine- Ahlbrandt, David Lai，大衛・藍普頓（Michael Lampton），Richard Lawless, Deborah Lehr, Cheng Li，李侃如（Kenneth Lieberthal），Thomas Mahnken, Mark Mancall，孟捷慕（James Mann），麥艾文（Evan Medeiros），Alice Miller, Frank Miller, James Mulvenon，黎安友（Andrew Nathan），包道格（Douglas Paal），Robert Ross, Gilbert Rozman, Phil Saunders, Ralph Sawyer，施道安（Andrew Scobell），沈大偉（David Shambaugh），James Shinn, Randy Shriver, Abram Shulsky, Mark Stokes, Michael Swaine, Jay Taylor, Ashley Tellis, Timothy Thomas, Drew Thompson，譚慎格（John Tkacik），Peter Tomsen, Christopher Twomey, Jan Van Tol，林蔚（Arthur Waldron），Thomas Welch, Allen Whiting, Dennis Wilder，賴瑞・伍澤爾（Larry Wortzel），相藍欣（Lanxin Xiang），Michael Yahuda, Maochun Yu, and張曉明（Xiaoming Zhang）。

我還得感謝本書才華洋溢的編輯Paul Golob，他就像美國出版史上的傳奇編輯Maxwell Perkins一樣，能夠激勵、鞭策、說服作者寫出比他們原本預期還更好的書。我的代理Keith Urbahn與Matt Latimer從一開始就與我討論本書的構想，我也深表感謝。在研究與編輯工作上，我得利於兩位聰明的研究生的協助：Nick Bellomy與Ashley Frohwein。Jon-Michael、

LaGray、Mark Hanson三位研究生幫助我擬草稿。Henry Holt出版社的編輯Chris O'Connell協助最終稿的完成。

哈德遜研究所（Hudson Institute）可敬的創辦人Herman Kahn教導我如何批判性、策略性的思考，並放寬眼界、看得更遠。哈德遜研究所主席Ken Weinstein編了一本Kahn先生二〇〇六年著作的選集，閱讀該書對我有很大的啟發。「歷史的進展既有直線也有曲線，」Herman Kahn如是說。

最後，我要感謝我的妻子Susan Pillsbury。她在與我結婚之前去過中國八次，本書的觀點深受她對中國的觀察的影響。一九八九年四月，我在去北京採訪天安門抗議學生的路上繞道到倫敦，我們在那裡相遇。在當時，她就有預感北京領導人不會達到我們一相情願的對民主化、自由貿易、與人權的期待。事後證明，她總是有先見之明。

國家圖書館出版品預行編目資料

2049百年馬拉松：中國稱霸全球的祕密戰略／白邦瑞（Michael Pillsbury）作；林添貴譯. -- 一版. -- 臺北市：麥田，城邦文化出版：家庭傳媒城邦分公司發行，民104.09
面；　公分. --（麥田國際；3）
譯自：The hundred-year marathon : China's secret strategy to replace America as the global superpower
ISBN 978-986-344-263-9（平裝）
1. 中國外交　2. 戰略　3. 國家安全
574.18　　104016185

麥田國際 03

2049百年馬拉松：中國稱霸全球的祕密戰略

作　　者／白邦瑞（Michael Pillsbury）
譯　　者／林添貴
責任編輯／王家軒

國際版權／吳玲緯
行　　銷／陳麗雯　蘇莞婷
業　　務／李再星　陳玫潾　陳美燕　枡幸君
副總編輯／林秀梅
副總經理／陳瀅如
編輯總監／劉麗真
總 經 理／陳逸瑛
發 行 人／涂玉雲
出　　版／麥田出版
台北市104民生東路二段141號5樓
電話：(886)2-2500-7696　傳真：(886)2-2500-1966、2500-1967
發　　行／英屬蓋曼群島商家庭傳媒股份有限公司城邦分公司
台北市民生東路二段141號2樓
客服服務專線：(886)2-2500-7718、2500-7719
24小時傳真服務：(886)2-2500-1990、2500-1991
服務時間：週一至週五09:30-12:00・13:30-17:00
郵撥帳號：19863813　戶名：書虫股份有限公司
讀者服務信箱E-mail：service@readingclub.com.tw
麥田網址／http://ryefield.com.tw
香港發行所／城邦（香港）出版集團有限公司
香港灣仔駱克道193號東超商業中心1樓
電話：(852) 2508-6231　傳真：(852) 2578-9337
E-mail：hkcite@biznetvigator.com
馬新發行所／城邦（馬新）出版集團【Cite(M) Sdn. Bhd. (458372U)】
地址：41, Jalan Radin Anum, Bandar Baru Sri Petaling,
57000 Kuala Lumpur, Malaysia.
電話：(603) 9057-8822　傳真：(603) 9057-6622　電郵：cite@cite.com.my

封面設計／李東記
印　　刷／前進彩藝有限公司

■2015年9月　初版一刷
■2019年2月　初版六刷
Printed in Taiwan.

定價：450元

ISBN 978-986-344-263-9

cite 城邦媒體 麥田出版
Rye Field Publications
A division of Cité Publishing Ltd.

廣	告	回	函
北區郵政管理局登記證			
台北廣字第000791號			
免	貼	郵	票

英屬蓋曼群島商
家庭傳媒股份有限公司城邦分公司
104 台北市民生東路二段141號5樓

▼

請沿虛線折下裝訂，謝謝！

文學・歷史・人文・軍事・生活

讀者回函卡

cite城邦媒體

※為提供訂購、行銷、客戶管理或其他合於營業登記項目或章程所定業務需要之目的，家庭傳媒集團（即英屬蓋曼群島商家庭傳媒股份有限公司城邦分公司、城邦文化事業股份有限公司、書虫股份有限公司、墨刻出版股份有限公司、城邦原創股份有限公司），於本集團之營運期間及地區內，將以e-mail、傳真、電話、簡訊、郵寄或其他公告方式利用您提供之資料（資料類別：C001、C002、C003、C011等）。利用對象除本集團外，亦可能包括相關服務的協力機構。如您有依個資法第三條或其他需服務之處，得致電本公司客服中心電話請求協助。相關資料如為非必填項目，不提供亦不影響您的權益。

□ 請勾選：本人已詳閱上述注意事項，並同意麥田出版使用所填資料於限定用途。

姓名：＿＿＿＿＿＿＿＿＿＿＿＿ 聯絡電話：＿＿＿＿＿＿＿＿＿＿＿＿

聯絡地址：□□□□□＿＿＿＿＿＿＿＿＿＿＿＿＿＿＿＿＿＿＿＿

電子信箱：＿＿＿＿＿＿＿＿＿＿＿＿＿＿＿＿＿＿＿＿＿＿＿＿

身分證字號：＿＿＿＿＿＿＿＿＿＿＿＿＿＿＿＿＿＿（此即您的讀者編號）

生日：＿＿年＿＿月＿＿日 性別：□男 □女 □其他＿＿＿＿＿＿

職業：□軍警 □公教 □學生 □傳播業 □製造業 □金融業 □資訊業 □銷售業

□其他＿＿＿＿＿＿＿＿＿＿＿＿＿＿＿＿＿＿＿＿＿＿＿＿＿＿

教育程度：□碩士及以上 □大學 □專科 □高中 □國中及以下

購買方式：□書店 □郵購 □其他＿＿＿＿＿＿＿＿＿＿＿＿＿＿＿＿

喜歡閱讀的種類：（可複選）

□文學 □商業 □軍事 □歷史 □旅遊 □藝術 □科學 □推理 □傳記 □生活、勵志

□教育、心理 □其他＿＿＿＿＿＿＿＿＿＿＿＿＿＿＿＿＿＿＿＿＿＿

您從何處得知本書的消息？（可複選）

□書店 □報章雜誌 □網路 □廣播 □電視 □書訊 □親友 □其他＿＿＿＿＿＿

本書優點：（可複選）

□內容符合期待 □文筆流暢 □具實用性 □版面、圖片、字體安排適當

□其他＿＿＿＿＿＿＿＿＿＿＿＿＿＿＿＿＿＿＿＿＿＿＿＿＿＿＿＿

本書缺點：（可複選）

□內容不符合期待 □文筆欠佳 □內容保守 □版面、圖片、字體安排不易閱讀 □價格偏高

□其他＿＿＿＿＿＿＿＿＿＿＿＿＿＿＿＿＿＿＿＿＿＿＿＿＿＿＿＿

您對我們的建議：＿＿＿＿＿＿＿＿＿＿＿＿＿＿＿＿＿＿＿＿＿＿＿＿

＿＿＿＿＿＿＿＿＿＿＿＿＿＿＿＿＿＿＿＿＿＿＿＿＿＿＿＿＿＿＿＿